JN440769

동아시아
역사인식의 중층성

동아시아고대학회 편

景仁文化社

목 차

1부 동아시아 신화의 역사인식

2부 동아시아인의 역사인식

1부 동아시아 신화의 역사인식

나경수	한국 신화에 보이는 역사 인식 -기록신화를 중심으로-
야노 다카요시	미마키 天皇과 미와야마(三輪山) 전설
정찬학	先秦時期 中國神話에 보이는 歷史認識

한국 신화에 보이는 역사 인식
-기록신화를 중심으로-

나 경 수*

1. 신화는 기억되는 역사

신화는 기원을 설명하는 것으로 믿어지는 이야기다.[1] 과정이나 결과의 역사도 있지만, 신화는 기원적 역사를 주로 말한다. 기원을 설명하는 이야기가 아니면 신화가 아니라고까지 하겠다. 크게 유형화하면 신화는 우주의 기원, 인류의 기원, 문화의 기원을 말한다.[2] 신화가 역사의 상관물이기는 하지만 기원을 설명한다는 점에서도 그렇고, 엘리아데가 말했던 것처럼 신성한 역사, 반복되는 역사, 권위를 가진 역사라는 점에서도 신화는 사실(史實)을 지시하는 일반 역사와 차이가 있을 것이다.[3]

본질적으로 신화는 반드시 이야기라는 점에서 이미 역사와는 확연한

---

* 전남대학교 교수

1) 나경수, 『한국의 신화』, 한얼미디어, 2005, 14쪽.

2) 大林太良, 『神話學入門』, 東京, 中公新書, 1982, 66쪽.

3) M. Eliade(trans by W.R.Trask), *Myth and Reality,* New York, Harper and Row, 1975, pp.21~38.

거리를 두고 있다. 여기서 이야기란 두 가지 측면을 지닌다. 하나는 구연된다는 뜻이며, 다른 하나는 허구라는 뜻이다. 신화는 전승과정을 거치는 사이에 어떤 계기로 인해서 기록되기도 하지만, 원천적인 존재양태는 구비전승된다. 또한 신화는 사실(史實)도 아니요, 사실(事實)도 아니며, 사실(寫實)일 뿐이라는 점에서 허구이다. 역사와 신화는 기록(記錄)과 구비(口碑), 사실(史實)과 사실(寫實)이라는 점에서 본질적 차이를 지니게 된다. 비록 신화 속에 역사적 내용이 녹아있다고 하더라도, 사실(寫實)이라는 점에서 신화는 문학이며 또한 예술에 속하게 된다.

신화는 이야기라는 측면에서 기억되는 역사요, 허구적 역사라 했다. 이 점은 전설 또한 같다. 수많은 지역전설들이 전한다. 주로 인물전설과 지명전설이 주류를 이룬다. 경상도에 신유한(申維翰, 1681~?)이라는 사람이 있다. 그는 조선 숙종조 때 일본에 파견된 통신사 홍치중(洪致中, 1667~1732)을 수행했던 제술관이었다. 그러나 지역전설에서는 신유한이 사신으로서 중국을 다녀왔다고 말한다. 서기의 신분이 사신으로 둔갑하고, 일본이 중국으로 바뀌어 있다. 지역민들은 지역의 대표적인 인물인 그를 평가절상하고자 하는 바램을 가졌을 것이고, 이러한 바램을 역사적 기록과는 달리 전설적 구전을 통해서 사실과는 다른 모습으로 형상화하고 있다.[4] 전남지역에 전하는 김덕령 전설도 같다. 역적으로 몰려죽은 지역의 대표적인 인물에 대해서 지역민들은 전설을 통해서 이미 만고충신 김덕령으로 신원을 해놓고 있다. 역사적으로 보자면 터무니없는 이야기가 전설이라는 장르를 통해서 어엿이 유통되고 있었던 것이다.

한국에 수많은 신화가 전한다. 기록된 신화는 양이 많지 않지만, 무속신화, 마을신화, 성씨신화, 일반 구전신화까지 더하게 되면 수많은 가지수의 신화가 전해오고 있다. 더구나 신화, 전설, 민담으로 설화를 3분하

4) 조동일, 『인물전설의 의미와 기능』, 嶺南大學校 民族文化硏究所, 1979.

는 구비문학계의 습속으로 인해서 장르구분을 엄격하게 하고 있지만, 교과서적인 3분법을 벗어나서 보자면 전설이나 민담과 교묘하게 엮이면서 내면화되어 있는 신화도 적지 않다. 예를 들면 헌강왕전설과 결착된 문신기원신화로서의 처용신화,[5] 미륵사창사전설과 결착된 마한의 건국신화로서 무강신화,[6] 그리고 민담으로서는 해와 달이 된 오누이 이야기나[7] 오누이 혼인담[8] 등 장르간 혼효된 신화도 많다.

이렇듯 한국의 많은 신화들은 나름대로 뭔가의 역사와 끈을 잇고 있다. 그러나 앞에서 말했던 것처럼 신화는 역사와의 상관성을 지녔다고 하더라도 역사를 있는 그대로 설명하거나 보여주지 않는다. 적어도 그것은 문학작품이기 때문에 상징이나 비유 등 문학적 장치에 의해 두터운 피막이 씌워져 있으며, 초월적 믿음에 의해서 진실에 도달하고자 한다. 따라서 신화를 통해서 역사를 인식하고자 할 때에는 그것이 암시하는 바를 명시화하기 위한 이론적 무장이 필요해진다.

고문헌에 실려 있는 한국의 기록신화는 때때로 역사와 혼돈되기도 한다. 어떤 사람은 역사라고 강변하기도 한다. 그러나 이러한 강변은 억지에 불과하다. 소위 교의와 독단이라는 두 개의 말뜻을 가지고 있는 도그마(dogma)라는 말이 설명의 편의를 돕는다. 믿으면 교의요, 사실이요, 진리일 수도 있지만, 믿음을 거세하고 보면 독단에 불과한 것이다. 그러나 신화의 특이성은 그것이 독단이기는 하지만, 그리고 겉으로 보아 터무니없는 것이기는 하지만, 내면에 감추고 있는 뭔가가 있어 그것이 주목된다. 소설 역시 지어낸 것이기는 하지만 예술적 리얼리티를 통해 사실을

5) 나경수, 『향가의 해부』, 민속원, 2005, 196~197쪽.
6) 나경수, 『마한신화』, 한얼미디어, 2005.
7) 나경수, 「남매일월설화의 신화론적 검토」, 『한국언어문학』 제28집, 한국언어문학회, 1990, 289~312쪽.
8) 나경수, 「남매혼설화의 신화론적 검토」, 『한국언어문학』 제26집, 한국언어문학회, 1988, 197~220쪽.

반영하고 의미도 생산하듯, 신화 역시 지어낸 이야기인 것은 분명하지만, 소위 문학적 또는 신화적 장치를 벗겨내면 그 속에 담긴 사실을 주워모을 수 있다.

우리의 기록된 신화는 기록의 역사를 대신해주고 있는 언어적 유산이다. 신화가 역사일 수는 없지만, 역사적 상관물이기는 하다. 신화가 지녔을 역사와의 상관성을 찾는 것은 바로 신화의 해부를 통해서 가능해질 것이다. 여기서는 우리의 기록신화 중에서 비교적 역사적 사실을 선명하게 추출할 수 있는 단군신화, 주몽신화, 수로신화, 탈해신화, 무강신화, 왕건신화 등을 대상으로 하여 신화와 역사의 상관성을 밝혀보고자 한다. "한국 신화에 보이는 역사 인식"은 다의적 해석이 가능한 표제이기는 하지만, 여기에서는 한국의 기록신화에 투사되어(projective) 있는 한국의 역사를 더듬어 보는 것을 목표로 한다.

2. 신화와 역사의 변주

1. 단군신화와 농경의 역사

단군신화의 곰에 대해서 토템, 지모신, 수조신 등 지금에 이르기까지도 다양하게 논의되고 있는 것은 그것이 우리 신화 속에 하나의 둔중한 위치를 점유하고 있다는 사실을 말한다. 그러나 현재 북아시아 일반에서 찾아지는 사례를 보면 크게 두 가지 유형으로 나누어진다. 바시레프(B.A.Vasil'ev)가 "유라시아-아메리카 형"과 "아이누형"으로 이름지은 것들로, 전자는 야생의 곰을 종족의 수호령으로 또는 수렵신으로 간주하는 특징을 지니는 반면, 후자는 곰을 사육하여 의례적으로 죽이는 방법을 취하고 있고, 곰을 조상으로 간주한다. 또한 전자는 시베리아 산림지대에 편재해 있는 현상으로서 시대적으로 고층에 속하고, 후자는 연해주에서부터 북해도에 걸쳐 발견되는 후기적 양식이다.[9)]

단군신화에 나오는 곰이 이동성 수렵경제를 영위하는 유라시아-아메리카형과는 달리, 조상이며 재생의 상징성에 근거한 아이누형에 가깝다는 사실을 통해 단군신화의 시대적 배경이 순수한 수렵채취기에서 벗어나 있다는 것을 알 수 있다. 결국 곰에 포커스를 맞추었을 때, 단군신화는 수렵문화에 뿌리를 두고 있으면서도 새로운 경제형태를 반영해서 재해석되었다는 사실이 드러난다.

신화학에서는 동물이 인간과 동격시되는 것을 애니마리즘(animalism)이라고 부른다. 어떤 일정한 동물이 수렵신 또는 종족의 수호령이던 단계를 벗어나 인간과 동위(同位)에 서게 되며, 경우에 따라서는 인간의 조상신의 자격을 가진다. 경제형태와 관련시키면, 원시수렵사회에서 후기 고급수렵사회로 전환하는 사이에 일어나는 현상이다. 원시수렵채취문화 속에서 찾아지는 토템신앙 역시 이런 애니마리즘의 일종이다.[10)] 애니마리즘 현상과 더불어서 신화나 의례를 통해 일정한 동물이 사람의 시조가 되었을 경우, 그 동물을 가리켜 수조신이라고 부르는 것이다.[11)]

곰이 수조신이 되는 지역은 동북아시아 중에도 태평양연안의 여러 종족에 한정된다. 즉 바시레프가 아이누형이라고 부른 웅제(熊祭) 형태가 그것과 관련된다. 그런데 단군신화의 곰을 그것과 엄밀히 비교하기 위해서 곰의 성격에 대한 확실한 전제가 필요하다. 단군신화의 서사구조는 이런 문제의 해결을 위해 유용하게 쓰이게 된다. 서사구조 속에서 곰은 상대적 위치에 선다. 즉 환웅의 배우로서 자격인 것이다.

---

9) 大林太良, "熊祭の歷史民族學研究", 『國立民族學博物館研究報告書』 10卷 2號, 國立民族學博物館, 1985, 438쪽에서 재인용.

10) 大林太良, 『神話學入門』, 東京, 中公新書, 1974, 132쪽.

11) 가령 植物에서 人間이 탄생했다고 하는 神話도 믿어지고 있는데, 이는 명백히 農耕文化的인 것이다. 위 책 96쪽 참조.

환웅은 알타이계통에서 말하듯 최고신의 아들 중 하나로 문화영웅이면서 시조신이다. 그러나 여기에서 환웅이 시조신이라고 하는 말은 웅녀가 상대적이듯 그 역시 상대적이다. 다시 말해 상대적이라고 하는 것은 배우를 필요로 한다는 말이다. 신관의 발달사적 측면에서 보았을 때, 환웅과 같은 천신 또는 문화영웅은 어떤 환경 속에서는 지모신과 배우관계를 이룬다. 그 환경이란 말할 것도 없이 농경사회를 가리킨다.[12] 단군의 모계인 곰이 수렵신과 수조신의 단계를 거쳐왔듯이, 환웅 역시 최고신에서 문화영웅의 단계를 지나 곰과 만나게 되었을 것으로 본다. 환웅과 곰이 각각 최고신과 수렵신이라는 가장 낮은 단계의 신격이었던 일련의 원초적인 속성을 극복하고 문화영웅과 수조신의 다음 단계에 이르게 된 것이다. 그러나 만남의 순간 둘은 다시 신격의 전환이 필요했다. 즉 문화영웅과 수조신의 단계까지 극복하고, 둘은 만나게 된다. 단군신화의 이런 신격전환의 여러 양상은 경제 형태의 발전적 도식과 상관될 수 있는 신관의 변모양상이다.

농경사회의 종교적 특징 중의 하나는 정착경제의 특성상 혈연적 조상숭배관념과 지모신의 위치가 확고하다는 것이다. 단군신화는 인류기원신화가 결코 아니다. 환웅이 강림하기 전부터 선주민이 있었고, 또 단군도 낳았지만 단군 역시 건국주일 뿐 부족의 시조는 아니다. 이것은 바로 천부지모(天父地母)의 세계상에 근거한 상징체계로 파악해야 한다. 말하자면 천부신인 환웅과 지모신인 웅녀의 만남으로 귀결되며, 이런 신화의 구조는 단군신화의 시대적 배경이나 경제형태가 농경에 근거한 것임을 보여 주는 예이다. 농경민의 신화에 흔히 볼 수 있는 재생[이중탄생], 신성혼, 임신과 출산, 그리고 이를 통한 지모신의 자격 확정 등이[13] 단군신

12) M. Eliade(trans by R. Sheed), *Patterns in Comparative Religion,* New York, New American Library, 1974, p.92.

13) M. Eliade(trans by R. Sheed), *Patterns in Comparative Religion,* New York, New

화에서는 곰의 계기적인 변환의 양상으로 표현되고 있다.

홍적세 중·후기에 네 번의 빙하기를 따라 남하했던 고아시아족들이 후빙기에 순록을 따라 북쪽으로 떠나버린 후, 적어도 후빙기 초의 2000~3000년간 우리나라는 무인지대로 남겨졌던 듯 그 시대에 해당할 만한 유적, 유물이 현재 확인되지 못하고 있다고 한다.[14] 그러나 훨씬 따뜻해진 애틀란틱(Atlantic)기에 접어든 기원전 5500년경부터 3000년경에 우리나라에 새로운 신석기 주민이 등장하게 되는데, 이들은 시베리아로 북상하는 퉁그스족에 밀려 동북아시아, 특히 북태평양연안으로 자리를 옮긴 고아시아족의 한 일파로 간주된다.

시베리아 북쪽에 잔존한 그들의 원맥이나 베링해를 지나 아메리카 북부로 이동한 종족들은 풍부한 순록이 없는 상황에서 가축사육이나 간단한 농경을 영위하는 한편 작은 동물들을 사냥하는 형태로 전환을 보게 된다. 그래서 원래 그들의 신앙에 뿌리깊게 자리한 곰신앙을 수조신으로 변형시키면서 현재의 아이누족과 같은 반농반렵의 생산경제를 영위하게 된 것이다. 그러나 더 남하하여 남만주와 한반도에 정착하게 된 일군의 고아세아족들은 본격적으로 농경을 시작하게 되었고, 이러한 경제형태의 변화는 필연적으로 그들의 세계관 및 종교내용을 혁신시키는 계기를 마련했다. 즉 곰을 수조신으로 했던 연해주형에 농경의 재생관념을 재해석하여 지모신의 출현을 보게 된 것이다.

한편 단군신화의 이런 발전과정이나 북방형적 양상은 알타이계에서 일반적으로 찾아지는 신화소, 즉 천손강림의 화소에서도 확인된다. 세계산, 세계수 등 알타이계 공통의 신화적 장치가[15] 삼위태백, 신단수 등으로 나타나 있는 단군신화는 분명히 북방의 수직적 세계상에 일치한다.

American Library, 1974, pp.265~367.

14) 金元龍, 『한국고고학개설』, 일지사, 1986, 22쪽.

15) Uno Harva(田中克彦 譯), 『シヤマニスム』, 東京, 三中堂, 1971, pp.48~75.

이런 여러 사실은 곰에 대한 해석이 수렵신으로 믿어지는 원초형, 수조신으로 변화된 중간 발전형에서 급기야 곰을 지모신으로 하는 발전과정과 합치해서 환웅이 마침내 웅녀의 배우자가 되는 상태로까지 발전되었을 것으로 보인다. 이러한 배우관계는 신단수를 자지, 굴을 보지로 장치하는 관습적 상징을 통해서 문학적 형상화를 해놓고 있다.

결론적으로 말해서, 이런 현상이 일어나게 된 근본적인 요인은 역시 농경문화가 그 근저에서 작용한 때문일 것이다. 천신과 지모신의 신성혼은 농경의 발달과 더불어 전개될 수 있는 신관형태이기 때문이다.

2. 주몽신화와 기마민족의 도래

기마민족과 그 문화란 기원전 1천년 경에 출현한 것으로 세계문화사상 중요한 한 획을 그었다. 기마민족은 그 남동부의 농경지대에 비해 경제력에 있어 상대적으로 취약한 유목민들이 마차를 끌게 했던 말에 직접 올라타 기마전술을 익혀 이들 농경지대를 주목표로 약탈문화를 시작하면서 출현했다.[16)]

소위 스키타이 문화로 대표되는 이들 기마민족은 점차 그 세력을 확장하여 동서로 뻗어 나갔다. 동으로는 만주와 몽고의 접경지대인 홍안령산맥에서부터 서로는 동부 유럽, 헝가리에 이르는 유목집단이 점점 스키타이 문화에 침윤되면서 기마민족이 되었던 것이다. 스키타이 문화를 받아들여 북아시아에서 최초로 흥기했던 것은 흉노족이었다. 이들의 성쇠와 더불어 기마문화가 만주의 선비, 오환에까지 이르자 마침내 이들 동호족에 의해 기마민족문화가 부여와 고구려에 미치게 되고, 다시 한반도를 거쳐 일본에까지 건너갔다.[17)]

16) 江上波夫, 「遊牧文化發展」, 『世界考古學』, 東京, 平凡社, 1966, p.52.
17) 江上波夫, 『騎馬民族國家』, 東京, 中公新書, 1974, pp.155~170.

주몽신화는 부여계통의 동명신화와는 분명히 다른 신화구조를 가졌다. 주몽신화는 동명계신화를 기저로 하면서도 별전 부루신화와 복합되어 있다. 동명계의 감정형신화는 동북아시아에 보편적으로 편재해 있고, 유목민이나 수렵목축민들에게도 찾아지지만[18] 유목민이나 수렵민 고유의 것은 아니다.

감정형신화는 중국의 신화시대서부터 있었던 중국적인 신화 모티브이며, 대신 유목이나 수렵 겸 목축을 하는 종족들에게는 대부분 수조신화가 주류를 이룬다. 그런데 중국의 감정형신화는 태어난 아이가 버림을 받지않는 반면에, 수조형신화는 십중팔구 죽을 고비를 지나거나 쫓겨난다. 이것은 일종의 기아 모티프다.

기아란 원시민들 속에서 어디에서나 찾아지는 보편적 통과의례의 하나이다. 이런 의례적 양상이 세계적으로 넓은 분포를 보이면서 설화의 모티프가 되고 있다. 농경지대의 경우는 구덩이를 파고 거기에 아이를 낳거나 농경과 관계가 깊은 도구 또는 식물을 이용한다. 우리 나라에서도 얼마 전까지 대명대수의 방법으로 더러운 이름을 붙이는 경우, 또는 더러운 곳에다 아이를 낳는 경우들이 있었다. 또한 애를 파는 풍속도 있었는데, 이것들 모두가 이중탄생의 기제며, 거기서 파생된 풍속들이다.

동명신화에서 보면 많은 이본이 있으나 하나같이 갓난애인 동명을 돼지우리나 마굿간에 버린다. 이것을 통해 목축민의 기아 양식이 동명신화에 핵을 이루고 있음을 본다. 또한 그것에 그치지 않고 돼지와 말이 갓난애에게 숨을 불어넣는다. 여호아가 흙으로 사람의 모습을 만든 후 숨을 불어넣자 아담이 생명을 얻은 것처럼, 숨이란 곧 목숨이며 생명인 것이다.

동명신화에서 돼지와 말이 숨을 불어넣어 주는 것은 그것대로 목축경제의 신화적 상징성이 읽어진다. 말은 물론 기마민족적 문화를 반영한

18) 三品彰英, 『神話と文化史』, 東京, 平凡社, 1971, pp.493~499.

것이고, 돼지는 『삼국지』 위서 동이전에 있듯이 돼지를 사육하여 그 살을 먹고, 가죽으로 옷을 해 입으며, 겨울에는 기름을 몸에 발라 한기를 막았다는 읍루의 돼지 사육이 이것과 관련된다.

지금까지 개별적으로 살펴본 감정모티브와 기아모티브가 동시에 하나의 신화에 결합되어 있는 것이 바로 부여의 동명신화다. 따라서 주몽신화 이전의 동명신화에는 벌써 중국의 문화와 유목 및 목축을 하던 지역의 문화가 습합되어 있었던 것이다. 동명의 어머니가 한결같이 신분이 천한 시비였다고 하는 것은 수조형의 동물이 감정형에 의해 사람의 모습으로 바뀌면서 미천한 신분으로 해석되어 버린 결과라고 생각된다.

그러나, 주지하다시피 동명신화에는 일광감정모티브가 아니라 유기감정모티브가 들어 있다. 유기감정이란 한족계의 은조 계나 진조 대업의 출생신화와 같은 계열에 속한다. 이렇듯 동명신화에는 없는 기마민족 공유의 신화소인 일광감정형이 주몽신화에 들어 있다고 하는 것은 또 다시 기마민족의 문화가 유착되었다고 하는 사실을 말한다.

> 昔寧稟離王 侍婢有娠 相者占之曰 貴而當王 王曰 非我之胤也 當殺之 婢曰 氣從天來 故我有娠 及子之產 謂爲不祥 損圈則猪嘘 棄欄則馬乳 而得不死 卒爲扶餘 卽東明帝爲卒本扶餘王之謂也 此卒本扶餘 亦是北扶之王餘之別都 故云扶餘王也 寧稟離乃夫婁王之異移也

위 기록 중 분주를 보면 일연은 동명과 주몽을 동일인으로 보고 있지만, 이는 동명신화와 주몽신화의 유사성 때문에 혼동을 일으킨 것이다. 따라서 북부여와 졸본부여도 혼동하고 있다. 동명과 주몽의 혼동 부분을 빼고 원상태로 동명만 취해보면 북부여조에 있듯이 "移都于東扶餘, 東明帝繼北扶餘"가 되고, 이때의 동명은 고구려의 주몽과는 다른 어떤 종족의 수장인 것이다. 또한 동부여의 천도에 대해서 신성현시라는 분식이 가해진 것을 감안할 때 이를 합리적으로 읽기 위해서는 "東明帝奪北扶

餘 移都于東扶餘"로 문자의 순서와 글자를 바꿀 수 있을 것이다.

동명신화와 주몽신화를 구분하여 보게 되면, 일광감정 신화소가 동명신화에 첨가되어 주몽신화가 된 과정이 이해된다. 이러한 유착과정을 시대순으로 나열할 때 정확한 연대는 결정할 수 없지만, 한족문화와 수렵목축민인 동이족 일단의 문화가 먼저 합해져 복합 문화권이 형성되고 나서 기마민족의 문화가 거기에 덧씌워졌다는 순서만은 분명히 알 수 있다.

그러나 주몽신화가 여기까지의 단계를 밟은 것으로 완성된 것은 아니다. 고조선의 후예로서 이미 농경을 영위하고 있었던 고아세아족의 농경문화와 만나게 된 동명신화는 새롭게 주몽신화로 탈바꿈한다. 즉 이 지역 농경문화를 대표하는 단군신화계열, 다시 말하면 단군신화의 한 파생태인 별전 부루신화와 만나게 된 것이다. 별전 부루신화란 단군신화계열로, 환웅이 동물인 웅녀를 통해 단군을 얻었듯, 단군 역시 동물(물고기)인 서하 하백녀를 통해 부루를 낳았다고 하는 것이다.

지금껏 살펴본 것을 일단 정리하여 보면 주몽신화는 다음과 같은 단계를 거쳐 형성되어진 것으로 생각된다.

- 제1차 : 한족의 감정신화와 수렵목축의 비한족계문화가 유착하여 동명신화를 낳는다.
- 제2차 : 동명신화에 기마민족의 신화모티브인 일광감정형이 습합된다.
- 제3차 : 이런 신화가 부여를 거치면서 별전 부루신화와 만나 이중의 탄생모티브를 가지는 부자연스러운 구조적 변형을 이룬다.

주몽신화는 이상과 같은 과정을 거쳐서 성립되어 가지만, 이것만으로 완성된 것은 아니고, 도작문화와 다시 접속하게 되어 4차에 걸친 문화변용을 경험한다.

주몽신화 중 전반부에 해당하는 해모수의 강림과 유화의 인신화(人身化)는 엄연히 별전 부루신화의 계열에 속한다. 이미 한반도와 만주 일대에는 단군신화의 구연집단이 자리잡고 있었으며, 초기 농경산업을 근간으로 하여 상당히 발전된 문화를 영위하고 있었다. 그러나 여기에 한족의 감정형과 북방의 수렵목축의 기아 및 동물보호 모티브를 결합시킨 일군의 동명신화 구연집단이 들어서고 뒤이어 일광감정형신화의 기마문화가 크게 활약하는 단계에 와서 주몽신화는 하나의 서사문학적 구조를 완성했다.

주몽의 출원지에 대한 혼란은 신화에 의해서 해명될 수 있을 것으로 보인다. 졸본부여는 동명계와 부루계를 통합하고 있는 것이니 만큼 새롭게 등장한 기마계통의 주몽집단은 도시국가형태를 유지하고 있던 여러 부여를 통합해 갔고, 그 일부는 물길에 의해 병합되어 말갈을 이루면서 동만주와 연해주에 걸쳐 여진으로 발전되었을 것으로 생각된다.

주몽신화가 동명신화와 해모수신화(부루 또는 금와계열)를 이원적으로 구유하고 있는 것은 바로 이런 역사적 사실과 함께 하는 것으로 생각된다. 그러나 주몽의 출계는 어디까지나 농경족이었던 원부여계통이 아니라 그러한 농경문화를 수용했던 기마족에 가깝다. 그런 예는 주몽신화의 문면에 뚜렷이 나와 있다. 예를 들면 주몽이 말을 길렀고, 또 말을 몰아 이동했으며, 주몽이 죽었을 때 육신이 승천하여 버리자 말채찍을 영대물(靈代物)로 하여 장사를 지냈다는 예들이 기마민족적인 유습을 단명하게 보여주는 것들이다.

3. 수로신화와 불교의 수용

유, 불, 도의 고등종교사상이 중국으로부터 우리나라에 들어오고, 한문자가 보급되면서 문화사적 일대 혁신이 일었다고 하는 것은 주지하는 사실이다. 이런 문화사적 패러다임의 변혁이 우리 민족의 정신적 집약이라고 할 수 있는 건국신화에까지 영향을 미쳤음직한 사정도 짐작키 어렵지 않다.

예를 들면, 주몽신화의 하백은 중국에서 하신을 지칭하는 신명을 빌려서 표기해 놓았고, 단군신화의 천부인이라는 것도 기실은 도교나 불교의 용어를 차용해서 추상화시켜 놓은 것이다. 그러나 중요한 것은 그것이 비록 불교나 도교의 용어로 바뀌어 있다고 할지라도 그 자체는 이미 불교나 도교의 전래 이전부터 믿어졌던 것이라는 점이다. 스키타이계통은 왕의 신보로 배(盃), 전부(戰斧), 경구(耕具)를 가졌고, 일본의 왕실에도 경(鏡), 검(劍), 옥(玉)의 삼보가 전한다.[19] 고구려나 신라에도 궁중에 삼보가 있었던 것처럼 고대왕실에서 지니고 있던 삼보가 신화적으로 표현되어 있을 뿐이다.

이렇듯 신화 문면에서 고등종교의 영향이 읽어지는 것은 신명 또는 신기의 명칭 등으로, 신화의 구조 자체와는 무관하다. 신화의 구조는 쉽사리 바뀌지 않는다. 바뀌는 경우라고 하여도 대개는 전대의 신화구조에 근간을 두고 변형될 뿐이다. 유, 불, 도 삼자 중에서 우리나라 건국신화의 구조에 변화를 초래한 것은 불교만을 꼽을 수 있다.

가락국기의 수로신화가 바로 그 예다. 단군, 주몽, 혁거세신화 모두는 신혼이 건국의 전제적 요소가 되었다. 신혼은 난장(orgy)과 상응한다.[20] 제의적 또는 신화적 사실로서 난장은 질적 변환의 분기점이다. 이는 카오스와 코스모스의 분기점이라는 말이 되기도 하며, 따라서 하나의 국가를 건설하여 질서를 세우는 것은 창조적 행위로서 결혼에 의해 아이를 출산하는 것과 같은 원리다. 그러나 수로신화는 그런 궤도를 벗어나 있다. 수로가 건국을 한 연후에 허황옥을 맞아 왕비로 삼은 것이다. 건국신화의 일반적 구도에서 벗어나 하나의 변형태를 보이고 있다는 것은 저 나름대로의 어떤 필연적이고 문화사적인 이유가 있을 것이다.

---

19) 박용숙, 『한국고대미술문화사론』, 서울, 일지사, 1976, 71쪽 ; 吉田敦言, 『日本神話の原流』, 東京, 講談社現代新書, 1982, pp.141~149.

20) M. Eliade, *Patterns in Comparative Religion*, p.356.

수로는 신성원리에 의해서 인간화한 존재임에 비해서 허황옥은 아유타국의 공주로서 세속적인 인간일 뿐이다. 그러면서도 그녀가 건국신화의 인격으로 자리를 한 것은 나름대로 이유가 있다. 즉 신의 현몽을 통한 계시에 의해 왕비가 되었다고 하는 것이다. 계시란 근원에 있어 초월적이면서도 결과적으로 실재에 영향을 주는 행위로서 계시의 수용자는 신화적 인물로 전환되기도 한다.[21)]

『삼국유사』 권3에 실린 소위 탑상출현인연설화의 유형에 있어 해안표착형식은 한 전형을 이루고 있다. 그러면서도 이것은 탈해신화의 상주표류형과 일치되는 형식을 지닌다.[22)] 그러나 형식의 일치에도 불구하고 탈해는 수로에 의해 거부되는 대신 허황옥은 받아들여지는 내용의 차이가 보인다. 신화에서는 탈해가 수로에게서 왕권을 노렸기 때문에 거부되고, 허황옥은 수로의 왕비가 되기 위해 도래했기 때문에 수용되었다고 말한다. 이것을 문화사적으로 해석하여 탈해가 회이족 또는 회이문화를 대표하는 것이라고 했을 때,[23)] 허황옥은 불교의 표상으로 대응시킬 수 있다.

우선 수로신화가 우리나라의 일반적인 건국신화의 구조적 틀을 훨씬 벗어나 있다는 사실이 불교 때문이었다는 가설을 전제로 한 후 문제에 접근하여 보도록 하겠다. 기존의 신화적 틀에서 남신은 천신이며, 천상에서 강림했고, 여신은 동물에서 인격전환을 하여 국모가 되었다. 수로신화의 수로는 이런 공식에 맞아떨어지면서도 여신의 격에 들 허황옥은 전혀 그렇지 않다. 동물이 아니라 불교가 여성화해 버린 것이다. 역사적으로 수로시대에 불교가 우리나라에 아직 들어오지 않았다는 것은 확실하다. 훨씬 후대에 일어난 불교의 수용과 관련하여 신화의 내용이 뒤바

21) F. Tillich(황필호 옮김), 『종교란 무엇인가』, 전망사, 1983, 35쪽.
22) 홍윤식, 「삼국유사와 탑상」, 『불교학보』 17, 동국대 불교문화연구소, 1980, 131쪽.
23) 나경수, 「진시황의 천하통일과 한국 신화사의 변용」, 『아시아문화』 14호, 한림대학교 아시아문화연구소, 1999, 344쪽.

뀐 것이다.

허황옥이 배를 내려 들어올 때, 입고 있던 비단 바지(능고)를 벗어 산령께 바쳤다. 여자의 바지란 속곳을 말하는 것으로 여성성을 대표하는 것이다, 한자에서도 바지 "고(袴)"가 사타구니 "과"로도 쓰이는 것은 이런 사정을 말한다. 바지를 벗어버린 허황옥은 여성성을 송두리채 노출시킨 알몸이다. 여성의 발가벗는 행위는 신혼을 위한 전단계로써 치러지는 입사식의 신화적, 제의적 표현이며, 성혼을 위한 인격전환이기 때문에 새로운 세계를 지향하는 탄생과 등가적인 의미를 가진다.

허황옥이 바지를 벗은 것은 수로가 알을 깨고 나온 것에 대응되는 이중탄생의 모티프가 읽어지는 내용이다. 동물이 그 피각을 벗고 여성지향을 성취했던 것과 마찬가지로 허황옥도 유사한 전철을 밟아 수로와의 성혼에 이른 것이다. 이때 허황옥이 속곳을 벗어던진 사실이 웅녀, 유화, 알영 등과 등위의 인격전환의 항목이라면 이는 분명히 어떤 신화적 전철을 밟고 있는 사례의 하나라고 간주된다. 신화 구조가 어떤 변환에 대해 자동제어(autoreglage) 능력을 가졌다는 점에서[24] 불교의 도래라는 새로운 사실까지도 점검하여 일반적 신화구조에 알맞도록 조절하는 것이다.

불교문화에 의해 분식된 수로신화지만 구조의 불변성에 기대어 그 원형적 구조를 재구해낼 수는 있다. 『삼국유사』 권3 어산 불영조에 수로가 부처의 영력으로 독룡을 퇴치하고 어룡을 다스렸다는 이야기가 나온다. 이 신화에서 독룡이나 어룡은 불교 팔부상 중의 하나인 호법룡과는 전혀 다른 부정적인 존재다. 다시 말해 불교적 입장에서 보았을 때 그것은 부정적이라는 뜻이다.

『삼국유사』 권5에는 그것이 왜 부정적으로 파악되었느냐 하는 문제를 해결할 수 있는 기사가 있다. 밀본최사조에 승상 김양도가 어려서 병이 들

24) 소두영, 『구조주의』, 민음사, 1986, 93쪽.

었을 때 무당이 치유치 못하던 병을 큰스님인 밀본이 퇴치했다는 이야기가 전한다. 기존의 무당 자리에 불력이 뛰어난 승려가 대신 앉은 모습이기도 하다. 여기에서 무당은 부정적이다. 고등종교인 불교가 토속적인 무속을 부정시하게 되는 흐름 또는 대체 현상이 수로신화의 전승과정에서 영향을 미쳤을 수 있다. 특히 허황옥이 파사석탑을 싣고 가락에 왔다고 하는 연기설화에 대해 일연 자신도 회의를 나타내고 있듯이,[25] 수로신화가 훗날 불교의 영향을 받아 재편성되었다는 사실을 직시할 수 있다.

수로신화가 원형으로부터 훨씬 멀어져버린 것은 불교의 수용과 함께 불교설화 또는 불사연기설화들이 대거 신화에 삽입되면서 일어난 현상이다. 이렇듯 불교는 유교나 도교에 비해 우리나라 설화형식에 적극적으로 참여했고, 또 크게 영향을 미쳤다는 사실이 이해된다.

4. 탈해신화와 소수민족 이주사

주나라 때부터 중국 사서에 심심찮게 나오던 회이 또는 서국의 기록이 진시황의 천하통일과 함께 자취를 감춘다.

> 진이 육국 및 회이와 서이를 병합하니 그 나라 사람들은 모두 흩어져 일반 백성들이 되었다.[26]

『후한서』 동이전서의 위 기록은 회수와 사수에 살던 동이족들이 진시황의 천하통일정책에 의해 붕괴되고, 한족 속에 흡수되어버린 역사를 말해 준다. 한편 때를 같이 하여 한반도 남부에 일어난 역사적 정황을 전해주는 유력한 자료가 『삼국지』 위서 동이전 진한조의 다음 기록이다.

---

25) 海東未有創寺奉法之事, 蓋像敎未至, 而土人不信伏, 故本記無創寺之文, 『삼국유사』 권3, 금관성파사석탑조.

26) 秦幷六國其淮泗夷 皆散爲民戶

> 진한은 마한의 동쪽에 있다. 그 나라의 노인들이 전하는 말에 따르면 스스로 일컬어 말하기를 秦나라의 부역을 피하여 한국으로 오자, 마한은 그 나라의 동쪽 경계지점을 할애하여 그들에게 주었다고 했다. 그들은 성책이 있으며, 그들의 언어는 마한과 달랐다.[27)]

위 기록은 『삼국유사』에도 부분적으로 인용되고 있는데, 진나라의 고된 사역을 피해서 중국으로부터 한반도 남부의 마한에 도달한 일군의 집단에 대해 말하고 있다.

진시황은 천하를 통일하고 나서 여러 정책들을 시행했다. 대표적인 사업을 들어 보면 아방궁과 진시황릉 및 만리장성의 등의 대역사와 분서갱유 등이다. 이러한 진시황의 정책입안은 한족 중심의 것이었다. 동이족의 일맥으로서, 비한족인 회이가 당시 아방궁이나 만리장성의 역사를 위해 당했을 핍박과 착취는 역사적으로 뚜렷이 이해될 수 있고, 따라서 회이족 대부분은 한족으로 흡수되어버렸더라도, 회이족 속에서 상류층에 속해 있던 집단은 그 고통을 감내하기 어려운 나머지 길을 달리했으리라고 추측된다.

앞의 『삼국지』 진한조의 기록은 바로 이런 사실을 입증하는 기록으로 볼 수 있다. 그 연장으로 회이의 서언왕신화와 구조적으로 동일한 탈해신화가 왜 반도의 남부에서 구전되고 있었겠느냐 하는 의문을 풀 수 있다. 탈해신화에서 탈해는 결코 개인적인 인격체로서 탈해가 아니라 민족적 이동을 단행했던 집단을 뜻한 것으로 볼 수 있다. 가락에서 쫓겨난 탈해가 신라에 도착해서 다시 궤(櫃) 속에서 태어난다고 하는 신화 내용은 역사적 실존인물로서 탈해가 아니라, 신화원형의 반복성에 부회된 인물이기 때문에, 탈해신화는 일정한 신화원형을 보유한 집단의 민족적 이동 상황을 표상한 신화로 파악되어야 할 것이다.

---

27) 辰韓在馬韓之東, 其耆老傳世, 自言古之亡人, 避秦役, 來適韓國, 馬韓割其東界地與之, 有城柵, 其言語不與馬韓同

대개 신화적 인물의 이름은 고유명사라기보다는 보통명사일 경우가 많다. 단군, 주몽, 혁거세, 수로 등이 모두 보통명사로 해석되는 것이다. 석탈해의 경우도 이러한 관용적 맥락의 연장선상에서 보통명사일 가능성을 점쳐볼 수 있다. 석탈해라는 이름을 얻게 된 연유를 『삼국사기』에서는 이렇게 밝히고 있다.

> 누가 말하기를 이 아이는 성씨를 알 수 없으므로 처음 독이 떠내려올 때 까치가 울며 따랐으니 작(鵲)의 한 편을 떼어 석으로 성을 삼고, 또 얽어맨 독 안에서 풀려났으니 탈해라고 이름하여 마땅하다고 하였다.[28]

구전이란 기억된 역사를 의미한다. 다시 말해서 노인들의 말이란 저 먼 옛날의 역사가 구전으로 전해져 왔다는 사실을 뜻하는 것으로 읽혀진다. 진(秦)나라의 노역을 피해서 정치적 망명을 단행한 회이족의 역사적 사건은 구전으로 전해오는 먼 옛날의 일이었던 것이다. 석탈해(昔脫解)의 昔은 이런 점에서 그 옛날, 말하자면 석탈해가 구체적인 고유명사로서의 이름을 얻기 훨씬 전의 정황을 시사하고 있는 말로 생각된다. 이때의 옛날이란 말할 것도 없이 진시황의 압정을 피해 도망해온 회이족 일파의 일에 대한 시간대로 볼 수 있을 것이다. 이런 사실의 연장에서, 탈해를 '벗어나 해방되다'는 축자적 의미로 해석하여 역사적 사실과 결부시켜 보면, '진시황의 학정에 못이겨 도망하여 해방된' 사람(들)으로 읽어 하자가 없을 줄로 안다. 결국 석탈해란 이름은, 저 먼 옛날 진시황이 천하통일을 하고 나서 소수민족에게 가했던 노역과 학정을 피해서 한반도로 도망쳐온 사람들의 역사를 압축시켜 놓은 하나의 언어적 유적이라고 보아도 좋을 것이다.

탈해 일족의 이동 사실은 탈해 탄생의 불합리성에 의해서 자연스럽게 밝혀진다. 탈해가 서쪽인 가락에서 궤 속에서 태어났다가 수로에게 패하

28) 『三國史記』 新羅本紀 第1 脫解尼師今條.

고 나서 다시 동쪽으로 이동하여 신라에서 또다시 궤에서 태어난 것이다. 두 번에 걸쳐 궤 속에서 태어났다는 사실은 불합리하다. 즉 두 번에 걸쳐 탄생했다는 것은, 사실을 중시하는 역사로 보아 잘못된 것이기 때문에 설화적 해명에 의존하게 된다. 지금까지 밝혀진 바, 확실한 자료는 진시황이 천하통일을 한 후, 중국의 소수민족들이 다른 지역으로 망명을 했다는 것과 진한의 역사가 기록하고 있듯이, 그 일족 중 일부가 한반도의 남부에 들어왔다는 것이다.[29] 그 일족의 정체를 밝히는 것은 역사적 과제지만, 그것을 해결할 만한 정확한 사료를 가지지 못한 지금 단계에서는 설화에 반영되어 있는 역사를 재구해 보는 것이 유력한 방법일 것이다.

5. 무강신화와 마한의 건국

무강왕은 한편으로는 기자조선의 마지막 왕 기준으로 기록되기도 하고, 다른 한편으로는 백제의 30대 무왕으로 기록되기도 했다. 역사적으로 기준(箕準)과 무왕(武王)은 8백여 년의 시간적 거리를 두고 있음에도 불구하고,[30] 두 사람이 모두 무강왕(武康王)이라는 이름을 공유하고 있다.

『동국여지승람』 익산군편의 佛宇條에 실린 미륵사의 연기설화는 다음과 같다.

> 미륵사는 용화산에 있다. 세상에 전하기를 "무강왕이 인심을 얻어 마한국을 세우고, 하루는 선화부인과 더불어 사자사에 가고자 산 아래 큰

---

29) 나경수, 「탈해신화와 서언왕신화의 비교연구」, 『한국민속학』 27. 민속학회, 1995. 12. 133~160쪽 ; 나경수, 「秦始皇의 天下統一과 韓國 神話史의 變容－脫解神話와 武康神話를 중심으로」, 『아시아문화』, 한림대학교 아시아문화연구소, 1999.

30) 위만조선은 기원전 194년에 세워졌으며, 백제 무왕의 제위 기간은 서기 600~640년이다. 참고로 신라 진평왕의 제위 연대는 579~631년이다.

> 못가에 이르렀는데, 세 미륵불이 못 속에서 나왔다. 부인이 임금께 아뢰어 이 곳에 절을 짓기를 소망하였다. 임금이 허락하고 지명법사에게 가서 못을 메울 방술을 물었더니 법사가 하룻밤 사이에 산을 헐어 못을 메우고 불전을 창건하였으며, 또 세 미륵불상을 만들었다. 신라 진평왕이 백공을 보내어 도왔다"고 한다. 석탑이 있는데 극대하여 높이가 여러 길이나 되어 동방의 석탑 중에 가장 큰 것이다.31)

『삼국유사』에서는 미륵사를 백제의 무왕이 세운 것으로 되어 있는데 반해서, 여기서는 마한의 무강왕이 세운 것으로 되어 있다. 세전을 옮겼다는 위 기록은 큰 불합리도 그대로 옮기고 있다. 마한시대 무강왕의 역사(役事)를 신라 진평왕이 도왔다는 내용이다. 시작은 마한의 무강왕이지만, 끝에 가서는 800여년 후인 백제 무왕시대의 일로 바뀌고 말았다.

한편 『동국여지승람』에는 미륵사의 창건주가 마한의 무강왕으로 되어 있음에 반해서, 일연이 보았던 전(傳)에는 무강왕이 백제의 왕으로 기록되어 있었다고 한다. 현재 우리는 무강왕이 마한의 기준이라는 설과 백제의 무왕이라는 설 등 각기 다른 두 사료를 가졌지만, 일연이 보았던 자료에는 무강왕이 백제의 왕으로 기록되어 있었다는 점을 착안하고 보면, 여기에 새로이 부전 자료 하나를 더 추가하게 된다. 이 세 번째 자료가 차지하는 비중은 기왕의 두 자료에 비해서 극히 미미할 수 있다. 그러나 보는 각도에 따라서는 가장 본질적인 문제를 제기해줄 수 있는 자료일 수도 있다. 일연 이전으로 소급해 올라가면, 그가 구할 수 있는 자료는 두 종류로서, 하나는 무강왕을 마한의 왕(기준)이라고 하는 것이요, 다른 하나는 백제의 왕이라고 하는 것이다. 둘 중에서 일연이 취득했던 것은 무강왕을 백제의 왕이라 한 자료였다. 따라서 일연은 백제의 무강왕을

31) 彌勒寺在龍華山 世傳 武康王旣得人心 立國馬韓 一日王與善花夫人欲幸獅子寺 至山下大池邊 三彌勒出池中 夫人謂王曰 願建伽藍於此地 王許之 詣知命法師問塡池術 師以神力一夜頹山塡池兮創佛殿 又作三彌勒像 新羅眞平王遣百工助之 有石塔極大高數丈東方石塔之最

백제의 무왕으로 고치는 역사의 굴절을 단행했던 것이다. 만일 그의 일차 자료가 무강왕을 마한의 왕이라고 한 것이었다면, 일연은 지금 전하는 것과는 다른 고증을 했을 것으로 본다.

한편 일반적으로 알려진 온조 백제와는 다른 계통의 백제 기원설이 있어 그에 대한 주목이 요망된다. 후백제의 개국조 견훤은 다음과 같이 말하고 있다.

> 견훤이 인심을 얻은 것을 기뻐하며 좌우에 일렀다. 내가 삼국의 시원을 상고해 보건대, 마한이 먼저 일어나고 후에 혁거세가 발흥하였으므로 진변이 따라 일어났다. 이에 백제는 금마산에서 개국하여 육백여년이 되었다.[32]

백제가 금마산에서 개국을 했다는 위 견훤의 말은 우리가 알고 있는 역사적 사실과 어긋난다. 이병도는 이를 한 마디로 역사의 착각이라고 지적하고 있다.[33] 그러나 이를 단순히 견훤의 착각으로 보아넘길 일은 아니다. 『삼국유사』에 의하면 견훤이 왕건에게 보낸 글에도 이와 다르지 않은 내용이 적혀 있다.[34] 외교문서일 수도 있는 왕의 친서에 이같은 내용이 기록되어 있다는 것으로 보아, 이는 견훤의 잘못된 사견으로 보고 말 일은 아닌 듯싶다. 잘 알려진 대로 위례성에서 온조가 개국했던 백제를 이처럼 금마산에서 개국했다고 하는 까닭 뒤에는 나름대로 이유가 있어서였을 것이다. 앞의 글에 계속하여 견훤은 다음과 같이 말하고 있다.

> 당 고종이 신라의 청으로 장군 소정방을 보내어 해군 13만으로 바다를 건너오고, 신라의 김유신이 권토하여 황산을 거쳐 사자에 이르러 당병과

---

32) "萱喜得人心 謂左右曰 吾原三國之始 馬韓先起 後赫世勃興 故辰卞從之而興 於是百濟開國金馬山 六百餘年" 『삼국사기』 열전 견훤조.

33) 이병도 역주, 『국역 삼국사기』, 을유문화사, 1984<6판>, 722쪽.

34) 甄萱上太祖書云 昔馬韓先起 後赫世勃興 於是百濟開國金馬山, 『삼국유사』 기이, 제2 마한조.

> 합세하여 백제를 쳐 없앴다. 지금 내가 과감히 완산에 도읍을 세워서 의자왕의 숙분을 풀어주지 않을 수 있겠느냐 하고 드디어 후백제왕이라 자칭하였다.[35]

인심을 얻은 견훤이 후백제를 개국하면서 그 정통성을 구할 필요가 있었다. 그는 삼한시대로부터 백제가 망하기까지의 역사를 개관하고, 건국의 필연성을 백제의 부흥논리에서 찾고 있다. 또한 거슬러 올라가면 후백제가 백제의 정통성을 이어받듯, 백제가 마한을 이어받은 것으로 역사를 편수하려는 논지다. 백제가 금마산에서 개국했다는 그의 말에는 백제의 역사를 마한대로 끌어올려 신라에 앞서는 역사를 설정하고자 하는 의도가 배어 있다. 그래서 "마한이 먼저 서고 후에 혁거세가 발흥했다(馬韓先起 後赫世勃興)"는 선후 시차를 제시하고 있는 것이다. 그러나 금마산에서 백제가 개국을 했다는 이러한 견훤의 역사 인식은 그 개인의 사견이나 강변 차원이 아니라, 보다 넓은 인식의 장이 이미 사회화되어 있었던 것으로 보인다.

무강왕을 백제의 왕으로 기록하고 있던 자료나 백제가 금마산에서 개국했다는 견훤의 글은 모두 백제가 신도래족인 비류 온조에 의해 건국된 정복국가라는 지금까지의 단선적인 이해를 재고하도록 유도한다. 역사는 기록자의 사상이나 의취에 따라 다르게 기록될 수도 있다. 비류나 온조계의 입장에 선 기록자인가 한족계통의 입장에 선 기록자인가에 따라 역사의 내용은 크게 달라질 수 있을 것이다. 온조계, 비류계, 진왕계 중에서 가장 많은 왕을 낸 계통을 온조계였다. 현존 자료에 백제가 온조백제로만 기술되고 있는 것도 따지고 보면 가장 장기적인 집권을 했던 온조계가 역사를 자의적으로 기술했을 가능성이 있으며, 이러한 사료를 근거로 한 후세의 사가들은 다시 그를 근거로 해서 역사를 편수하는 것이기

35) 『삼국사기』 열전, 견훤조.

때문에 온조백제의 정통성이 자연스럽게 제기되고 받아들여질 수 있었을 것으로 보인다.

이러한 근거를 바탕으로 하게 되면, 일연이 비록 백제에 무강왕이라는 왕명이 없어서 무왕으로 고쳤던 역사의 굴절이 있기는 했지만, 이를 원상으로 교정할 수 있는 길이 열릴 수 있을 것으로 보인다. 그런 뜻에서 일연의 고육책을 그대로 수용하는 것보다는 무강왕의 역사적 실체를 재조명해 보는 일이 필요할 것이다.[36)]

그동안 무강왕에 대해 무왕설, 동성왕설, 무녕왕설, 원효설 등으로 압축되는 여러 설이 제기되어 왔지만, 다른 한편에서 보면 이들은 오히려 무강왕을 역사의 미아로 만들어 가고 있는 느낌이다. 그를 미아로 만든 가장 주요한 원인은 위에서 보듯 어느 일편에 치우친 요소주의였던 것이다. 다른 요인의 하나로서 환원주의 역시 해석을 흐리는 요인으로 작용하기도 한다. 대부분 설화를 역사로 환원시키려 한 연구는 하나의 전체인 무왕조 이야기를 특정 요소의 자의적 비대화나, 종교나 역사에 환원시켜 이해하려는 점에 한계가 있다.

6. 왕건신화와 신화의 이데올로기화

『고려사』를 편술했던 정인지 등은 고려 왕건의 세계에 대해 두 가지 자료를 가졌다. 하나는 예는 김관의의 『편년통록(編年通錄)』이며, 다른 하나는 황주량이 편찬한 『태조실록(太祖實錄)』이었다.

"『태조실록』은 정당문학 수국사 황주량이 찬수한 것이다. 주량은 태조

36) 나경수, 「마한의 성립과 건국신화」, 『남도민속학의 진전－동은지춘상교수정년기념논총』, 태학사, 1998 ; 나경수, 「秦始皇의 天下統一과 韓國 神話史의 變容－脫解神話와 武康神話를 중심으로」, 『아시아문화』, 한림대학교 아시아문화연구소, 1999 ; 나경수, 『마한신화』, 한얼미디어, 2005.

> 의 손자인 현종 때 벼슬을 하였으므로 태조 때의 일은 듣고 볼 수 있었을 터이니 그 선대에게 추증한 일에 있어서는 사실에 의거하여 이를 쓴 것이다. 貞和를 국조의 配로 삼아 삼대로 하였으되 거의 한 마디도 세상에서 전하여 내려오는 설에는 언급하지 않았다. 김관의는 의종 때의 미관이며, 또 태조 때로부터 260여년이나 지났으니, 어찌 당시의 실록을 버리고 후대에 와서 상고함이 없이 잡되게 나온 글을 믿겠는가."

왕건의 가계에 대한 이 두 자료 중 정인지 등이 신뢰하고 있는 『태조실록』은 그들의 판단대로 사실에 근거한 자료일 것이며, 『편년통록』에 실린 왕건 선대에 관한 내용은 그들의 비판이 아니라 하더라도 실제로 역사라기보다는 설화이다.

『고려사』의 첫머리에 실려 있는 고려세계는 호경(일명 성골장군)으로부터 왕건에 이르기까지의 7대에 걸친 이야기로 구성되어 있다. 그 가계도를 그려보면 다음과 같다.

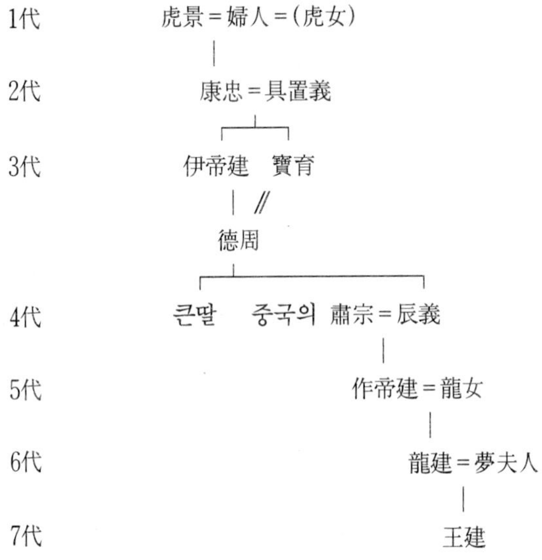

위 내용은 설화이며, 설화는 史實이 아니라 寫實이기 때문에, 정인지와 같은 사가들의 눈에는 한갓 僞書나 僞言에 불과했을 것이다. 한편 여기에서 '僞'라는 글자가 '人'과 '爲'가 합해져서 만들어진 글자라는 사실을 착안한 필요가 있다. 그것은 인위적이라는 뜻을 함의하고 있다. 다시 말해서 '僞'는 그릇된 것으로 볼 수도 있지만, 인위적으로 만들어진 것으로 볼 수도 있다는 것이다.[37] 오랜 옛날부터 동양적 사고에서는 인공적인 것보다는 자연적인 것을 숭상하였으며, 자연을 거역하는 인위적 태도보다는 자연에 순응하는 것을 순리라고 여겨왔다. 결국 모든 인위적인 것을 그릇된 것으로 간주했던 일종의 고정관념이 '僞'라는 글자의 뜻을 부정적인 의미로 고착시켰던 셈이다.

그러나 여기서 말하고 있는 '文學', '寫實', '僞' 등을 관통하고 있는 하나의 개념에 주목할 필요가 있다. 그것은 물론 앞에서 말한 인위이기도 하지만, 달리 말하면 作品인 것이다. 작품이란 인간이 인위적으로 만들어 낸 것을 지칭한다. 따라서 "고려세계"에 실린 왕건 가계는 역사가 아니라 하나의 문학작품으로서 이야기며, 史實이 아니라 寫實的인 작품이요, 또한 진실이 아니라 허구적인 작품인 것이다. 그것에 대해 이미 '설화'라는 명칭을 부여한 것부터가 이러한 평가와 판단을 전제로 한 것이다.

허위성을 기준으로 판단해 보면 신화는 다른 종류의 설화인 전설이나 민담에 비해 훨씬 그 강도가 심하다. 고대에 가장 심한 거짓말은 신화며, 현대에 가장 큰 거짓말은 광고이다. 그러나 거짓이란 반사회적 기능을 할 때는 부정적이지만, 그렇지 않을 때는 언어와 마찬가지로 하나의 사회적 상징이며 또 기호로 활용된다. 원천적으로 소설과 영화는 거짓이지만 반사회적인 내용이 아니라면 예술의 하나로서 사회적이며 문화적 기

37) 예를 들어 荀子는 인간본성에 대해 "人之性惡 其善者僞也"라 하였는데, 여기에서 그가 말하고 있는 僞란 위선적이라는 의미가 아니라, 선이란 인위적으로 실현될 수 있다는 뜻으로 사용되고 있다.

능을 충실히 하는 것이다. 그 성격상 신화는 원천적으로 거짓말이다. 그러나 그것이 사회적 역기능을 하는 것이 아니라면 그 거짓은 사회적 기호로서 자격을 지니게 된다. 김관의에 대해 이재현이나 정인지는 대단히 부정적인 견해를 피력하고 있지만, 이들의 입장은 그의 글을 문학이나 신화로서가 아니라 역사적 사실로 보려했기 때문에 단지 거짓으로 보일 수밖에 없었으며, 따라서 신뢰할 수 없는 허위에 불과했던 것이다. 허위를 통해 그 뭔가의 기능적 기여를 하는 신화의 성격을 그들은 용인하지 못한 까닭에 비판으로 일관했다. 뒤집어 말하면 이재현이나 정인지의 이러한 비판은 오히려 김관의의 글이 문학작품일 수 있다는 사실을 더욱 선명하게 해주는 역할을 맡았다.

건국신화의 기능으로 꼽을 수 있는 것 중 하나는 통치이념 또는 정권의 정통성 확보라는 정치적 기능이다. 고대 한국의 건국신화들은 천부지모(天父地母)라는 세계상을 근간으로 하여 왕권의 절대성을 확보했던 일종의 정치적 산물이기도 하다.[38] 이러한 고대의 건국신화가 가지고 있는 기능적 권위가 역사시대에 와서 다시 재현되는 양상을 볼 수 있는데, "고려세계"는 바로 그 전형으로 꼽힐 것이다. 그런 점에서 보면 "고려세계"는 고려의 건국신화 또는 왕건신화로 부를 수 있는 설화적 자질을 가졌다.

역사적으로 왕건의 가계에 대해서 확실히 알려진 바 없다. 『고려사』 세가에 고려 태조 왕건은 송악 사람인 위숙대왕(威武大王)의 큰 아들이며, 그 어머니는 위숙왕후(威肅王后)로서 한씨라는 사실이 기록되어 있다. 또한 훗날 그의 선대에 대해 추증한 사실이 있으며, 그들에게 추증된 왕호가 전하기는 하지만, 그 조상들의 내력에 대해서 상세히 밝혀놓은 바 없다. 다만 김관의의 『태평통록』이 그 조상들의 내력을 적고 있을 뿐

38) 나경수, 『한국의 신화연구』, 교문사, 1993, 178~188쪽.

이다. 『고려사』를 저술하면서 맨 앞에 "고려세계"라는 편목을 두고 있으면서도, 거기에 태조 왕건의 실제적인 가계도가 아니라 거짓이라고 비판을 하면서도 김관의의 글을 싣고 있는 까닭과 형편을 우리는 짐작해야 한다. 만약 소상하면서도 확실한 왕건의 세계가 전하고 있었더라면 군이 정인지 등이 그토록 비판하고 있는 김관의의 글을 권두에 싣지는 않았을 것이다.

『고려사』라는 正史에 『태평통록』과 같은 野史의 한 토막을, 그것도 권두에 싣게 된 배경은 이렇듯 그것을 대신할 수 있는 자료가 미비한 때문이기도 하였겠지만, 다른 한편에서 보면 김관의의 글이 한번 지어지고 나자 고려조 일대를 통해서 나름대로 권위와 기능을 가졌던 것이라고도 볼 수 있다. 김관의는 고려 의종 때의 사람으로 왕건으로부터 260여 년이나 지나 이 글을 지었다. 그러나 이 글은 김관의 개인 창작은 아니며, 여러 집안에 전해지고 있던 자료들을 모아 참고하면서 기술한 글이라는 사실을 간과해서는 안 된다. 김관의 이전에 이미 왕건의 가계에 관한 설화화가 이루어져 있었던 것으로 보아야 한다. 즉 역사의 설화화가 여러 사람들에 의해서 이루어졌으며, 그것이 집대성된 것이 김관의의 글일 것이다. 왕조를 달리하여 조선조에 이르자 다시 설화의 역사화가 이루어진다. 즉 비판을 받고 있기는 하지만, 그것이 정사인 『고려사』에 실리게 되었다는 사실 자체로 보면 역사에 편입된 것이다.

잃어버린, 아니면 미미한 역사를 채우기 위해 설화는 필요했다. 그리고 그것이 한 왕조의 성립에 관한 것이기 때문에 건국신화로서의 기대에 부응할 수 있는 것이라야 했다. 이미 신화시대를 훨씬 경과해버린 시대였지만, 대부분의 백성들은 왕권의 정통성을 초자연적인 어떤 것으로 여기던 때였던 만큼 그러한 기대에 부응할 수 있는, 왕씨 왕조의 성립을 예정설적으로 두둔하는 설화의 고안이 필요했을 것이다. 이러한 시대적 필요성 때문에 고려의 건국신화가 만들어져야 했지만, 그것은 고대의 건국신화들과는 상당한 차이를 보인다. 믿어지는 정도가 약하고, 또 고대의 건국신화들처럼 완전한 초자연적 상상력을 발휘할 수도 없는 것이었다. "고려세계"의 이야기가 꿈이나 풍수지리와 같은 화소를 반복적으로 사용하고 있는 까닭도, 전해지고 있던 설화를 다수 차용하고 있는 것도 다 따지고 보면 새로운 건국신화를 만들어내기보다는 기존의 믿음체계나 설화를 이용해서 건국신화의 필요성을 충족시킬 수밖에 없었던, 그야말로 역사시대의 신화 창작이라는 한계를 노정한 것으로 보겠다.

"고려세계"를 건국신화로 보고자 하는 의견에 얼마든지 반론이 제기될 수 있을 것이다. 그것은 신화라기보다는 전설이며, 건국보다는 왕씨조의 가계설화에 불과하다는 지적이 나올 수 있다. 이러한 반론은 극히 정당하다. 그러나 신화와 전설의 구분은 구비문학 교과서에 실린 것처럼 명확한 것은 아니다. 전설이면서도 신화적 기능을 한 설화가 있을 수 있고, 신화이면서도 전설로 구연되어온 것 또한 얼마든지 있을 수 있기 때문이다. 문제는 특정한 설화 자체의 성격에 그치지 않고, 그것이 존재했던 상황이나 기능을 함께 생각해보면 신화와 전설의 양분론은 때때로 절대적일 수 없는 것이다. 또한 "고려세계"는 고려의 건국과 관련된 이야기라는 점에서 건국신화로서의 자질을 가질 수 있다고 본다. 그것은 비록 고구려나 신라에 전승되어 왔던 전설들을 모태로 하여 만들어지기는 했지만, 역사의 신화화를 통해서 신화적 자질을 획득한 것으로 볼 수 있을 것이다.

3. 신화의 역사화와 역사의 신화화

지금까지 우리의 기록신화들을 통해서 잃어버린 역사를 재구하는 문제를 거론해보았다. 누차 반복했듯이 역사와 신화는 본질적으로 다르다.

그럼에도 불구하고 이렇듯 둘 사이에는 일정한 교통로가 있게 마련인데, 이는 바로 '신화의 역사화'와 '역사의 신화화'라고 할 수 있겠다. 이것은 일방적으로 이루어지는 것이 아니라 시대를 관류하는 사이에 상호 관계를 간섭하면서 이루어질 수 있는 것이기 때문에, 고대사 또는 고대신화의 경우에는 신화와 역사라는 본질적인 거리에도 불구하고 상호 관련성을 내밀하게 지니고 있는 셈이다.

사마천의 『사기』에서 중국 고대의 역사는 대개 신화나 전설을 역사로 편입시켜 역사화한 것들이 대부분이다. 이는 중국만의 사정은 아니다. 한국도 그렇고 일본도 그렇다. 예를 들면 중국에서는 요·순·우가 서로 양위를 하는 관계로 역사 속에서 그려지고 있지만, 원래는 그들 3자가 각기 따로따로 신화 또는 전설로 전해지고 있었다. 그러한 설화에 대해서 사가의 시각에서 이들을 하나의 계통으로 연결지어 고대사를 꿰맞췄던 것이다. 이러한 형편은 우리나라 역시 마찬가지다. 『삼국유사』의 경우야 그 자체가 설화집이라고 할지라도, 정사라고 볼 수 있는 『삼국사기』에서 조차도 신화를 끌어와 역사로 정리해놓고 있다. 즉 주몽신화를 고구려의 건국사로, 혁거세신화를 신라의 건국사로 각각 전환시켜 놓고 있는 것이다. 이는 일본의 경우 역시 다르지 않다. 일본의 『고사기』 또는 『일본서기』에 기술된 상고사들은 대개 일본에 전해지던 신화를 역사에 편입시켜 놓은 것들로서 전형적인 신화의 역사화에 속하는 것이다.

신화가 믿어질 때는 그 자체로 역사의 구실을 한다. 그러나 인지가 발달하게 되면 신화를 역사로 믿는 신앙과 신심이 약화된다. 따라서 신권적 사회를 벗어나게 되면 더 이상 신화는 역사가 아니다. 믿음만으로 해결될 수 있는 세계가 아니기 때문이다. 이제는 앎이 중요한 사회를 구성하는 힘이 된다. 따라서 믿음이 앎으로 변화되는 사이에 신화는 역사화라는 다른 옷을 입게 될 수밖에 없는 것이다.

한편 역사가 설화로 탈바꿈하는 예도 얼마든지 찾아진다. 역사가 사건이라면 설화는 서사이다. 우리는 수많은 인물전설들을 알고 있다. 분명히 문자가 충분히 생활화된 시대에서조차도 전설은 만들어지며, 그리고 역사적으로 실존했던 인물조차도 역사와 전설에 함께 등장하는 예가 얼마든지 있다. 전설만 아니라 신화도 역사시대에 만들어진다. 가장 대표적인 예는 왕건신화와 견훤신화일 것이다. 이들 이야기를 신화로 볼 것이냐 아니면 전설로 볼 것이냐 하는 문제는 장르상 논란의 여지를 안고 있기는 하지만, 일종의 건국신화라는 점에 초점을 맞추어서 왕건과 견훤의 이야기는 다루어져야 할 것이다.[39] 특히 김관의의 『편년통록(編年通錄)』을 토대로 한 『고려사』에 실린 왕건의 가계설화는 완전히 신화적 체제와 구성을 보이고 있어 건국신화로 보는데 이견이 있을 수 없다. 또한 견훤의 탄생설화 역시 밤중에 이물의 화신인 이인이 나타나 미혼의 여인과 사통을 하는 내용의 야래자(夜來者) 화소로 구성된 후백제의 건국신화로서 자격을 지니고 있다.

대개 일연이 『삼국유사』에서 시도했던 것은 '신화의 역사화'이다. 일연은 설화를 원자료로 하면서 여기에 역사적 지식을 통해서 고증을 더하는 방식을 택하고 있다. '역사의 신화화'는 글을 모르는 민중들이 즐기는 역사 기억의 방식임에 반해서, '신화의 역사화'는 지식인이 즐기는 방식이다. 일연이 의도했던 것처럼 설화를 역사에 편입시키려는 시도는 수없이 찾아지지만, 전형적인 한 예만 들자면 임억령의 "송대장군가"라는 장편의 영웅서사시를 들 수 있겠다. 해남 사람인 임억령은 가까운 완도를 여행하면서 현지에서 전승되고 있는 송징장군전설을 듣게 된다. 그는 전설을 조선조의 대표적인 한문서사시로 장중하게 읊으면서, 그 시를 다음과 같이 마무리 하고 있다.

39) 완전한 서사적 구조를 갖추고 있지는 않지만 국문학쪽에서는 "용비어천가" 역시 도 하나의 건국신화로 보아야 한다는 의견도 제기되고 있다.

(선략)

問之於古老	노인들에게 장군에 관해서 물어
首尾得細剖	자초지종을 자세히 얻었으니
太史徵人口	태사야 남들의 말을 두루 구해야
列傳猶不誤	열전을 기록함에 그릇됨이 없으리니
莫道吾詩漏	나의 시가 소루하다 말하지 마오
庶幾國史補	국사에 보탬이 되기를 바랄 뿐이라네

그가 말하는 태사는 역사를 기록하는 사람이며, 열전은 역사적 인물에 대한 전기이다. 시에서 말하고 있는 것처럼 노인들에게서 들었던 장군의 이야기는 전설이며, 이를 국사에 보태고자 해서 시를 지었다는 작시 동기를 말하고 있다. 장보고의 청해진이 위치해 있던 완도읍 장좌리에서는 매년 정월 대보름에 송징장군을 추모하는 마을제사를 모신다. 역사적 인물인 장보고는 오간데 없고, 대신에 송징장군이라는 역사에 전혀 이름을 남기지 않는 장군이 청해진이 있던 그 역사의 현장에서 마을민들에 의해서 매년 모셔지고 있는 것이다.

그러나 한편 생각해보면 송징이라는 전설적 인물은 다름이 아니라 역사적 인물인 장보고에서 비롯되었다. 마을 사람들은 역적으로 몰려 죽은 장보고를 대신하여 송징이라는 가명의 인물을 설정해내고 여기에 전설을 부회하게 되었다. 다시 말해서 역사적 인물인 장보고가 전설적 인물인 송징으로 바꾸는 방법으로 '역사의 설화화'를 추구하게 된 것이다.

역사가 설화화되는 것은 달리 말하면 역사의 민중화라 하겠고, 반대로 설화가 역사화되는 것은 설화의 지적화(知的化)라고 할 수 있다. 그런데 이러한 과정이 일회적으로 그치는 경우도 있지만, 쌍방향적으로 이루어지는 경우도 없지 않다. 마한의 무강왕신화가 바로 여기에 해당한다. 한편으로는 역사가 설화화되었으며, 다른 한편으로는 일연에 의해서 설화가 역사화되는 과정을 거쳤던 것이다.

參考文獻

金元龍,『한국고고학개설』, 일지사, 1986.

김종우,『향가문학연구』, 이우문화사, 1983.

나경수,「구비문학교육의 필요성과 효용」,『남도민속학』 3, 남도민속학회, 1995.

나경수,「남매일월설화의 신화론적 검토」,『한국언어문학』 제28집, 한국언어문학회, 1990.

나경수,「남매혼설화의 신화론적 검토」,『한국언어문학』 제26집, 한국언어문학회, 1988.

나경수,「마한의 성립과 건국신화」,『남도민속학의 진전－동은지춘상교수정년기념논총－』, 태학사, 1998.

나경수,「秦始皇의 天下統一과 韓國 神話史의 變容-脫解神話와 武康神話를 중심으로」,『아시아문화』, 한림대학교 아시아문화연구소, 1999.

나경수,「탈해신화와 서언왕신화의 비교연구」,『한국민속학』 27, 민속학회, 1995.

나경수,『마한신화』, 한얼미디어, 2005.

나경수,『한국의 신화연구』, 교문사, 1993.

나경수,『한국의 신화』, 한얼미디어, 2005.

나경수,『향가의 해부』, 민속원, 2005.

박용숙,『한국고대미술문화사론』, 일지사, 1976.

소두영,『구조주의』, 민음사, 1986.

조동일,『인물전설의 의미와 기능』, 嶺南大學校 民族文化研究所, 1979.

홍윤식,「삼국유사와 탑상」,『불교학보』 17, 동국대 불교문화연구소, 1980.

Uno Harva(田中克彥 譯),『シヤマニスム 』, 東京, 三中堂, 1971.

江上波夫,「遊牧文化發展」,『世界考古學』, 東京, 平凡社, 1966.

江上波夫,『騎馬民族國家』, 東京, 中公新書, 1974.

吉田敦言,『日本神話の原流』, 東京, 講談社現代新書, 1982.

大林太良, 『神話學入門』, 東京, 中公新書, 1982.

大林太良, 「熊祭の歷史民族學硏究」, 『國立民族學博物館硏究報告書』 10卷 2號, 國立民族學博物館, 1985.

三品彰英, 『神話と文化史』, 東京, 平凡社, 1971.

F. Tillich(황필호 옮김), 『종교란 무엇인가』, 전망사, 1983.

M. Eliade(trans by W.R.Trask), *Myth and Reality,* New York, Harper and Row, 1975.

M. Eliade(trans by R. Sheed), *Patterns in Comparative Religion*, New York, New American Library, 1974.

미마키 天皇과 미와야마(三輪山) 전설

야노 다카요시(矢野尊義)*

1. 서 론

이 논문에서는 '미마나'의 어원과 함께 실질적인 일본 초대 천황으로 볼 수 있는 미마키 천황의 고향을 밝혀 내방신적(來訪神的) 성격과 그의 고향이라 할 수 있는 이향(異鄕)의 의미에 대해서 고찰하고자 한다.

2. 미마키 天皇과 미마나

『일본서기(日本書紀)』(720)에는 미마나의 유래에 대해서 다음과 같이 쓰여 있다.

> 一に云はく、御間城天皇の世に、(中略)問ひて曰く、「何の國の人ぞ」といふ。對へて曰さく、「意富加羅國の王之子、名は都怒我阿羅斯等、亦の名は于斯岐阿利叱智干岐と曰ふ。(中略) 是の時に、(御間城)天皇の崩

* 세종대학교 교수

りたまふに遇ひ、便ち留りて活目天皇(垂仁天皇)に仕へて三年に逮る。(垂仁)天皇、都怒我阿羅斯等に問ひて曰はく、「汝が國に歸らむと欲ふや」とのたまふ。對へて諮さく、 「甚く望めり」とまをす。天皇、阿羅斯等に詔して曰はく「汝、道に迷はずして必ず速く詣らましかば、先皇に遇ひて仕へたてまつらましを。是を以ちて、汝が本國の名を改めて、追ひて御間城天皇の御名を負ひて、便ち汝が國の名とせよ」とのたまふ。仍りて赤織絹を以ちて阿羅斯等に給ひ、本土に返しつかはしたまふ。故、其の國を號けて彌磨那國と謂ふは、其れ是の緣なり[1]

어떤 설에서는 다음과 같이 말한다. 미마키 천황의 시세에 (중략) "어느 나라 사람인가?" 대답하기를 "오호(大)가라국의 왕자이며 이름은 쓰누가아라시토이고, 별명은 우시키아리시치칸키라고 합니다." 그때 (미마키)천황은 돌아가시고 그대로 머물면서 수진천황을 모시고 이미 3년이 되었다. (수진)천황은 쓰누가아라시토에게 물어봤다. "너는 본국으로 돌아가고 싶으냐?" (쓰누가아라시토는) 대답해서 말했다. "간절히 바라고 있습니다."천황은 쓰누가아라시토에게 "만약 네가 길을 잃지 않고 꼭 빨리 왔다면 선제를 뵙고 모실 수 있었을 걸. 고로 너의 본국의 이름을 고쳐 미마키 천황의 이름을 쓰고 네 나라 이름으로 해라."고 했다. 그리고 빨간 비단을 그에게 주고 본국으로 보냈다. 그 나라를 미마나라고 부르는 것은 이런 사유 때문이다.(『日本書紀』卷第六 仁垂天皇)

이 이야기가 역사적 사실에 의한 것이지 그렇지 않은지는 일단 논외로 하고 여기서 쓰누가아라시토의 본국 이름이 원래 미마나가 아닌 사실을 알 수 있다. 미마나는 일본에서 붙인 이름이라는 것이다. 여기서 미마나(みまな)의 한자도 '彌摩那'이기 때문에 '任那'와는 전혀 다르다. 그리고 '오호가라국(意富加羅國)'을 미마나라고 부리기 시작한 이유를 위 글을 통해서 알 수 있다. 오호(おほ)라는 말은 일본어로 대(大)라는 한자의 훈독(訓讀)이기 때문에 오호가라국은 대가라(大加羅)를 일컫는 말이라 할 수 있다. 여기서 말하는 대가라가 어디에 해당하는지는 커다란 논란거리이지만, 우선은 대가라를 일본에서 미마나로 부른다는 것을 확인

1) 小島憲之 外, 『日本書紀①』, 小學館, 1994. 301~303쪽.

할 수 있다.

이렇게 '任那는 『일본서기』에서 미마나로 읽히고 있다. 천손족(天孫族)의 일본 이동 당시의 지도자였던 수진(崇神)왕의 본명이 미마키이며 그것이 미마나와 관련에서 명명된 것인 만큼, 이것이 '미마'에 '키' 또는 '나'가 붙은 것임은 일찍부터 지적되어 온 바이다.'[2] '任那는 즉 魏志에 보이는 弁辰 이십여국 중의 하나인 彌烏(馬)邪馬(烏)(미마나오)國으로 지금의 高靈지방을 근거로 하던 소국이니 국사 상에는 혼이 이를 大伽倻라고 일컬어 왔다.'[3] 4세기에 일본 야마토(大和)지방에 나라를 세운 왕족이 한반도에서 왔다는 학설에 따르면 야마토 초대 왕권으로 볼 수 있는 미마키 천황은 한반도 '미마나'에서 왔다고 할 수 있을 것이다. 즉 '미마'는 '미마나오' 또는 변진 彌烏邪馬(미오야마)를 가리키며 일단 경상북도 고령(高靈)으로 추측할 수 있다. 이러한 정황을 통해 미마키 천황은 미마에서 온 천황으로 볼 수 있는 것이다.

3. 미마키 天皇과 미와야마(三輪山) 傳說

미마키 천황(御間城 天皇)이란 수진천황(崇神天皇)의 별명이고 『고사기』나 『일본서기』는 이 천황을 하쓰쿠니시라스스메라미코토라고 해서 초대천황으로 부른다. 원래 초대천황은 진무천황(神武天皇)[4]이기 때문에 수진천황(崇神天皇)과 진무천황(神武天皇)은 같은 천황일 수도 있다.[5]

2) 千寬宇, 『伽倻史硏究』, 一潮閣, 1991. 185쪽.
3) 李丙燾, 『韓國古代史硏究』, 博英社, 1976, 673쪽.
4) '진무(神武)천황이 실재 인물이 아닌 것은 오늘 학회의 상식이라기보다 국민의 상식이라 할 수 있다.' (直木孝次朗, 『神話と歷史』, 吉川弘文館, 1971, 146쪽.)
5) 진무(神武)천황은 '수진(崇神)천황으로 시작하는 천황의 계보와 신대(神代)의

수진천황(崇神天皇)에 관한 이야기는 미와야마(三輪山) 신에 대한 이야기와 깊은 관련을 가진다. 미와야마는 미마키 천황이 거주했다는 미와(三輪)지방에 있는 산이며 4세기의 야마토지방의 고분(古墳)이 이 지역에 집중되어 있다.[6] 위에서 미마키와 미오야마(彌烏邪馬)의 관련성에 대해서는 이미 논했지만, 미마키 천황과 미와야마(三輪山)의 관계도 彌烏邪馬(미오야마)와 무관하지 않을 것이다. 다음은 미마키 천황 앞에 미와야마의 신인 오오모노누시(大物主)신이 처음으로 나타나는 장면이다.

> 此の天皇の御世に、役病多た起りて、人民盡きむと爲き。しかくして、天皇の愁へ歎きて神床に　坐しし夜に、大物主神、御夢に顯れて曰ひしく、「是は、我が御心ぞ。故、意富多多泥古
> を以て、我が前を祭らしめば、神の氣、起らず、國も、亦、安らけく平らけくあらむ」といひき。[7]

> 이 천황의 시대에 역병이 유행하여 많은 백성이 죽었다. 그래서 천황은 이를 한탄하고 신탁(神託)을 받기 위해 잠자리에 누웠을 때 오오모노누시(大物主)신이 꿈에 나타나 말하기를 "이것(재난)은 내 의지에 의한 것이다. 그러므로 오오타타네코를 세워 나에 제사 지낸다면 신의 탈인 병도 없어지고 나라는 다시 평화스럽게 될 것이다."(『古事記』 中卷 崇神天皇)

미마키 천황은 오오모노누시신이 말하는 대로 오오타타네코를 찾자 그녀로 하여금 신에게 제사하도록 했더니 정말 세상이 다시 평화스럽게 되었다고 한다. 이 기사에 나오는 오오타타네코의 출생에 관한 이야기가 『고사기』에 기록되어 있다. 이 이야기는 국신(國神)[8]인 오오모노누시

황조신(皇祖神)의 계보를 연결시키기 위해 창안된 천황이라고 생각된다.'(『上揭書』, 82쪽.)

6) '미와야마(三輪山)의 산록 일대에 4세기에 속하는 웅장한 전방후원분(前方後圓墳)이 많이 군집 하고 있다. 4세기에 이 지역에 큰 정치권력을 가진 자가 잇따라 존재한 사실을 보여준다.'(直木孝次朗, 『奈良』, 岩波書店, 1971, 28~31쪽.)

7) 山口佳紀 外(校注·譯), 『古事記』, 小學館, 1997, 182쪽.

8) '국신(國神)이라는 것은 천신(天神)에 대한 토지의 신이며 꼭 모두가 이쯔모(出

(大物主)신과 이쿠타마요리히메(처녀)의 신혼(神婚)이 중심이 되는 것으로 그 내용은 다음과 같다.

> 活玉依毗賣、其の容姿端正し。ここに、壯夫有りき。(中略)夜半の時に、たちまちに到來る。故、相感でて共婚ひて、供住める間に、未だいく時も經らねば、其の美人妊身みぬ。しかして、父母其の妊身める事をあやしみて、其の女に問ひていひしく〈汝は自ら妊めり、夫なきに何の由にか妊める。〉と。答へていひしく〈麗美しき壯夫有り。其の姓名は知らず。夕每に到來りて、供住める間に、自然ら懷妊みぬ。〉といひき。ここを以ちて、其の父母、其の人を知らまく欲り、其の女にをしへていひしく〈(中略)の紡麻以ち針に貫き、其の衣のすそに刺せ。〉と。故、教の如くして、旦時に見れば、針着けし麻は、戸のかぎあなよりひき通りて(中略)絲の從に尋め行けば、美和山に至りて、神の社に留まりき。故、其れ神の子とは知りぬ。[9)]

> 이쿠타마요리히메는 매우 아름다웠다. 그 때 한 남자가 있었는데, (중략) 밤에 갑자기 왔다. 그리고 관계를 맺어서 함께 사는 사이에 며칠도 지나지 않아서 이 미인이 임신했다. 그 부모는 딸이 임신한 것을 이상하게 생각해서 딸에게 물었다. "너는 혼자서 임신했구나. 아직 남편도 없는데 어떻게 아이를 가졌는냐"라고 했더니, 이 처녀가 대답하기를 "그의 이름도 모르지만, 아주 멋진 남자가 매일 밤마다 나에게 왔어요. 그와 함께 살고 있는 사이에 나도 모르게 아이를 가지게 되었어요." 이 말을 듣고 그 부모는 그 남자가 누구인지를 알고 싶어서 (중략) "실을 바늘에 꿰고 그 남자의 옷에 찔러라."고 했다. 부모가 시킨 대로 한 후, 다음 날 실을 찾아 가 보았더니, (중략) 그 실은 미와야마에 도착했고 신사(神社)위에 머물렀다. 그 까닭에 그 아이가 신의 아이인 것을 알았다.(『古事記』)

오오모노누시신은 정체를 나타내지 않고 미와야마에 사는 사신(蛇神)이었다. 미와야마의 신인 오오모노누시에게 제사 지내게 된 여성 오오타

雲)의 신이라고는 할 수 없으나 『고사기』나 『일본서기』의 신대(神代) 권에서는 그들은 이쯔모와 관계를 가지고 있거나 이쯔모를 무대로 활약하는 경우가 많다.'(松前健, 『日本の神神』, 中央公論社, 1979, 48쪽.)

9) 上田正昭 外(編), 『古事記』, 角川書店, 1983, 181~182쪽.

타네코는 실은 오오모노누시신과 처녀 사이에 태어난 아이였다. 미마키 천황은 오오모노누시신의 자손을 세워 재난을 피했던 것이다. '오오타타네코는 미와의 호족들의 시조다.'[10]라고 하는 것처럼, 그녀는 후에 미와(三輪) 지방을 본관으로 한 호족의 시조가 되었다.

미마키 천황과 미와야마신과의 관계는 이것뿐이 아니다. 『일본서기』에는 오오모노누시신과 미마키 천황의 고모인 야마토토토히모모소히메와의 불행한 인연에 대해서 다음과 같이 기록되어 있다.

> 是の後に、倭迹迹日百襲姫命、大物主神の妻と爲る。然れども、其の神常に晝は見えずして、夜のみ來ます。倭迹迹姫命、夫に語りて曰く、「君、常に晝は見えたまはねば、分明に其の尊顔を視たてまつること得ず。願はくは暫留りたまへ。明旦に仰ぎて美麗しき威儀をみたてまつらむと欲ふ」といふ。大神對へて曰はく、「言理灼然なり。吾、明旦に汝が櫛笥に入りて居む。願はくは吾が形にな驚きそ」とのたまふ。爰に倭迹迹姫命、心の裏に密に異しび、明くるを待ちて櫛笥を見れば、遂に美麗しき小蛇有り。其の長さ大さ衣の紐の如し。則ち驚きて叫啼ぶ。時に大神、恥ぢて忽に人の形に化り、其の妻に謂りて曰はく、「汝、忍びずて吾に羞せつ。吾、還りて汝に羞せむ」とのたまふ。仍りて大虛を踐みて御諸山に登ります。爰に倭迹迹姫命、仰ぎ見て悔いて急居。則ち箸に陰をつきてかむさります。[11]

그 후에 야마토토토히모모소히메는 오오모노누시신의 처가 되었다. 그러나 그 신은 낮에는 모습을 나타내지 않고 밤만 찾아온다. 야마토토토히메는 남편에게 말하기를 "당신은 언제나 낮에 나타나지 않아서 그 얼굴을 본 적이 없습니다. 제발 좀 더 머무세요. 내일 아침 당신의 훌륭한 모습을 보고 싶습니다."라고 했다. 신이 대답하기를 "당신의 말은 지당하다. 내일 나는 당신의 화장 상자 안에 들어 가 있겠다. 부디 내 모습에 놀라지 마오."라고 했다. 그래서 야마토토토히메는 마음속으로 이상하게 여기고 날 새기를 기다리다가 화장 상자를 봤더니 아름다운 작은 뱀이 있었다. 그 길이나 굵은 정도는 마치 옷의 끈과 같았다. 야마토토토히메는 놀라서

10) 大田田根子は、今の三輪君等が始祖なり。(山口佳紀, 前揭書, 277쪽.)
11) 小島憲之, 前揭書, 283~285쪽.

갑자기 소리를 질렀다. 그랬더니 신은 치욕을 느끼고 순식간에 사람 모습으로 변해 처에게 말하기를 "너는 인내하지 못하고 (놀라) 나에게 창피를 당하게 했다. 이번에는 내가 너에게 창피를 당하게 할 것이다."라고 했다. 그리고 하늘을 울리고 미와산에 올랐다. 이에 야마토토토히메는 신을 우러러보고 후회하며 엉덩방아를 찧었다. 그리고 젓가락으로 음부를 찌르고 죽었다.(日本書紀 卷第五 崇神天皇)

미마키 천황의 고모와 미와야마신과의 관계는 이렇게 끝났다. 천황가(天皇家)의 여성이 스스로 젓가락으로 자신의 음부를 찧어 죽은 비참한 결말이다. "놀라지 말라."는 금기를 지키지 못했다는 이유로 앙화를 입었다는 이야기다. 미마키 천황의 고모가 미와야마신의 아내가 된 것으로 보아 천황가가 이 신에게 접근하려고 노력했던 흔적을 볼 수 있다. 미와산(三輪山)형 사신(蛇神)전설은 야마토(大和)지방 뿐만이 아니라, 일본 전국에 널리 분포하는 전설이다. 그러나 일본학계에서는 미와야마 전설을 그 원형으로 보고 있다. '미와산형 신혼(神婚)신화는 고대일본에서 보편적 신화의 하나이었다.'[12] 다음은 현재 규슈(九州)지방인 『히젠노쿠니노 풍토기(肥前國風土記)』에 기록되어 있는 미와야마형 전설이다.

褶振の峯大伴の狹手彦の連、發船して任那に渡りし時、弟日姬子、此に登りて、褶を用ちて振り招きき。(中略) 然して、弟日姬子、狹手彦の連と相分れて五日を經し後、人あり、夜每に來て、婦と共に寢ね、曉に至れば早く歸りぬ。容止形貌は狹手彦に似たりき。婦、其を怪しと抱ひて、忍默えあらず、ひそかにうみ麻を用ひて其の人の襴に繫け、麻の隨に尋め往きしに、此の峯の頭の沼の邊りに到りて、寢たる蛇あり、[13]

히레후리(현재 나가사키현 가라츠시) 봉우리에서 오오토모노 사데히코라는 귀족이 배를 타고 (한국의)임나에 건너가려고 할 때, 젊은 여성이 여기에 올라가 (그에게) 목도리를 흔들어서 불렀다. (중략) 이렇게 해서

12) 日本文學研究資料刊行會(編), 『日本神話 2』, 有精堂, 1977, 21쪽.
13) 秋木吉郎(校注), 『風土記』, 岩波書店, 1958, 397쪽.

> 이 젊은 여성은 사데히코와 헤어졌다. 오일 지난 날, 어떤 남자가 있었는데 밤마다 와서 그 부인과 자고 새벽이 되면, 일찍 떠났다. 그의 용모는 (남편인) 사데히코와 닮았다. 부인이 그 남자를 수상하게 생각해서 남 몰래 실을 그 남자의 옷단에 채우고 그 실을 따라 갔다. 봉우리 앞에 있는 늪 주변에 도착하니, (거기에는) 잠을 자고 있는 뱀이 있었다.(『肥前國風土記』)

이 이야기에서는 남편이 미마나(任那)로 떠난 후에 남편의 모습을 한 야래자가 부인을 찾아온다. 미와야마 전설과 유사한 줄거리를 포함하고 있으며 미와야마 전설과의 깊은 관련성을 생각할 수 있다. 미마나와 관련되어 있는 임나(任那) 명칭이 나타나 있는 미와야마형 전설이다.

원래 '오오미와(大三輪)의 신이란 미와야마(三輪山)에 제사지내는 농경신(農耕神)을 기원으로 한다.'[14] 여기에 나오는 마와야마전설이나 저총(箸塚) 전설도 내방신과의 결혼이 모티프가 되어 있다. 이들 이야기는 모두 내방신과 토착민인 처녀와의 신혼(神婚)을 말하고 있는 것이다. 오오모노누시나 사신(蛇神) 등은 모두 정체불명의 영물(靈物)이며 자신의 정체를 드러내지 않은 채 밤마다 나타났다가 사라진다. 야마토토토히모모소히메가 비운(悲運)에 조우하게 된 것도 그녀가 신의 정체를 밝히려고 했기 때문이며 사데히코의 아내가 뱀과 같은 괴물을 보게 된 것도 실은 그녀가 야래자(夜來者)의 정체를 알아내려고 했기 때문이다. 내방신은 정체를 알 수 없기 때문에 신(神)이며 이를 볼 수 있다면 이미 뱀이나 괴물밖에 아니라는 것이다.

이렇게 내방신은 멀리 저쪽에서 찾아오는 신을 말하지만, 미와야마 신화에서는 신이 사는 미와야마 산 자체가 신앙의 대상이 되었다. 여기서 미와야마(三輪山)는 자연의 산이라기보다는 그들의 마음의 주체이다. 미마키 천황의 일단이 먼 미오야마에서 왔다면 그들은 미오야마를 마음

14) 上田正昭, 『歸化人』, 中央公論社, 1965, 149쪽.

의 지주로 살았을 것이다. 그러므로 미오야마(彌烏邪馬)는 신앙의 대상이 될 수도 있는 것이다.

4. 異鄕과 來訪神

일본신화에서는 천황가(天皇家)의 신을 천신(天神)이라고 부르고 하늘에서 내려온 신을 말하며 외부에서 일본 땅을 찾아온 신을 말한다. 이것에 비해 원래 일본 땅에 있던 토지의 신을 원주민의 신으로 여기고 국신(國神)이라고 한다. 『고사기』, 『일본서기』에는 천신은 처음에 규슈(九州)의 히무카(日向)에 있는 가라쿠니다게(韓國岳)에 천손강림(天孫降臨)하고 그 후손인 진무(神武)천황이 동정(東征)하고 드디어 야마토(大和)에 도착했다고 쓰여 있다.

천황의 조상이나 유력호족(豪族)이 한반도에서 온 것이지만, 그들에 의한 일본 원주민의 지배는 제의(祭儀)를 통해 행해졌으며 가가이(嬥歌)에서도 나타나 있듯이 천신과 국신의 신혼(神婚)을 핵으로 하고 있었다. 신은 먼 외부에서 찾아오는 내방신(來訪神)이며 그는 토지의 신인 처녀와 신혼(神婚)한다. 국견(國見) 등 천황의 지방방문과 거기서 행한 처녀와의 신혼의례는 내방신으로서의 천황의 모습을 이야기하는 것이다. 진무천황은 오오모노누시신의 딸과 결혼했는데 그 이야기는 다음과 같다.

> 天皇、其の伊須氣余理比賣の許に幸行して、一宿御寢し坐しき。後に、其の伊須氣余理比　賣、宮の內に參ゐ入りし時に、天皇の御歌に曰はく、葦原の　穢しき小屋に　菅疊　弥清敷きて　我二人寢し[15]

(진무)천황이 그 이스게요리히메라는 처녀에게 구혼하여 하루 밤을 함

---

15) 上揭書, 159쪽.

께 보냈다. 그 후에 이스게요리히메가 궁중에 왔을 때 천황이 노래 부르기를 갈대 속에 있는 초라한 작은 집에서 꼬투리 타타미를 깔고 우리는 잤더라.

『고사기』나 『일본서기』에는 천황가의 신이라고 할 수 있는 천신(天神)과 토착신(土着神)이라고 할 수 있는 국신(國神)의 두 종류의 신이 존재하지만, 천신이 인간의 모습으로 나타나는 것에 비해 국신은 동물의 모습으로 나타나는 경우가 많다. 미와야마신의 경우도 이 경우이며 오오모노누시신은 뱀의 모습으로 나타난다. 『고사기』에는 또 하나의 오오모노누시신의 신혼(神婚)에 대한 이야기가 있다.

故、日向に坐しし時に、(中略)更に大后と爲む美人を求めし時に、大久米命の白ししく、「此間に媛女有り。是、神の御子と謂ふ。其の、神の御子と謂ふ所以は、(中略)名は勢夜陀多良比賣、其の容姿麗美しきが故に、美和の大物主神、見感でて、其の美人の大便らむと爲し時に、丹塗矢と化りて、其の大便らむと爲し溝より流れ下りて、其の美人のほとを突きき。爾くして、其の美人、驚きて、立ち走りいすすきき。乃ち、其の矢を將ち來て、床の辺に置くに、忽ちに麗しき壯夫と成りき。卽ち其の美人を娶りて、生みし子の名は、富登多多良伊須須岐比賣命と謂ふ。(中略)」とまをしき。[16]

그리고 (진무천황이) 히무카에 있고 다시 태후로 삼을 미인을 찾을 때 오오구메가 말하기를 "이 근처에 처녀가 있습니다. 이 처녀는 신의 아이라고 합니다. 그녀를 신의 아이라고 하는 까닭은 (중략) 이름은 세야다타라히메라고 합니다. 그 용자가 매우 아름다워서 미와의 오오모노누시가 첫눈에 마음에 들고 그 미인이 대변을 볼 때 빨간 화살로 모습을 바꾸고 그 대변을 보려는 흠으로 내려가 그 미인의 음부를 찔렀습니다. 그랬더니 그 미인은 놀라고 뛰어 다니고 당황해 했습니다. 그리고 그 화살을 침실 근처에 놓았더니 (그 화살은) 훌륭한 남자로 변했습니다. 그리고 그 미인과 결혼하여 낳은 아이의 이름은 호토타타라이리스스키히메라고 합니다. (중략)"라고 했다.

16) 山口佳紀, 前揭書, 157쪽.

이와 같이 여기서도 미와의 오오모노누시신은 정체불명의 물건으로 변신하고 처녀에 접근하고 나서 다시 남자로 변해 처녀와 결혼한다. 이는 결국 오오모노누시신이 지상의 처녀를 찾아온 내방신임을 보여주는 것이고, 내방신과 처녀와의 신혼으로 아름다운 처녀가 탄생하는 것을 묘사한 것이다. 다음은 오오모노누시신이 멀리 바다 저쪽에서 찾아온 내방신으로의 성격을 지니고 있음을 보여주는 이야기이다.

大國主神の愁へて告らししく、「吾獨りして何にか能く此の國を作ること得む。孰れの神か吾と能く此の國を相作らむ」とのらしき。是の時に海を光して依り來る神有り。其の神の言ひしく、「能く我が前を治めば、吾、能く共與に相作り成さむ。若し然らずは、國、成ること難けむ」といひき。爾くして、大國主神の曰ふしく、「然らば、治め奉る狀は、奈何に」といひしに、答へて言ひしく、「吾をば、倭の青垣の東の山の上にいつき奉れ」といひき。此は、御諸山の上に坐す神ぞ。[17]

오오쿠니누시신은 비탄하면서 말했다. “나 혼자 어떻게 이 나라를 만들 수 있는가? 아무 신이나 나와 함께 이 나라를 만들자.” 그 때 바다를 비추어 다가오는 신이 있었다. 그 신이 말하기를 “나를 잘 모시면 나는 이 나라를 만들고 당신의 소원을 이루어 주겠다. 만일 내 말을 듣지 않으면 나라는 이루어지지 못할 것이다.” 고 했다. 그래서 오오쿠니누시신이 “그러면 어떻게 모시면 되는가?” 라고 물었더니 대답하기를 “나를 야마토의 파란 울타리처럼 늘어서 있는 동쪽 산 위에 모셔라.”고 했다. 이것은 미와야마 위에 진좌하고 있는 신이다. (『古事記』上卷)

이 기록에 따르면 미와야마(三輪山)에 진좌(鎭坐)하고 있는 신은 바다 멀리에서 이쯔모(出雲)를 본거로 하는 오오쿠니누시신에 다가왔고 그 후에 그와의 교섭을 통해 미와야마에 가게 된 것이다. 오오쿠니누시신은 바다를 넘어서 외부에서 온 이객(異客)이며 내방신(來訪神)인 것을 알 수 있다. 이 내방신은 이쯔모(出雲)를 거쳐 야마토(大和)의 미와야마(三

17) 山口佳紀, 前揭書, 96~97쪽.

輪山)에 간 후에도 상기의 미와야마 전설에서 언급한 것처럼 밤마다 처녀를 찾는 사신(蛇神)으로서의 성격을 드러내고 있는 것이다.[18)]

이것에 대해서 오오쿠니누시신(大國主神)의 영혼이 오오모노누시신(大物主神)이며 이가 미와야마(三輪山)에 모시게 되었다고 보는 견해가 많고 그 이유로서 『일본서기』(신대기 제8단 제6)의 일서에 '오오쿠니누시신의 별명이 오오모노누시신'[19)]이라는 기록을 들 수 있다.[20)] 그러나 국신이라고는 하지만, 옛날 이 역시 멀리 바다를 건너서 외부에서 온 것을 알 수 있는 것이다. 국신을 토착신이라고 정하는 것은 천황가의 신을 천신으로서 하늘에서 내려온 내방신으로 정하기 위한 것이며 국신 속에서도 내방신이 존재하는 것을 알 수 있다.

5. 결론

수진천황(崇神天皇)을 미마키 천황(御間城 天皇)이라고 한다. 『일본서기』에 처음으로 任那의 문자가 나온 것도 바로 이 천황에 대한 기록 부분이며 '미마나(弥摩那)'라는 문자가 나온 것도 이 미마키 천황에 대해서 언급한 미마키 천황의 왕자 수이진 천황(垂仁天皇)의 기록에 있다. 특히 여기서 "미마키 천황의 이름을 따서 (대가라를) 미마나로 고치라."고 나오기 때문에 『일본서기』에 있어서는 미마나와 미마키 천황의 관계는 절대적이다.

그런데 『고사기』에서는 이 미마키 천황과 관련해서 미와야마 전설이

18) '『고사기』나 『일본서기』의 전설에 의하면 미와야마(三輪山)의 신은 이쯔모(出雲)계통의 신이라고 되어 있다. 이쯔모를 떠나 야마토(大和)로 이동해 왔다.'(直木孝次朗, 『奈良』, 岩波書店, 1971, 20쪽.)

19) 小島憲之, 前揭書, 102쪽.

20) 直木孝次朗, 『奈良』, 岩波書店, 1971, 20~21쪽.

전해지고 있고 『일본서기』에서는 미와야마형 전설인 저총(箸塚)에 대한 전설이 기록되어 있다. 미마키 천황의 거주지이던 미와(三輪)에 있는 미와야마(三輪山)의 신인 오오모노누시라는 사신(蛇神)에 대한 이들 전설은 미마키 천황과 미와야마신과의 깊은 관계를 나타내고 있다. 미마는 미오야마(彌烏邪馬)의 줄인 말이라는 설도 있고 미오야마를 미마키 천황의 고향으로 보면 미마키 천황은 미마(彌馬) 키(き:來) 천황, 즉 멀리 미마(彌馬)에서 바다를 건너온 천황으로 볼 수 있다. 그는 자기 고향을 떠나 먼 이향(異鄕) 땅에서 다른 나라를 세운 인물이다. 이렇게 이객(異客)이 먼 이향(異鄕) 땅에 가서 그것에서 주인이 된 것이다. 즉, 미마키 천황은 미마나 또는 미오야마(彌烏邪馬)에서 야마토 지방으로 진출하여 국가를 창건한 존재라 할 수 있다.

參考文獻

李丙燾, 『韓國古代史研究』, 博英社, 1976.
千寬宇, 『伽倻史研究』, 一潮閣, 1991.

山口佳紀 外(校注·譯), 『古事記』, 小學館, 1997.
上田正昭 外(編), 『古事記』, 角川書店, 1983.
上田正昭, 『歸化人』, 中央公論社, 1965.
小島憲之 外, 『日本書紀①』, 小學館, 1994.
松前健, 『日本の神神』, 中央公論社, 1979.
日本文學研究資料刊行會(編), 『日本神話 2』, 有精堂, 1977.
直木孝次朗, 『奈良』, 岩波書店, 1971.
直木孝次朗, 『神話と歷史』, 吉川弘文館, 1971.
秋本吉郎(校注), 『風土記』, 岩波書店, 1958.

先秦時期 中國神話에 보이는 歷史認識

鄭 燦 學*

1. 들어가며

전통적으로 중국 신화는 흔히 歷史化·哲理化·斷片性의 특질을 띠고 있다고 이야기되어진다.[1] 이러한 특징들은 바로 중국 신화가 전승되어지는 방식에 연유한 것으로, 현존하는 대부분의 문헌 신화는 哲理書·歷史書 속에 편입되어 오늘날까지 전승되어지고 있다.[2] 특히 중국 역사학에서 신화는 흔히 '古史'라는 이름으로 역사학의 한 부분으로 연구되어왔다. 근대 초기 顧頡剛의 『古史辨』을 중심으로 하는 '疑古'학풍이 '神話'를 '古史'로 연구하는 기풍을 비판하여 일대 혁신을 일으켰으나, 이전까지 '古史'는 司馬遷 이래 '信史'로서 늘 역사서의 첫머리에 자

* 연세대학교 인문학연구원 연구원

1) 袁珂 저, 전인초·김선자 역, 『중국신화전설1』, 58~65쪽 참고.

2) 물론 이외에 전승되어지는 구전 신화·전설 또한 존재하지만, 대부분은 소수민족의 신화에 편중되어 있다. 대부분의 漢族 신화는 일찌감치 문자로 정착되었으며, 특히 孔子의 "子不語怪力亂神"이라는 公利的·實用的 가치관 아래에서 철저히 理性의 잣대로 재단되었다.

리하였다.[3] 또 顧頡剛 이후로 여전히 徐旭生·李學勤 등 대륙의 대다수 역사학자들은 '신화'를 역사로 읽을 수 있음을 주장하였다. 특히 오늘날 '中華主義'의 흥기와 더불어 '夏商周斷代工程', '中華文明探源工程' 등의 프로젝트를 통해 신화를 역사 속에 편입시키려는 시도는 끊임없이 이루어지고 있다.[4] 따라서 중국의 신화학은 역사학과 끊을 수 없는 고리를 고대로부터 오늘날까지 갖고 있으며, 일견 역사연구의 모습을 띠고 있다.

일반적으로 신화와 역사는 과거 사실에 대한 의미 부여의 기능을 담당한다는 점에서는 같지만 역사보다는 신화가 해당 집단에 보다 근원적이고 포괄적인, 그러면서도 지속적인 존재의미를 부여한다는 점이 다르다고 한다.[5] 그러나 신화, 넓게는 문학이라는 허구서사와 역사라는 사실기록이 근대 분과학문의 성립 이전에는 동서양을 가릴 것 없이 명확하게 구분되지 않는 넓은 의미의 서사의 양축이었음을 미루어 볼 때, 신화와 역사의 상호 삼투현상은 어찌 보면 매우 보편적인 현상이었다고 할 수 있다.[6] 특히, 탈근대를 말하는 오늘날 이 둘을 병치하여 바라보고자 하

3) 司馬遷이 『史記』를 「五帝本紀」로부터 시작한 것이야말로 중국신화 역사화의 기폭제였다고 할 수 있다. 그가 黃帝를 중국역사의 시초로 삼은 것은 일반적으로 三皇에 대해서는 그 자신도 의심하였으며, 黃帝야말로 大一統의 이상적 모델이었기 때문이라고 한다. 大一統의 이상적 모델로 생각할 수 있었던 근거는 戰國時代에 黃帝를 중심으로 하는 系譜의 형성에 기인한 바가 크다. 黃帝를 중심으로 하는 系譜의 형성과 정리는 黃帝를 중심으로 하는 '상상의 공동체'를 형성하게 되었다. 때문에 이후 근대시기 '黃帝紀年' 등 각종 논의의 출발점은 바로 2000년전 司馬遷으로부터 시작되었다고 할 수 있다.

4) 김선자, 『황제신화』, 234~357쪽 참고.

5) 강돈구, 「동아시아의 신화·종교·민족 정체성」, 『신화와 역사』, 418쪽.

6) 루샤오펑 지음, 조미원 외 옮김, 『역사에서 허구로』, 61쪽 참고. "라이오넬 가스먼에 따르면 '오랫동안 역사와 문학의 관계는 그렇게 문제가 되는 것이 아니었다. 역사는 문학의 한 부분이었다. 18세기 말 즈음에 문학이라는 단어의 의미 또한 문학 제도 그 자체가 바뀌기 시작했을 때에야 비로소 역사는 문학과 구별되

는 현상이 두드러지게 발견된다. 소위 '상상의 진실', '허구의 역사', '만들어진 역사' 등은 이미 유행하는 담론이 되었다. 본고는 고대 중국 특히 先秦時期를 중심으로 신화가 역사와 관계 맺는 과정에서 보이는 몇 가지 양상에 대해서 짚어보고, 이를 통해 중국인들이 신화와 역사를 처리하는 방법을 생각해 보고자 한다.

2. 先秦時期 文獻의 神格

현존하는 문헌 가운데 卜辭를 제외한 商代의 문헌은 거의 존재하지 않는 반면, 西周의 상황은 좀 나아 『詩經』의 몇 편은 이 시대의 문헌으로 볼 수 있다. 그리고 東周, 특히 戰國時代에 이르르면 신화연구의 대상으로 삼을 수 있는 자료는 수량상 뚜렷하게 증가한다. 『論語』·『老子』·『莊子』·『孟子』 등의 諸子百家書와 『詩經』·『尙書』·『左傳』·『國語』·『楚辭』 등은 대부분 戰國時代의 저작으로 추정되며, 그 가운데 적지 않은 신화 관련자료를 싣고 있다. 또 『山海經』·『三禮』·『易』은 특히 先秦시대 종교와 제사에 관련된 기록이 많아 先秦시대 신화의 보고라고 할 수 있다. 아래에서 중국의 가장 이른 문헌이라고 할 수 있는 『詩經』과 『尙書』, 대표적인 신화서인 『山海經』, 戰國時代 역사서인 『國語』와 『左傳』에 나타난 神格에 대해 살펴보겠다.

1) 初期 文獻 : 『詩經』·『尙書』

현재 찾아볼 수 있는 신화전설이 수록된 가장 오래 된 문헌은 바로 西周의 『試經』과 『尙書』, 『易』의 「卦辭」와 「爻辭」를 들 수 있다. 그

는 무언가로 여겨지게 되었다.'"

가운데 「卦辭」와 「爻辭」는 뜻이 불분명하여 신화전설의 자료로 삼기에 적절치 아니하지만,[7] 『詩經』과 『尙書』의 일부 故事는 고대신화전설을 확실히 반영하고 있다.

『詩經』「商頌」의 다섯 편-「那」·「烈祖」·「玄鳥」·「長發」·「殷武」-은 商의 遺民들이 그들의 조상을 기리며 제사할 때 쓰던 노래이다. 따라서 그 가운데에는 대부분 成湯을 추념하는 노래가 많다. 그 내용은 바로 夏나라 말 桀의 폭정으로 인해 백성이 도탄에 빠지자 成湯이 夏桀을 물리치고,[8] 禹임금의 옛 터에 수도를 세우고 商나라의 기초를 다졌다는 것이다. 그 가운데 또한 언급된 것들은 商族 자신들의 씨족의 유래에 관한 신화를 포함하고 있다. 그들은 上帝의 명에 따라 玄鳥와 有娀氏[9]가 그들의 시조 契을 낳은 것을 가송하고 있으며, 그 가운데 玄鳥로써 그들의 토템이 새였음을 반영하고 있다. 또한 그들은 禹가 치수한 터 위에 자리를 잡고 해외에까지 활동영역을 넓혔다고 이야기하고 있다.[10]

또 『詩經』 「大雅」·「小雅」·『逸周書』 「商誓」·『尙書』 「立政」·「呂刑」등에는 주로 周族 姬姓 씨족의 신화가 기록되어 있다. 여기에서 그들은 上帝와 姜原이 周族의 시조 后稷을 낳은 것을 노래하고,[11]

---

7) 顧頡剛은 「周易卦爻辭中的故事」에서 오직 王亥의 일만 전설시기에 넣었다. 『古史辨』 제3책, 5~9쪽 참고.

8) 『詩經』 「商頌·長發」, "武王(湯)載旆, 有虔秉鉞, 如火烈烈, 則莫我敢曷, 苞有三蘖, 莫遂莫達, 九有有截, 韋顧旣伐, 昆吾夏桀."

9) 『詩經』 「商頌·玄鳥」, "天命玄鳥, 降而生商." 「天問」과 「帝繫」에서는 簡狄이라고 불렀다.

10) 『詩經』 「商頌·長發」, "洪水芒芒, 禹敷下土方. … 有娀方將, 帝立子生商. 玄王桓撥, … 相土烈烈, 海外有截."(「毛箋」에서는 "玄王契也"라고 하였다.)
『詩經』 「商頌·殷武」, "設都于禹之績."

11) 『詩經』 「大雅·生民」, "厥初生民, 時維姜嫄. 生民如何? … 履帝武敏, 歆攸介攸止. 載震載夙, 載生載育, 時維后稷."
『詩經』 「大雅·緜」, "民之初生, 自土沮漆, 古公亶父, 陶復陶穴, 未有家

禹가 治水하고 산천을 바르게 하여 后稷이 곡식을 심을 수 있었음을 기록하고 있다.[12]『尙書』「呂刑」에서는 上帝가 蚩尤와 苗民 등으로 인해 세상의 어지러워지자 重黎를 시켜 絶地天通하게 한 사적을 언급하고 있다.[13] 또한 세 신을 보내어 백성들을 위해 일하게 하였는데, 바로 禹와 周族의 조상신인 稷, 그리고 周의 혼인씨족인 姜族의 조상신인 伯夷였다.[14] 夏族에 대해서는『尙書』「甘誓」에서 啓를,[15]『詩經』「商頌·長發」에서는 桀을 언급하고 있다.[16]

위에서 언급한『詩經』과『尙書』의 예를 통해 西周시기에 이미 夏

室. … 古公亶父, 來朝走馬, 率西水滸, 至于岐下, 爰及姜女, 聿來胥宇."

12)『逸周書』「商誓」, "在昔后稷, 惟上帝之言, 克播百穀, 登禹之績."
『尙書』「夏書·禹貢」, "禹敷土, 隨山刊木, 奠高山大川."
『尙書』「立政」, "以陟禹之迹."
『尙書』「呂刑」, "禹平水土, 主名山川, 稷降播種, 農殖嘉穀."

13)『尙書』「呂刑」, "蚩尤惟始作亂, 延及于平民, 罔不寇賊, 鴟義姦宄, 奪攘矯虔. 苗民弗用靈, 制以刑, 惟作五虐之刑曰法, 殺戮無辜. 爰始淫爲劓刵椓黥, 越茲麗刑幷制, 罔差有辭. 民興胥漸, 泯泯棼棼, 罔中于信, 以覆詛盟, 虐威庶戮, 方告無辜于上. 上帝監民, 罔有馨香德, 刑發聞惟腥. 皇帝哀矜庶戮之不辜, 報虐以威, 遏絶苗民, 無世在下. 乃命重黎, 絶地天通, 罔有降格." 重黎에게 명령을 내린 주체를 皇帝라고 하였으나, 이는 上帝의 다른 이름으로 볼 수 있다.
『逸周書』「嘗麥解」에서는 蚩尤가 少皞의 옛터에 산다고 하였다. "命蚩尤于宇少昊以臨四方."
『國語』「鄭語」에서는 重黎를 楚族의 宗神으로 설명하고 있다. 다만 黎를 '高辛氏火正'이라고 언급한 것은「楚語」의 기록과 모순된다. "且重黎之後也, 夫黎爲高辛氏火正, 以淳耀敦大, 天明地德, 光照四海, 故命之曰'祝融', 其功大矣."

14)『尙書』「呂刑」, "乃命三后, 恤功于民, 伯夷降典, 折民惟刑, 禹平水土, 主名山川, 稷降播種, 農殖嘉穀, 三后成功, 惟殷于民." 이 점은『國語』「鄭語」에 상세한 기록이 보인다.

15)『尙書』「甘誓」, "啓與有扈, 戰于甘之野, 作甘誓."

16)『詩經』「商頌·長發」, "武王(湯)載旆, 有虔秉鉞, 如火烈烈, 則莫我敢曷, 苞有三蘖, 莫遂莫達, 九有有截, 韋顧旣伐, 昆吾夏桀."

商周 三代라는 역사인식이 존재했음을 알 수 있다. 예를 들면, 『尙書』「召誥」에서는 夏와 殷이 모두 天命을 받은 왕조라고 지적하고 있지만,[17] 모두 이미 그 命을 잃어버려 계속되지 않았으니 周王은 이들 두 나라를 거울삼아야 한다고 하였다.[18] 이것은 분명히 夏商周를 하나로 이어지는 세 개의 天命을 받은 왕조, 즉 三代로 보고 있음이다.[19] 三代 가운데 周代人들은 특히 夏나라와 친연관계를 느끼고 있음을 발견할 수 있으나, 그들의 신격 사이에 뚜렷한 계보 관계는 발견할 수 없다.[20]

西周 초기 전적에 등장하는 신화인물들은 그 수량이 많지 않다. 顧頡剛이 그의 '累層的 역사관'에서 지적하였듯, 이들 문헌에서 보이는 가장 오래된 인물은 夏나라의 선조인 禹이다. 禹의 治水로 인해 세상이 안정되고 商과 周 두 국가를 이루는 씨족의 조상이라고 할 수 있는 契과 棄의 이야기가 등장한다. 契과 棄는 모두 上帝의 후손이라고 언급되어지지만, 이들 사이에 별다른 친연 관계는 존재하지 않는다. 즉, 그들과 上帝 사이의 관계는 각각 개별적이고 독자적인 것이었다. 따라서 이

17) 『尙書』「召誥」, "有夏服天命, 惟有歷年. … 有殷受天命, 惟有歷年."
18) 『尙書』「召誥」, "不其延, 惟不敬厥德, 乃早墜厥命. 今王嗣受厥命, 我亦惟玆二國命, 嗣若功."
19) 『尙書』「多士」, "有夏不適逸, 則惟帝降格, 嚮于時夏, 弗克庸帝, 大淫泆, 有辭, 惟時天罔念聞, 厥惟廢元命, 降致罰. 乃命爾先祖成湯革夏, 俊民甸四方. 自成湯至于帝乙, 罔不明德恤祀. 亦惟天丕建保乂有殷, 殷王亦罔敢失, 帝罔不配天其澤. 在今後嗣王誕罔顯于天, 矧曰其有聽念于先王勤家. 誕淫厥泆, 罔顧于天顯民祗. 惟時上帝不保, 降若玆大喪." 이밖에 「多方」·「立政」 등에서 夏와 殷이 周에 앞선 朝代임을 밝히고 있다.

『詩經』「大雅·蕩」, "文王曰咨, 咨女殷商, 人亦有言, 顚沛之揭, 枝葉未有害, 本實先撥, 殷鑒不遠, 在夏後之世."
20) 『尙書』「康誥」, "用肇造我區夏."

『尙書』「君奭」, "惟文王尙克修和我有夏."

『尙書』「立政」, "帝欽罰之, 乃伻我有夏, 式商受命, 奄甸萬姓."

때의 上帝는 동일한 神格이라기보다는 각 씨족의 至高神을 의미하는 것으로 해석할 수 있다.

2) 神話書 :『山海經』

일반적으로 戰國시기에 형성된 것으로 추측하는[21] 중국 신화의 보고인『山海經』에 이르러 신들은 구체적으로 관계망을 형성하기 시작한다.『山海經』은 전체적으로「山經」과「海經」으로 나눌 수 있다.「山經」은 五方의 山을 서술하였으나 '五行'에 나누어 분배하지는 않았으며, 대체로 戰國時期 전반기에 씌어졌을 것으로 추정된다.「海經」은 海外의 奇聞異俗을 서술하고 있는데 일부 문장에 秦漢시대의 郡縣名이 등장하고 있어서, 대체로 秦 혹은 秦漢 교체기에 씌어졌을 것으로 추정된다. 신화인물의 世系는 모두「海經」의 후반부인「大荒經」과「海內經」 가운데에 기록되어 있으며, 그 앞의 여러 편과「山經」에서는 단편적으로 일부 신화전설 가운데 神名과 그들의 일부 활동을 언급하였다. 이로부터 신들의 世系의 형성은 戰國後期에서 秦漢 교체기에 이르는 시기에 이루어졌다는 것을 추정할 수 있다.[22]

『山海經』의 내용은「天問」과 매우 흡사한데, 이는 둘 다 楚지방을 배경으로 하는 문헌이기 때문일 것이다.『山海經』에 나오는 이야기로「天問」의 신화와 같은 것으로는 鯤과 禹의 治水이야기, 共工 이야기, 夏后啓가 하늘의 음악인 九辨과 九歌를 얻은 이야기, 羿가 활을 잘

21) 鄭在書는 陸侃如, 茅盾, 蒙文通, 衛挺生, 袁珂, 李豊楙 등의 견해를 종합하여『山海經』의 성립 년대를 부분에 따라 가장 이르게는 西周 초기(기원전 12세기)부터, 가장 늦게는 魏晋시대(3-4세기)에 이르는 시간으로 볼 수 있어 한마디로 단정하기 어렵다고 하였다. 다만 작자 및 성립지역은 楚나라로 볼 수 있고「五臧山經」은 戰國時代에 성립되었을 것으로 추정하였다. 鄭在書,『山海經』, 20쪽 참고.

22) 劉起釪,『續古史辨』, 18쪽 참고.

쏜 이야기, 舜이 학대받은 이야기, 王亥 이야기 등이 있다. 그러나 전반적으로 『山海經』이 「天問」에 비해 더욱 풍부한 이야기를 갖고 있다. 즉, 『山海經』에는 「天問」에 없는 炎帝·黃帝·太皞·少皞·顓頊·帝鴻·祝融·伯夷·蚩尤·西王母 등이 새롭게 등장한다. 『山海經』에 등장하는 수많은 신격 가운데 가장 눈에 띄는 것은 바로 帝俊이다. 帝俊의 世系는 黃帝에 버금갈 정도로 방대하여 가히 東方의 대표 신격이라고 할 수 있다. 그러나 『山海經』 이후 다른 전적에서 帝俊은 帝嚳·舜 등의 신화로 訛變하며 분화해나가 그 자취를 찾기 힘들게 되었으며, 다만 『山海經』 속에서만 본 모습을 온전히 보전하고 있다.

『山海經』에 등장하는 신화인물은 太皞·少皞·黃帝·帝嚳·帝堯·帝俊·帝舜·丹朱·禹·夏后啓·共工·相柳·鯤·夸父·常羲·娥皇·叔均·重黎·祝融·王亥·登比·羲和·稷·顓頊·炎帝·老童·伯夷·后土·雷祖·昌意·奚仲 등이다. 이렇게 다양한 신격이 등장하면서 동시에 이들은 각각 관계망을 형성하기 시작하였다. 『山海經』 안에 등장하는 이들 신격은 대체로 9개의 계통을 이루고 있다. 그들은 각각 자신의 家系를 지니고 있다. 다시 이들은 그들의 활동 지역에 따라 다시 東方·西方·南方으로 나뉜다. 그 가운데 東方과 西方에 위치한 신격들이 중심세력을 이루고 南方의 세력은 미약하다. 東方에 속하는 대표적인 신격은 帝俊·舜·少皞·太皞를 들 수 있고, 西方에 속하는 신격으로는 黃帝·炎帝·伯夷를 들 수 있다. 이밖에 南方에 속하는 南岳 등이 있다.[23)]

위의 帝系에 등장하지 못한 堯·帝嚳·丹朱·女媧 등은 산발적으로 등장하고 있는데, 대부분 그들의 무덤이나 기념물과 함께 등장하는 것을 제외하면 뚜렷한 사적이 보이지 않는다. 이는 『山海經』 가운데 그들의 지위가 중요하지 않음을 나타내고 있다.[24)]

---

23) 吳晗, 「山海經中的古代故事及其系統」 참고.

24) 吳晗은 아마도 西漢末 東漢初에 劉向과 같은 이들이 가탁하여 고의로 삽입

『山海經』 신화에서 두드러지는 이러한 帝系의 형성은 戰國時代 민족 대통합을 반영하고 있다. 東方과 西方, 그리고 南方의 몇몇 민족의 조상신들은 이러한 통합의 과정 속에서 주요 신의 지위를 지키고 살아남은 반면, 통합당한 민족의 조상신들은 屬神이나 자손으로 편입되는 과정을 겪고 있다. 예를 들면 帝俊系에 속하는 수많은 신격들은 원래는 독립적으로 존재하는 민족들의 조상신이었을 터이지만, 민족융합의 물결 속에서 帝俊系로 통합되었을 것이다. 黃帝系列의 신들 또한 마찬가지로 민족 융합의 결과를 반영하고 있다. 이 가운데 두드러지는 점은 黃帝系列 속에 속해있는 顓頊系의 신격들이다. 이 顓頊系는 이미 커다란 계통을 이루고 있으면서 黃帝系 속에 속해있다. 이는 앞으로 黃帝를 중심으로 하는 대통합의 전주곡에 해당한다고 할 수 있다. 즉, 후손이 번창한 世系일수록 점차 더욱 강력하게 통합되는 반면, 후손이 미약한 世系는 점차 다른 신격의 하위 신으로 차츰 복속되거나 통합하여 세력 확장을 모색하게 된다. 그러나 이러한 대통합의 물결 속에서도 아직 神界의 대통합은 이루어지지 않고 있었다.

3) 歷史書 : 『國語』·『左傳』

周代의 史官은 左史와 右史의 구분이 있었으며, 그들은 각각 말과 일을 나누어 담당하였다.[25] 따라서 周代의 史書에도 말을 기록한 史書와 일을 기록한 史書의 두 가지가 존재하였다. 『春秋』와 『左傳』은 일을

하였을 가능성이 있다고 주장하였다. 吳晗, 앞의 글 참고. 劉起釪는 『天問』과 『山海經』 시기에 堯의 지위가 여전히 미약했다고 주장하나, 『詩經』과 『尙書』 및 「天問」의 내용을 살펴보건대 결코 堯의 지위는 미약하지 않았다. 아마도 해외의 기문이속을 기록한 『山海經』의 성격과 堯의 특성이 맞지 않아서 그 기록이 부족하게 된 것 같다.

25) 『禮記』 「玉藻」, "動則左史書之, 言則右史書之."
『漢書』 「藝文志」, "左史記言, 右史記事, 事爲春秋, 言爲尙書."

기록한 것이고, 『尙書』와 『國語』는 바로 말을 기록한 것이다. 그러나 말과 일만을 기록할 수는 없는 까닭에 모두 상대적으로 비중을 어디에 두었느냐에 중점을 두었을 뿐 말과 일이 모두 기록되어있다고 할 수 있다.

『國語』는 周왕실과 魯·齊·晉·鄭·楚·吳·越 여덟 나라의 史實을 각각 나누어 기록하고 있는 가운데, 宋·衛·秦 등의 史實도 언급하고 있다. 西周 穆王2年(기원전990)부터 東周 定王16年(기원전453)까지 모두 538년의 역사를 기록하고 있다. 『左傳』은 魯나라를 중심으로 隱公元年(기원전722)부터 哀公27年(기원전467)까지 서술하고 있다. 西漢이래 『國語』와 『左傳』의 작자는 줄곧 魯나라의 左丘明이라고 여겼으나,[26] 그 체제와 내용 및 문체로 미루어 한 사람이 동일한 목적으로 단기간에 지은 작품으로 볼 수 없다.[27] 『國語』는 대체로 각국의 史書를 편한 것으로, 『左傳』 또한 魯國人이 편한 것으로 보인다.

『國語』 가운데 주로 언급한 것은 각국의 역사이므로 그 가운데 왕조교체에 대한 인식을 드러내고 있는 부분이 존재하는 것은 당연하다. 『國語』에는 虞·夏·商·周의 四代가 서로 계승하는 것을 언급하고 있으며, 그들 각각의 조상에 대해서 幕·禹·契·棄라고 분명하게 기록하고 있으며 그들의 자손은 모두 王公侯伯이 되었다고 기록하였다.[28] 이미 신화가 역사 속으로 편입되어 들어가고 있음을 보여주고 있다. 또한 顧頡剛의 언급처럼 이전 기록보다 역사를 위로 끌어올려 夏代 위에 虞代를

26) 『漢書』「藝文志」에서는 '春秋左氏傳三十卷, 國語二十一篇'을 모두 '魯太史左丘明著'라고 기록하고 있다.

27) 唐代 이후 左丘明의 단독 작품으로 보는 데에 대해서는 부정적인 의견이 다수를 차지하였으며, 심지어 淸代 皮錫瑞는 『左傳』을 漢代 劉歆이 위조했다고까지 하였다. 『左傳讀本』, 三民書局, 5쪽 참고.

28) 『國語』「鄭語」, "夫成天地之大功者, 其子孫未嘗不章, 虞夏商周是也. 虞幕能聽協風, 以成樂物生者也. 夏禹能單平水土, 以品處庶類者也. 商契能和合五敎, 以保於百姓者也. 周棄能播殖百穀蔬, 以衣食民人者也. 其後皆爲王公侯伯."

설정하고 그들의 조상으로 幕을 언급하고 있다. 역사서의 편찬과 함께 신화의 역사서 편입을 통한 역사조대의 확장이라는 풍조가 시작되었음을 보여주는 증거라고 할 수 있다.

『國語』 가운데 등장하는 신화인물은 鯤·禹·共工·四岳·黃帝·顓頊·幕·禹·契·棄·堯·舜·冥·上甲微·湯·伯夷·祝融·丹朱·伯翳·帝嚳·后稷·柱·后土·重黎·丹朱·商均 등이며, 이들은 『左傳』에서도 대부분 등장하고 있다.[29] 『國語』와 『左傳』에 등장하는 이들의 신화는 대체로 아래의 네 가지내용이 주를 이룬다.

1. 鯤과 禹의 治水 : 鯤은 上帝의 명을 어겨서 죽임을 당한 후 黃熊이 되었으며, 羽淵에 들어간 후 夏의 조상신이 되었다.[30] 鯤에 이어 禹가 이어서 治水를 하였으며, 鯤 이전에는 共工이 治水를 하였다고 한다. 禹 때에는 共工의 宗孫 四岳이 禹를 도와 治水하였다. 上帝는 禹에게 姒姓을 하사하고 四岳에게는 姜姓을 하사하였다. 四岳은 姜氏族으로 처음 姓을 받은 조상신이 되었으며, 共工은 姜姓의 머나먼 시조가 되었다.[31] 禹에 관한 전설로는 이밖에 그가 九州를 나눈 것[32] 등이 전한다.

---

29) 帝嚳은 보이지 않으나, 후대에 帝嚳과 결합하는 高辛氏의 이름은 『左傳』「昭公17年」條에 보인다.

30) 『國語』「晉語」, "昔者鮌違帝命, 殛之於羽山, 化爲黃熊, 以入於羽淵, 實爲夏郊, 三代擧之."
『左傳』「昭公7年」, "昔堯殛鯀于羽山, 其神化爲黃熊, 以入于羽淵, 實爲夏郊, 三代祀之."

31) 『國語』「周語」, "昔共工棄此道也, 虞于湛樂, 淫失其身, 欲壅防百川, 墮高堙庳, 以害天下. 皇天弗福, 庶民弗助, 禍亂幷興, 共工用滅. 其在有虞, 有崇伯鮌播其淫心, 稱遂共工之過, 堯用殛之于羽山. 其後伯禹念前之非度, 釐改制量, 象物天地, 比類百則, 儀之于民, 而度之于羣生, 共之從孫四岳佐之, 高高下下, 疏川導滯, 鍾水豐物, 封崇九山, 決汨九川, 陂鄣九澤, 豐殖九藪, 汨越九原, 宅居九隩, 合通四海. 故天無伏陰, 地無散陽, 水無沈氣, 火無災燀, 神無間行, 民無淫心, 時無逆數, 物無害生. 帥象禹之功, 度之于軌儀, 莫非嘉績, 克厭帝心. 皇天嘉之, 祚以天下, 賜姓曰'姒', 氏曰'有夏', 謂其能以嘉祉殷富生物也. 祚四嶽國, 命以侯伯, 賜姓曰 '姜', 氏曰'有呂', 謂其能爲禹股肱心膂, 以養物豐民人也."

2. 四代의 始原 : 黃帝이하 여러 신은 虞·夏·商·周 네 族이 각각 禘·郊·祖·宗·報의 다섯 가지 서로 다른 제례로 제사를 올리는 조상신이 되었다.[33] 有虞氏는 黃帝·顓頊·幕·堯·舜에게 제사를 드렸으며, 夏后氏는 黃帝·顓頊·鯤·禹 등에게 제사를 올렸으며, 商나라 사람은 舜·契·冥·上甲微·湯에게 제사를 드렸으며, 周나라 사람들은 嚳·稷·高圉·太王·文王 등에게 제사를 드렸다. 또한 그들 氏族은 虞에서 周까지 모두 다른 族名을 가지고 있는데, 虞 이전에는 陶唐氏였으나, 夏는 御龍氏였고, 商은 豕韋氏가 되었으며, 周는 唐杜氏가 되었다.[34] 이들 각 씨족 조상신의 후예와 그들 사이의 갈등도 등장한다. 즉, 堯·舜에 협력한 高陽氏·高辛氏의 후예로 八愷와 八元이 있으며, 舜에 의해 쫓겨난 帝鴻氏·少皞氏·顓頊氏·縉雲氏의 후예로 渾敦·窮奇·檮杌·饕餮이 있었다.[35] 또 高辛氏

---

32) 『左傳』「襄公4年」, "於虞人之箴曰, '芒芒禹迹, 畵爲九州, 經啓九道."

33) 『國語』「魯語」, "夫聖王之制祀也, 法施於民則祀之, 以死勤事則祀之, 以勞定國則祀之, 能禦大災則祀之, 能扞大患則祀之. 非是族也, 不在祀典. 昔烈山氏之有天下也, 其子曰柱, 能殖百穀百蔬. 夏之興也, 周棄繼之, 故祀以爲稷. 共工氏之伯九有也, 其子曰后土, 能平九土, 故祀以爲社. 黃帝能成命百物, 以明民共財, 顓頊能修之. 帝嚳能序三辰以固民, 堯能單均刑法以儀民, 舜勤民事而野死, 鮌鄣洪水而殛死, 禹能以德修鮌之功, 契爲司徒而民輯, 冥勤其官而水死, 湯以寬治民而除其邪, 稷勤百穀而山死, 文王以文昭, 武王去民之穢. 故有虞氏禘黃帝而祖顓頊, 郊堯而宗舜. 夏后氏禘黃帝而祖顓頊, 郊鮌而宗禹. 商人禘舜而祖契, 郊冥而宗湯. 周人禘嚳而郊稷, 祖文王而宗武王. 幕, 能帥顓頊者也, 有虞氏報焉. 杼, 能帥禹者也, 夏后氏報焉. 上甲微, 能帥契者也, 商人報焉. 高圉·大王, 能帥稷者也, 周人報焉. 凡禘郊祖宗報, 此五者國之典祀也."

34) 『國語』「晉語」, "昔匄之祖, 自虞以上爲陶唐氏, 在夏爲御龍氏, 在商爲豕韋氏, 在周爲唐·杜氏. 周卑, 晉繼之, 爲范氏, 其此之謂也."
『左傳』「襄公24年」, "昔匄之祖, 自虞以上爲陶唐氏, 在夏爲御龍氏, 在商爲豕韋氏, 在周爲唐杜氏, 晉主夏盟爲范氏, 其是之謂乎?"

35) 『左傳』「文公18年」, "昔高陽氏有才子八人, 蒼舒, 隤凱, 檮戭, 大臨, 尨降, 庭堅, 仲容, 叔達, 齊, 聖, 廣, 淵, 明, 允, 篤, 誠, 天下之民謂之八愷. 高辛氏有才子八人, 伯奮, 仲堪, 叔獻, 季仲, 伯虎, 仲熊, 叔豹, 季狸, 忠, 肅, 共, 懿, 宣, 慈, 惠, 和, 天下之民謂之八元. 此十六族也, 世濟其美, 不隕其名. 以至於堯, 堯不能擧. 舜臣堯, 擧八愷, 使主后土, 以揆百事, 莫不時序, 地平天成. 擧八元, 使布五敎于四方, 父義, 母慈, 兄友, 弟共, 子孝, 內平外成. 昔帝鴻氏有不才子, 掩義隱賊, 好行凶德. 醜類惡物. 頑嚚

의 두 아들 閼伯은 商星을 주관하며 商族의 조상신이며, 實沈은 參星을 주관하며 唐族의 조상신이 되었고, 高辛은 나중에 商·唐 두 족의 공동 조상이 되었다.[36] 다시 金天氏의 후예 昧는 水神이 되었으며 臺駘를 낳았는데, 그는 汾水의 神이 되었다.[37]

3. 黃帝의 世系 : 신들의 세계 가운데 특히 黃帝의 세계는 굉장히 화려하여 아들이 25명이나 되며, 그 가운데 성을 얻은 자가 14명으로 12성이었다고 한다. 즉, 姬·酉·祁·己·滕·箴·任·荀·僖·姞·儇·依이다.[38] 또 黃帝와 炎帝를 少典氏의 자손으로 통합하여 기록하고 있다. 즉, "옛날에 少典氏는 有蟜氏를 취하여 黃帝와 炎帝를 낳았다. 黃帝는 姬水에서 자랐으며, 炎帝는 姜水에서 자랐다. 자라며 德이 달랐으므로 黃帝는 姬姓이 되고 炎帝는 姜姓이 되었다"고 하였다.[39]

不友, 是與比周, 天下之民謂之渾敦. 少皞氏有不才子, 毁信廢忠, 崇飾惡言. 靖譖庸回, 服讒蒐慝, 以誣盛德, 天下之民謂之窮奇. 顓頊氏有不才子, 不可敎訓, 不知話言. 告之則頑, 舍之則嚚, 傲很明德, 以亂天常, 天下之民謂之檮杌. 此三族也, 世濟其凶, 增其惡名, 以至于堯, 堯不能去. 縉雲氏有不才子, 貪于飮食, 冒于貨賄, 侵欲崇侈, 不可盈厭, 聚斂積實, 不知紀極, 不分孤寡, 不恤窮匱, 天下之民以比三凶, 謂之饕餮. 舜臣堯, 賓于四門, 流四凶族, 渾敦, 窮奇, 檮杌, 饕餮, 投諸四裔, 以禦螭魅. 是以堯崩而天下如一, 同心戴舜, 以爲天子, 以其擧十六相, 去四凶也."

36) 『左傳』「昭公元年」, "昔高辛氏有二子, 伯曰閼伯, 季曰實沈, 居于曠林, 不相能也, 日尋干戈, 以相征討. 后帝不臧, 遷閼伯于商丘, 主辰. 商人是因, 故辰爲商星. 遷實沈于大夏, 主參, 唐人是因, 以服事夏商."

37) 『左傳』「昭公元年」, "昔金天氏有裔子曰昧, 爲玄冥師, 生允格, 臺駘. 臺駘能業其官, 宣汾洮障大澤, 以處大原. 帝用嘉之, 封諸汾川, 沈姒蓐黃實守其祀. 今晉主汾而滅之矣. 由是觀之, 則臺駘, 汾神也"

38) 『國語』「晉語」, "黃帝之子二十五人, 其同姓者二人而已, 唯青陽與夷鼓皆爲己姓. 青陽, 方雷氏之甥也. 夷鼓, 彤魚氏之甥也. 其同生而異姓者, 四母之子別爲十二姓. 凡黃帝之子, 二十五宗, 其得姓者十四人, 爲十二姓. 姬酉祁己滕箴任荀僖姞儇依是也. 唯青陽與蒼林氏同于黃帝, 故皆爲姬姓, 同德之難也如是."

39) 『國語』「晉語」, "昔少典娶于有蟜氏, 生黃帝·炎帝. 黃帝以姬水成, 炎帝以姜水成. 成而異德, 故黃帝爲姬, 炎帝爲姜, 二帝用師以相濟也, 異德之故也."
『左傳』「哀公9年」, "炎帝爲火師, 姜姓其後也."

4. 기타 신들의 직책과 관계 : 堯와 舜 또한 그 사적이 두드러지지 않으며,[40] 堯의 아들 丹朱와 舜의 아들 商均에 대해서도 간략한 서술만 있을 뿐이다.[41] 이밖에 太皞와 少皞는『左傳』「昭公 17년」條에 그 모습을 드러낼 뿐이다.[42] 重黎는 祝融으로 등장하며, 高辛氏의 火正을 맡았다.[43]『國語』「楚語」에서는 重黎를 重과 黎 두 사람으로 말하고 있으며, 그들과 그 후손들은 顓頊과 堯시대에 각각 南正과 火正 등을 맡아 夏商代까지 여전히 그 관직을 세습하였다.[44] 또 烈山氏의 아들 柱와 周

40)『左傳』「僖公21年」, "任, 宿, 須句, 顓臾, 風姓也, 實司太皞與有濟之祀, 以服事諸夏."
『左傳』에서 堯는 鯀을 羽山에서 죽인 것과 관련되어 언급되고,「文公18年」에 舜이 신하로써 모셨다는 언급뿐이며,『國語』에서도 虞代에서 郊제사로 모셨다는 것과 羽山에서 鯀을 죽인 것 등에 대한 단순한 언급뿐이나. 반면 舜은『左傳』에서 堯로부터 帝位를 물려받게 되는 이야기와 孔甲이 龍을 기른 이야기 등에 등장하고 있으나 여전히 그 세력은 미약하다.

41)『國語』「楚語」, "故堯有丹朱, 舜有商均, 啓有五觀, 湯有太甲, 文王有管·蔡. 是五王者, 皆有元德也, 而有姦子."
『國語』「周語」, "王曰, '今是何神也?' 對曰, '昔昭王娶于房, 曰房后, 實有爽德, 協于丹朱, 丹朱憑身以儀之, 生穆王焉. 是實臨照周之子孫而禍福之. 夫神壹, 不遠徙遷, 若由是觀之, 其丹朱之神乎?' 王曰, '其誰受之?' 對曰, '在虢土.' 王曰, '然則何爲?' 對曰, '臣聞之, 道而得神, 是謂逢福. 淫而得神, 是謂貪禍. 今虢少荒, 其亡乎?' 王曰, '吾其若之何?' 對曰, '使太宰以祝·史帥狸姓, 奉犧牲粢盛玉帛往獻焉, 無有祈也.'"

42)『左傳』「昭公17年」, "秋, 郯子來朝, 公與之宴. 昭子問焉, 曰, '少皞氏鳥名官, 何故也?' 郯子曰, '吾祖也, 我知之. 昔者黃帝氏以雲紀, 故爲雲師而雲名. 炎帝氏以火紀, 故爲火師而火名. 共工氏以水紀, 故爲水師而水名. 大皞氏以龍紀, 故爲龍師而龍名. 我高祖少皞摯之立也, 鳳鳥適至, 故紀於鳥, 爲鳥師而鳥名, 鳳鳥氏, 曆正也. 玄鳥氏, 司分者也. 伯趙氏, 司至者也. 青鳥氏, 司啓者也. 丹鳥氏, 司閉者也. 祝鳩氏, 司徒也. 鴡鳩氏, 司馬也. 鳲鳩氏, 司空也. 爽鳩氏, 司寇也. 鶻鳩氏, 司事也. 五鳩, 鳩民者也. 五雉爲五工正, 利器用、正度量, 夷民者也. 九扈爲九農正, 扈民無淫者也. 自顓頊氏以來, 不能紀遠, 乃紀於近. 爲民師而命以民事, 則不能故也."

43)『國語』「鄭語」, "且重黎之後也, 夫黎爲高辛氏火正, 以淳耀敦大, 天明地德, 光照四海, 故命之曰 '祝融', 其功大矣."
『左傳』「昭公29年」, "顓頊氏有子曰犁, 爲祝融."

나라의 棄는 稷神이 되었으며, 共工氏의 아들 句龍은 后土로 社神이 되어 社稷神이 있게 되었다.[45] 그리고 祝融의 후예로 八姓이 있다. 다시 姜姓族의 伯夷가 있는데, 堯를 도왔고, 嬴姓族의 伯翳는 舜을 도왔다. 이 姜·嬴 등은 모두 姬姓族과 대등한 세력을 갖춘 큰 부족이었다.[46] 이 밖에 거인족인 防風氏의 이야기와 有窮 后羿와 少康의 이야기 등이 보인다.[47]

---

44) 『國語』「楚語」, "少皞之衰也, 九黎亂德, 民神雜糅, 不可方物. 夫人作享, 家爲巫史, 無有要質. 民匱于祀, 而不知其福. 烝享無度, 民神同位. 民瀆齊盟, 無有嚴威. 神狎民則, 不蠲其爲. 嘉生不降, 無物以享. 禍災荐臻莫盡其氣. 顓頊受之, 乃命南正重司天以屬神, 命火正黎司地以屬民, 使復舊常, 無相侵瀆, 是謂絶地天通. 其後, 三苗復九黎之德, 堯復育重黎之後不忘舊者, 使復典之. 以至於夏商, 故重黎氏世敍天地, 而別其分主者也."

45) 『左傳』「昭公29年」, "獻子曰, '社稷五祀, 誰氏之五官也?' 對曰, '少皞氏有四叔, 曰重, 曰該, 曰修, 曰熙, 實能金, 木及水. 使重爲句芒, 該爲蓐收, 修及熙爲玄冥, 世不失職, 遂濟窮桑, 此其三祀也. 顓頊氏有子曰犁, 爲祝融. 共工氏有子曰句龍, 爲后土, 此其二祀也. 后土爲社. 稷, 田正也. 有烈山氏之子曰柱爲稷, 自夏以上祀之. 周棄亦爲稷, 自商以來祀之.'"
『國語』「魯語」, "共工氏之伯九有也, 其子曰后土, 能平九土, 故祀以爲社."

46) 『國語』「鄭語」, "夫成天地之大功者, 其子孫未嘗不章, 虞夏商周是也. 虞幕能聽協風, 以成樂物生者也. 夏禹能單平水土, 以品處庶類者也. 商契能和合五敎, 以保於百姓者也. 周棄能播殖百穀蔬, 以衣食民人者也. 其後皆爲王公侯伯. 祝融亦能昭顯天地之光明, 以生柔嘉材者也. 其後八姓於周, 未有侯伯. 佐制物於前代者, 昆吾爲夏伯矣, 大彭豕韋爲商伯矣. 當周未有. 己姓昆吾蘇顧溫董, 董姓鬷夷豢龍, 則夏滅之矣. 彭姓彭祖豕韋諸稽, 則商滅之矣. 禿姓舟人, 則周滅之矣. 妘姓鄔鄶路偪陽, 曹姓鄒莒, 皆爲采衛, 或在王室, 或在夷·狄, 莫之數也, 而又無令聞, 必不興矣. 斟姓無後. 融之興者, 其在芈姓乎? 芈姓夔越, 不足命也. 蠻芈蠻矣, 唯荊實有昭德, 若周衰, 其心興矣. 姜嬴荊芈, 實與諸姬代相干也. 姜, 伯夷之後也, 嬴, 伯翳之後也. 伯夷能禮於神, 以佐堯者也, 伯翳能議百物, 以佐舜者也. 其後皆不失祀, 而未有興者, 周衰其將至矣."

47) 『國語』「魯語」, "客曰, '防風何守也?' 仲尼曰, '汪芒氏之君也, 守封嵎之山者也, 爲漆姓. 在虞夏商爲汪芒氏, 於周爲長狄, 今爲大人.'"
『左傳』「襄公4年」, "昔有夏之方衰也, 后羿自鉏遷于窮石, 因夏民以代夏政. 恃其射也, 不脩民事, 而淫于原獸, 棄武羅、伯因、熊髡、尨圉,

戰國時代에 이르러 민족의 통합은 더욱 강력해졌으며, 이에 따라 각 신들의 帝系 또한 강력한 통합과 확장을 이룩하였다. 여기에 國家의 성립과 발전에 힘입어, 그들 각각의 上古史 확장에 대한 욕망이 더해졌다. 따라서 『國語』와 『左傳』에서는 각 신들의 帝系의 통합에 더해 그들을 각각 朝代에 연결시키는 작업을 완성하였다. 그 결과 '四代'라는 역사인식 모델은 각각 조상신과 제사의례 및 씨족 기원신화를 갖추게 되었다.

『國語』와 『左傳』은 모두 역사기록을 목적으로 한 서적이었다. 따라서 그것들 가운데 기록된 신화는 이미 상당부분 역사 속으로 편입되어 각국의 시조로서 살아있는 인간의 모습을 띠고 있다. 여전히 神性의 환상적인 모습을 버리지 않고 있는 부분도 있지만, 이미 史官의 손길을 거치면서 理性의 잣대에 의해 재단되어버린 것이다. 무엇보다 가장 중요한 점은 『左傳』과 『國語』에 등장하는 신화인물들은 점차 黃帝를 중심으로 하는 世系를 형성하고 있다는 점이다. 黃帝와 炎帝를 중심으로 하는 少典氏의 출현은 바로 黃帝와 炎帝를 숭상하는 민족을 중심으로 하는 대통합이 급속하게 이루어졌음을 반영한 것이다.

3. 帝系의 形成과 歷史化

戰國時代 後期는 諸子百家의 학술이 번성하여 각기 자신의 학설

而用寒浞. 寒浞, 伯明氏之讒子弟也, 伯明後寒棄之, 夷羿收之, 信而使之, 以爲己相. 浞行媚于內, 而施賂于外, 愚弄其民, 而虞羿于田. 樹之詐慝, 以取其國家, 外內咸服. 羿猶不悛, 將歸自田, 家衆殺而亨之, 以食其子, 其子不忍食諸, 死于窮門. 靡奔有鬲氏. 浞因羿室, 生澆及豷, 恃其讒慝詐僞, 而不德于民, 使澆用師, 滅斟灌及斟尋氏. 處澆于過, 處豷于戈. 靡自有鬲氏, 收二國之燼, 以滅浞而立少康. 少康滅澆于過, 后杼滅豷于戈, 有窮由是遂亡, 失人故也."

을 제창하기 위해 앞 다투어 이야기를 만들어내었다. 따라서 신화인물들 또한 폭발적으로 증가하고 그들 간의 관계 또한 복잡하게 얽혀 들어갔다. 또한 諸子百家가 각각 자신의 학설에 따라 이들 신격들 가운데 일부를 취사선택하여 그 지위를 올리거나 내리는 가운데 帝系에 대한 說이 등장하게 되었다. 아래에서는 儒家를 중심으로 그 대략을 살펴보겠다.

1) 儒家의 整理와 變造

앞서 살펴본 바와 같이 이전 문헌에서 堯는 아득히 멀리 있는데다, 그의 사적이 뚜렷하지 않아 그 형상을 분명하게 파악하기 힘든 존재였다. 舜 또한 堯의 신하이자 사위로서 堯의 帝位를 계승하기는 하나, 구체적으로 선명한 형상을 지닌 것은 아니었다. 그러나 儒家와 墨家에 의해 이들은 고대 聖王의 典範이 되기에 이른다.

儒家와 墨家는 늘 堯舜을 일컬었는데, 신들 가운데 지위가 그다지 높지 않은 堯를 부각시켰으며, 본래 天神이었던 舜은 이 시기에 下界의 미천한 백성이 되었다가 그의 '孝誠'과 '德行'에 힘입어 堯의 사위이자 신하가 된 이후, 堯의 시험을 거쳐 나중에 堯로부터 帝位를 물려받게 된다. 禹 또한 본래 鯤의 배를 가르고 태어난 天神이었으나 이 시기에 이르러 夏나라의 개국군주가 된다.[48)]

儒家는 이들 堯·舜·禹를 '聖人帝王'의 모범으로 삼고 '堯舜之道'를 帝王에게 실천할 것을 요구하였다. 그들은 특히 天命論으로써 帝王

48) "儒墨이 堯舜을 숭상한 것은 동일하나, 儒家는 堯舜禹를 '允執其中'한 一脈相承하는 先王의 道를 쥐고 있는 것으로 말하였으나, 墨家는 '堯舜禹의 道는 尙賢하지 않을 수 없는 것이다'고 말하였으며, 따라서 실로 禪讓의 道를 행하였다고 하였다. 이것은 兩家의 주요한 차이점이다." 劉起釪, 앞의 책, 24쪽 참고.

의 통치를 합리화하였으며,[49] 특히 '德行'을 帝王 통치의 주요 실천윤리로 삼았다. 특히 孟子는 이러한 덕행에 근거하여 聖王의 통치는 모두 500년의 주기를 지니고 나타난다고 주장하여,[50] 후대에 王朝交替論의 先河가 되었다. 堯·舜·禹 가운데 특히 舜은 儒家에서 주장하는 堯舜之道의 근본인 孝悌를 몸소 실천한 인물로 등장한다.[51] 그들의 이러한 주장은 儒家학설의 주요 전적인 『論語』[52]·『孟子』·『荀子』[53]등에 잘

49) 『孟子』「萬章」上, "昔者舜薦禹於天, 十有七年, 舜崩. 三年之喪畢, 禹避舜之子於陽城. 天下之民從之, 若堯崩之後, 不從堯之子而從舜也. 禹薦益於天, 七年, 禹崩. 三年之喪畢, 益避禹之子於箕山之陰. 朝覲訟獄者不之益而之啓, 曰, '吾君之子也.' 謳歌者不謳歌益而謳歌啓, 曰, '吾君之子也.' 丹朱之不肖, 舜之子亦不肖. 舜之相堯, 禹之相舜也, 歷年多, 施澤於民久. 啓賢, 能敬承繼禹之道. 益之相禹也, 歷年少, 施澤於民未久. 舜 禹 益相去久遠, 其子之賢不肖, 皆天也, 非人之所能爲也. 莫之爲而爲者, 天也. 莫之致而至者, 命也. 匹夫而有天下者, 德必若舜禹, 而又有天子薦之者, 故仲尼不有天下."

50) 『孟子』「盡心」下, "孟子曰, '由堯舜至於湯, 五百有餘歲, 若禹皐陶, 則見而知之. 若湯, 則聞而知之. 由湯至於文王, 五百有餘歲, 若伊尹萊朱則見而知之. 若文王, 則聞而知之. 由文王至於孔子, 五百有餘歲, 若太公望散宜生, 則見而知之. 若孔子, 則聞而知之. 由孔子而來至於今, 百有餘歲, 去聖人之世, 若此其未遠也. 近聖人之居, 若此其甚也, 然而無有乎爾, 則亦無有乎爾.'"

51) 『孟子』「離婁」上, "舜盡事親之道而瞽瞍底豫, 瞽瞍底豫而天下化, 瞽瞍底豫而天下之爲父子者定, 此之謂大孝."
『孟子』「萬章」下, "父母使舜完廩, 捐階, 瞽叟焚廩. 使浚井, 山, 從而掩之. 象曰, '莫蓋都君咸我績. 牛羊, 父母. 倉廩, 父母. 干戈, 朕. 琴, 朕. 弤, 朕. 二嫂使治朕栖.' 象往入舜宮, 舜在床琴. 象曰, '鬱陶思君爾!' 忸怩. 舜曰, '惟茲臣庶, 汝其于予治.'"

52) 『論語』「泰伯」, "大哉堯之爲君也! 巍巍乎! 唯天爲大, 唯堯則之."
『論語』「雍也」, "子曰, '何事於仁! 必也聖乎! 堯舜其猶病諸! 夫仁者, 己欲立而立人, 己欲達而達人. 能近取譬, 可謂仁之方也已.'"

53) 『荀子』「成相」, "請成相, 道聖王, 堯舜尙賢身辭讓. 許由善卷, 重義輕利行顯明. 堯讓賢, 以爲民, 泛利兼愛德施均. 辨治上下, 貴賤有等明君臣. 堯授能, 舜遇時, 尙賢推德天下治. 雖有賢聖, 適不遇世孰知之? 堯

드러나 있으며, 여기에서 堯·舜·禹를 칭송하고 堯舜之道를 추숭하였으니, 마침내 堯舜은 고대의 聖王의 표준이 되었다.[54)]

儒家는 또한 각종 신화전설자료를 수집하고 그것을 역사화하여, 『尙書』「堯典」·「皐陶謨」 두 편을 만들었으니, 이들 전적은 堯·舜·禹의 大業을 선양하는 중요한 전거가 되었다. 또한 「堯典」과 「皐陶謨」 두 편에서 고대의 天神 및 역사시대 각 종족의 宗神을 모두 의인화하여 역사인물로 만들었으며, 堯舜 조정의 大臣으로 나열하였다.[55)] 『荀子』「成相」에서는 堯·舜·禹와 여러 신하의 사적을 서술하고 있는데,[56)] 기본적으로 「堯典」과 같으니, 아마도 「堯典」은 『荀子』이전에 완성된 듯 하다. 儒家는 또한 「禹貢」을 만들어내어 禹가 治水하고 九州를 나

不德, 舜不辭, 妻以二女, 任以事. 大人哉舜, 南面而立萬物備. 舜授禹, 以天下, 尙得推賢不失序. 外不避仇, 內不阿親賢者予. 禹勞心力, 堯有得, 于戈不用三苗服. 擧舜甽畝, 任之天下身休息."

54) 물론 堯舜禹의 신화 가운데 堯시대의 洪水에 관한 신화도 있으나, 이미 이 때의 治水는 백성을 위한 德治의 모범으로 등장하고 있다.
『孟子』「滕文公」上, "當堯之時, 天下猶未平, 洪水橫流, 氾濫於天下. 草木暢茂, 禽獸繁殖, 五穀不登, 禽獸偪人. 獸蹄鳥跡之道, 交於中國. 堯獨憂之, 擧舜而敷治焉. 舜使益掌火, 益烈山澤而焚之, 禽獸逃匿. 禹疏九河, 瀹濟漯, 而注諸海. 決汝漢, 排淮泗, 而注之江, 然後中國可得而食也. 當是時也, 禹八年於外, 三過其門而不入, 雖欲耕, 得乎?"

55) 예를 들면 『山海經』에서 태양을 낳은 여신 羲和는 堯의 男性 천문담당관으로 나타나고, 姜族의 伯夷나 嬴姓의 伯翳, 商族의 契, 周族의 棄 등도 모두 堯의 신하로 관직을 갖추고 등장한다. 이런 예들은 周代의 완벽한 父權中心 宗法制의 실현과 강력한 민족통합의 현실을 반영하고 있다.

56) 『荀子』「成相篇」, "請成相, 道聖王, 堯舜尙賢身辭讓. 許由善卷, 重義輕利行顯明. 堯讓賢, 以爲民, 泛利兼愛德施均. 辨治上下, 貴賤有等明君臣. 堯授能, 舜遇時, 尙賢推德天下治. 雖有賢聖, 適不遇世孰知之? 堯不德, 舜不辭, 妻以二女, 任以事. 大人哉舜, 南面而立萬物備. 舜授禹, 以天下, 尙得推賢不失序. 外不避仇, 內不阿親賢者予. 禹勞心力, 堯有得, 于戈不用三苗服. 擧舜甽畝, 任之天下身休息."

눈 기록문헌으로 삼았다.[57)]

이렇게 堯·舜·禹를 고대의 가장 이상적인 성왕으로 만들었으며, 그들의 치세를 가장 이상적인 태평성대로 묘사하면서 후대의 제왕들이 그들을 본받기를 바랬다. 이에 '二帝(堯舜) 三王(夏禹·商湯·周文武)'의 역사계통이 형성되었다. 또한 이로부터 『尙書』의 「堯典」·「皐陶謨」·「禹貢」 등은 바로 중국 上古史의 권위 있는 문헌이 되었다. 이들 문헌 속에 들어간 신화는 이미 그 내용의 질적 변화를 배태하고 있었다. 특히 西周이래의 宗法질서와 儒家의 禮治 사상은 그들의 문헌 속에 등장하는 신들까지 엄격한 질서를 강요하기에 이르렀으므로, 그들이 계보로 묶이는 것은 당연한 문제였다. 또한 그들은 이미 후대 帝王들에게 모범을 보이는 聖人帝王의 모습이었으므로, 결코 비이성적이거나 원시적이고 환상적인 매력을 지닌 모습으로 나타날 수 없었다. 그들은 항상 백성을 위해 고민하고 분투하는 聖人帝王의 모습으로 系譜 속에 자리하며 上古史의 공백을 채워주었다.

戰國後期에 이르러 五行說의 영향 아래 이전의 '二帝三王'은 다시 三帝를 덧붙여 '五帝三王'의 역사계통을 만들어내기에 이른다. 이 작업의 결과는 漢代의 『大戴禮記』에 기록되었는데, 바로 『大戴禮記』 「五帝德」과 「帝系」 가운데 보이는 '五帝三王'의 역사계통이다. 三王은 바로 夏商周 三代를 지칭하고, 五帝는 堯舜 二帝의 앞에 三帝를 더한 것이다. 黃帝·顓頊·帝嚳·堯·舜의 다섯 사람을 五帝로 취하였으니, 이것이 바로 五帝說의 탄생이다. 이 五帝說의 출현은 五帝라는 역사계통으로 하여금 上古史 인식의 표준이 되게 하여, 후대 古史系統에 커다란 영향을 끼쳤다. 또한 이후로 이를 모방한 각종 五帝說이 줄잇게 된다.

---

57) 劉起釪, 앞의 책, 24쪽 참고.

2) 系譜의 形成과 歷史化

戰國時代의 신화는 西周의 기초 위에서 일련의 극렬한 변화를 일으키면서 발전하였다.[58] 諸子百家는 그들 가운데에서 자신의 학설에 적합한 인물들을 골라 각자의 系譜를 제기하였다. 그들의 손을 거쳐 가공되고 정리된 수많은 帝系 가운데 戰國末期에 출현한 黃帝를 중심으로 하는 완정한 帝系인 『大戴禮記』「帝系」는 중대한 의미를 지니고 있다. 이것은 당시 민족 대융합을 반영한 것이며 동시에 그 객관적 필요성을 나타내고 있다. 모든 신화인물과 고대 각 族의 전설 속에 나타난 조상신을 역사화하여 系譜 속에 편입시키고 나열하여 하나의 통일된 古史世系를 만들었다. 이 世系는 儒家의 '二帝三王'의 堯·舜·禹·湯·文武王의 五代라는 역사관념 위에 세워진 것이다. 여기에 민족 융합을 위해 二帝三王의 위에 三帝를 덧붙여 五帝三王을 만든 것이다. 즉, 黃帝·顓頊·帝嚳을 더한 것은 각 부족계통을 연합시키는 작용을 하였다. 이 世系의 가장 큰 특징은 中原 각 부족의 주요 조상신과 제왕 등

58) 張光直, 「商周神話之分類」, 『中國青銅時代』, 320쪽 참고. 그 내용을 정리하면 다음과 같다.

1. 시조 영웅 신화가 문헌에서 급격히 증가하였다.
2. 수많은 초자연세계 속의 신령물이 '인화'하여 전설역사상의 영웅인물이 되었다.
3. 이러한 조상영웅들은 서로 친척관계를 가지고 소수의 몇 계보로 거슬러 올라가진다.
4. 조상의 세계는 신의 세계와 명확하게 서로 다른 두개의 세계로 분리된다. 각각 서로 다른 방향을 향해 발전하고 복잡해진다.
5. 이 두개의 세계의 관계는 늘 서로 적대적이거나 경쟁적이다.
6. 인류의 세계는 하늘에서 내린 재앙으로 해를 입지만, 재앙은 계속하여 조상영웅에 의해 소멸된다.
7. 자연의 세계는 이미 완전히 사람의 세계와 분리되었으며, 그 형성, 구조와 기원은 우주생성의 신화로써 설명되어진다.

신화 인물을 모두 黃帝의 자손으로 삼고, 그들을 모두 帝嚳과 顓頊의 양대 계통 속에 귀납시킨 것이다. 顧頡剛은 이에 대해 橫的 系統을 縱的 系統으로 바꾸어놓았으며, 그것의 작용은 무력으로 해결하지 못하는 민족 간의 악감정을 해소하는데 있었다고 지적하였다.[59]

> 周나라 때에 원래는 각각의 민족마다 모두 그 시조를 가지고 있었으며 다른 민족과 서로 속하지 않는다고 생각하였다. … 당시 商周 두 族이 자신들은 같은 하나의 系에서 나왔다고 생각하지 않았으며, …『左傳』에서는 … 太皞와 有濟는 任宿 등 여러 나라의 조상이라는 것이다. … 顓頊은 陳나라의 조상이라는 것이다. … 戰國時代에 이르러 수많은 작은 나라들이 병탄된 결과 몇 개의 거대한 나라가 되었다. 나중에 秦始皇이 다시 통일사업을 이루었다. 그러나 각 민족간의 종족관념은 줄곧 극심하였다. … 疆域의 통일은 무력을 사용할 수 있었지만, 민족간의 악감정을 없애는 것은 … 무력을 사용할 수 없었다. 이에 몇몇 총명한 인물이 나타나 조상과 신령의 '橫的 系統'을 '縱的 系統'으로 바꾸었으며, 甲國의 할아버지를 乙國의 할아버지의 아버지로 만들었으며, 다시 丙國의 할아버지를 甲國의 할아버지의 아버지로 만들었다. … 이시기에 이르러 楚나라 사람이 高陽의 후인이라는 것을 알고 高陽은 黃帝의 손자라는 것을 알게 되었다. … 이시기에 이르러 越나라는 禹의 후예이며 禹는 黃帝의 玄孫이라는 것을 알게 되었다. … 당시 소위 華夏族은 商과 周였는데, 周의 시조인 后稷은 帝嚳의 元妃의 아들이고, 商의 시조 契은 帝嚳의 次妃의 아들이었으니, 帝嚳은 곧 황제의 曾孫으로, 華夏의 商周와 蠻夷의 楚越은 본디 한 가족에 속하였다. 이러한 帝王系統의 거짓말을 빌어 민심을 수습하였으며 통일을 호소하였으니 확실히 일종의 지극히 힘 있는 정치작용이었다.

이 世系가 당시의 民族大一統이라는 객관적 필요성의 반영인 까닭에 그 안에 반영되어 있는 신들의 세력 또한 당시의 실제 정치현실에 근거하고 있다. 예를 들어 당시 세력이 이미 미약해진 炎帝 등은 帝系에서 배제되어 사라져버렸다.[60] 따라서 이 복잡한 世系가 실제로 반영하

59) 顧頡剛,『古史辨』第4册「序」.

고 있는 것은 中原 정통 왕조의 조상과 남방의 楚 및 와 서방의 秦의 조상이다. 즉, 이 帝系는 실제 戰國後期에 존재한 객관적 정치 형세의 반영이다.

帝系 안에서 본래 전혀 다른 별개의 神格들 또한 帝系의 안정을 위해 하나의 神格으로 통합되기도 하였다. 예를 들면 '帝嚳'과 '高辛', '顓頊'과 '高陽'이라는 것들은 원래는 각각의 분리된 神格이었으며 서로 관계없는 이름이었으나, 帝系 안에서 그들은 각각 묶여서 하나의 神格이 되었다. 결국 중국 신화 전설에 등장하는 신화 인물은 크게 顓頊과 帝嚳으로 통합되며, 이는 다시 黃帝를 중심으로 하는 하나의 계통을 형성하게 되었다.

『大戴禮記』에서 그 雛形을 완성시킨 '五帝'의 계통은 다시 司馬遷의 『史記』를 통해 華夏族의 시조로서의 위치를 확정한다. 司馬遷이 믿을 수 있는 역사자료로 언명하며 선별하여 기록한 것이 바로 '五帝'로부터 시작하였기 때문에, 黃帝 이하 五帝의 神들은 『史記』에 이르러서는 神으로서의 속성을 완전히 잃게 된다. 그리고 그들은 儒家의 理想的 君主인 古帝王으로서 天命을 획득한 '聖人'의 대표가 된다.

4. 系譜형성의 메카니즘

戰國時代에 이르러 중국 신화의 世系는 모두 黃帝를 중심으로 통합

60) 西周이래로 전적 가운데 줄곧 黃帝의 姬姓과 혼인관계에 있던 炎帝의 姜姓의 세력은 戰國시기에 이르러 炎帝의 後代인 姜齊와 甲·許 등의 멸망과 함께 쇠미해졌다. 따라서 이 帝系 안에 炎帝의 世系는 사라지고 말았다. 劉起釪, 앞의 책, 35쪽 참고.

되어지고, 黃帝 아래로 크게 顓頊과 帝嚳의 두 갈래를 형성하게 되었다. 중국신화의 帝系가 이러한 통시적인 구조를 형성한 것에 대해 顧頡剛은 일찍이 "사방의 작은 종족의 조상들을 배열하여 橫的系統을 縱的系統으로 만들었다. 이렇게 하여 어떠한 다른 종족의 다른 문화의 옛사람도 모두 諸夏氏族과 中原文化의 계통 안에 연관되었으니, 즉 '地圖'를 '年表'로 만들었다"고 지적하였다.[61]

東周 시기에 갑자기 始祖 신화가 늘어난 원인에 대해서 張光直은 세 가지 내원을 들어 설명하였다.[62] 첫째 내원은 아마도 商 혹은 西周가 이미 가지고 있던 氏族始祖誕生神話이며, 商代와 西周에 아직 기록되지 않았다가 東周에 이르러서야 기록되어 남겨진 것들이다. 두 번째 내원은 아마도 商 및 西周시대에 변방이었던 蠻夷가 東周에 이르러 中原文明의 氏族神話에 흡수 수용된 것이다. 세 번째이자 동시에 가장 중요한 내원은, 아마도 古代 및 當代의 神物이 역사화, 인격화되어 형성된 영웅조상이다. 그는 또한 이 시기에 갑자기 늘어난 신화 인물 가운데 少皞와 祝融 八姓을 첫 번째 내원에, 伏羲氏를 두 번째 내원에, 黃帝를 세 번째 내원에 속하는 것으로 분류하였다. 여기에서 다시 "黃帝는 上帝尊神의 하나의 인격화된 형식으로 東周의 문헌, 예를 들

61) 顧頡剛, 「戰國秦漢間人的造僞與辨偉」, 『古史辨』7冊, 上篇, "자고이래의 朝代는 唐·虞·夏·商·周의 다섯이다. … 虞·夏는 顓頊系에 속하고, 唐·商·周는 帝嚳系에 속한다. … 黃帝는 昌意를 낳고, 昌意는 顓頊을 낳았는데, 이것이 한 계파이고, 黃帝가 玄囂를 낳고, 玄囂는 蟜極을 낳고, 蟜極은 帝嚳을 낳았다. 이것이 또한 한 계파이다. 이 말에 따르면, 顓頊과 帝嚳은 바로 같은 배에서 나온 형제와 같은 숙질이 되었다. … 그들이 어찌 단지 上帝를 人王으로 삼은 것에 불과하여 신의 계통을 사람의 계통으로 만든 것뿐인가? 또한 사방의 작은 종족의 조상들을 배열하여 橫的系統을 縱的系統으로 만들었다. … 이렇게 하여 어떠한 다른 종족 다른 문화의 옛사람도 모두 諸夏氏族과 中原文化의 계통 안에 연관되었으니, 즉 '地圖'를 '年表'로 만들었다."

62) 張光直, 앞의 책, 316~318쪽 참고.

면『國語』와『大戴禮記』에 이르러 수많은 氏族의 공동조상이 되었을 가능성이 매우 높다"고 보았다.[63] 戰國時代 폭발적으로 늘어난 조상신화는 戰國時代 後期 민족대통합의 시기에 이르자 결국은 통합의 필요성이 대두되었다. 이에 따라 수많은 약소 부족의 신화는 사라지거나 병합되어 그 흔적을 찾아볼 수 없게 되었다. 戰國時代 중국신화에 두드러지게 나타나는 변화의 양상은 대체로 다음 몇 가지 기제에 의해 나타난다고 할 수 있다.

① 神에서 古帝王으로 : 神話에서 歷史로

중국신화의 가장 중요한 특질 가운데 하나라고 할 수 있는 '古帝王의 모습을 한 신'이라는 특징은 신화와 역사의 가장 중요한 연결고리라고 할 수 있다. 戰國時代 신화의 分化(역사계열·종교계열)에 따라 古史傳說系列로 분화된 신화의 神格들은 대부분 인간 제왕의 모습을 하고 있다. 戰國時代 중국인들은 먼저 神格을 인간 제왕으로 탈변시켜 신과 인간의 속성을 겸비한 古帝王으로 숭배하였다. 인간 제왕의 모습을 하지 않은 神格들은 이 시기 經典에 기록되지 못함으로써 점차 기억에서 잊혀져갔다. 혹은 이후에 인간 제왕의 모습을 갖추는 경우도 있었다.[64] 결국 중국신화에서 자주 거론되는 神格들은 인간의 모습을 하게 되며, 이 근저에는 儒家를 중심으로 한 諸子百家의 사상적 영향이 자리하고 있다. 諸子百家의 人文主義的 思想傾向은 중국 神話로 하여금 일찌감치 歷史의 외투를 둘러쓰게 하였으며, 내용상의 變造를 통해 歷史書 속 上古史의 위치를 점하게 만들었다.

63) 張光直, 앞의 책, 317쪽 참고.

64) 西王母와 같은 예는 戰國時代까지는 여전히 흉포한 半人半獸의 형상을 하고 있다가 漢代 이후에야 女仙의 모습을 하게 된다.

② 神格의 병합 : 부족의 병합

다양한 부족의 조상신이었을 인물들을 부족 통합에 따라 병합시키는 전략을 통해 부족간의 정체성 통합을 꾀하였다. 예를 들어 太皞와 伏犧·炎帝와 神農은 원래 각기 다른 전승을 가지는 神格이었으나 戰國時代 이후로 점차 병합하게 된다. 伏犧는 戰國時代 이후로 『周易』에 힘입어 숭상되었지만 春秋時代와 그 이전에는 그의 자취는 찾아보기 힘들다. 초기의 서적, 예를 들면 『論語』·『墨子』·『孟子』 등에서는 伏犧를 언급하지 않았다. 그는 대체로 戰國時代 중엽에서야 출현하였다.[65] 袁珂에 따르면, 太皞는 太皞대로, 伏犧는 伏犧대로 서로 다른 인물인 듯 하였으나 秦漢 교체기에 『世本』이라는 책이 출현하고서 太皞와 伏犧는 한 사람으로 합쳐진 듯 하다.[66] 戰國時代 末期 및 西漢 初期에 이르기까지 『呂氏春秋』 및 『淮南子』 등의 책에는 神農의 사적이 炎帝와 별도로 언급하고 있으니 아마도 별개의 두 인물로 보고 있는 듯 하다. 예를 들어 『呂氏春秋』에서는 太皞·炎帝·黃帝·少皞·顓頊을 五帝로 하고 있지만 「執一」篇에서는 神農을 五帝와 병렬하였으니,[67] 그렇다면 神農을 炎帝와 다른 신으로 보았음을 알 수 있다.[68] 그러나 『世本』에 이르러 확실하게 炎帝와 神農의 명칭이 합쳐지는 것에 대한 구체적이고 분명한 해석을 제시하고 있다.[69] 漢初 『淮南子』 이후로는 炎帝와 神農을 합쳐서 부르는 것에 더 이상 의문을 제기하지 않게 된다.

---

65) 徐旭生, 『中國古史的傳說時代』, 臺北, 理仁書局, 1999. 1. 326쪽.

66) 袁珂, 『古神話選釋』, 長安出版社, 臺北, 1992. 3. 64쪽.

67) 『呂氏春秋·執一』, "五帝以昭, 神農以鴻."

68) 徐旭生, 앞의 책, 315쪽 참고.

69) 袁珂, 앞의 책, 86쪽 참고. 『世本』자체는 戰國時代 趙나라의 史書이나 秦漢代의 기록이 있는 경우도 있으므로 秦漢 교체기의 것으로 보는 것이 옳겠다. 『世本·帝系篇』(張澍稡集補注本), "炎帝神農氏, 宋仲子曰, 炎帝卽神農氏. 炎帝身號, 神農代號也."

③ 관계 맺기 : 擬制血緣的 家系

신화 속 계보를 형성하는 가장 주된 추동력은 바로 '관계맺기의 전략'이다. 중국 문화의 전통적 특질 가운데 하나라고 할 수 있는 '관계 맺기'는 현대 사회에서도 '꽌씨(關係)'라는 말로 통용되고 있다. 신들의 세계를 인간세계에 근거하여 상상한 결과, 宗法制度를 사회구성의 기초로 삼은 고대 중국인들은 신화적 세계, 신들의 세계 또한 현실질서를 모방하게 되었다. 따라서 그들은 이미 인간화한 神格들을 가족 관계로(혹은 主從관계로) 재구성하여, 부부, 형제, 자손 등의 宗法的 관계망을 구축하였다. 인물의 병합과 관계 맺기 과정을 통해 이루어진 系譜는 전체 중화민족의 중심인물이 될 수 있는 몇몇 소수 신화적 인물로의 통합을 꾀하게 되었는데, 司馬遷에 의해서 선택된 인물은 바로 '黃帝'이다. 기실 戰國時代까지만 해도 五帝 등의 신화적 위상은 별반 차이 없는 듯 해 보였으나, 司馬遷의 『史記·五帝本紀』에 이르러 일부 신화적 인물들이 제거되고 黃帝를 중심으로 하는 帝係의 형성을 가져왔다. 戰國時代 중국인들은 대체로 黃帝를 중심으로 하는 가족을 민족·국가로 확대해서 파악하려는 경향을 지니며 구체적인 실현 방안은 黃帝를 중심으로 신들을 가족관계로 재배치하는 것이었다. 따라서 중원 땅에 사는 수많은 민족들은 각각 黃帝의 자손인 25宗 12姓의 후예로 자처하고 黃帝와 관계 맺기를 시도하였다.[70)]

---

70) 王明珂는 「論攀附:近代炎黃子孫國族建構的古代基礎」에서 華夏 변방 지역의 민족들이 점차 스스로를 黃帝 혹은 炎帝와 결부시켜 자발적으로 漢化하는 과정을 분석하였다. 黃帝를 중심으로 하는 가계도의 형성은 점차 華夏(혹은 中華民族)의 경계를 확장시켰는데, 이러한 문화적 모방은 문화적으로 우월하다고 여겨지는 대상을 모방하려는 욕구에서 출발한 것으로 보았다. 또한 이러한 문화적 모방은 현실 정치의 지형과도 연관되는데, 오직 漢代의 匈奴族만은 이러한 漢代의 제국질서 속에 편입되는 것을 거부하였으며, 北朝시대에는 오히려 漢族들이 鮮卑族을 모방하기도 하였다. 黃帝를 중심으로 하는 擬制血

④ 橫에서 縱으로 : 空間에서 時間으로

中原이라는 공간을 살았던 수많은 민족들의 다양한 神格들은 각각 서로 연관되지 않고 자유로운 탄생과 번성, 소멸을 그 민족과 함께 했었다. 그러나 戰國時代의 戰亂을 거치며 大一統에 대한 소망이 생겨나기 시작하면서 전혀 관계 없던 신들은 점차 다양한 血緣關係로 엮이기 시작하다가 결국은 황제를 중심으로 하는 하나의 擬制血緣的 家系를 형성하게 되었다. 이를 두고 顧頡剛은 橫的인 系統을 縱的인 系統으로 바꾸어놓았다고 주장하였다. 그의 주장대로 中原이라는 같은 공간－'橫的인 부대'에 머물던 神格들은 하나의 年代記－'縱的인 系統'으로 재배치되었으며, 그 공간 속에서 단절되지 않고 끊임없이 지속된 동일한 민족적 속성을 지닌 '政體'를 상상하게 하였다. 즉, 系譜 형성의 결과 신화적 인물을 수평적 공간에서 수직적 시간으로 재위치시키며, 그들이 상징하는 다양한 민족들의 과거를 동일한 공간 속에서 순차적인 발전단계를 거쳐 동일한 경험을 공유한 하나의 민족의 역사로 재구하였다.

5. 나가며

중국의 上古神話는 일찍이 역사화를 계기로 '분열하여' 古史傳說 계열과 원시신화 자료의 두 부분으로 나뉘었다고 볼 수 있다. 古史傳說 계열은 일찍이 역사서나 哲理書 속에 들어가 그 면모를 탈바꿈한 반면,

---

緣的 家系의 연결과 확장에 있어서 고대와 근대의 차이점이 존재한다. 즉 고대에는 黃帝에 연결되는 것은 주로 통치계급에 국한되었지만, 근대에는 모두 자신의 족보(성씨)를 통해 개개인이 黃帝와 연결되어 炎黃의 후예이자 黃帝의 자손이 되었다는 점이다.

원시신화 자료는 『山海經』이나 『楚辭』 등에 잔존하여 중국신화의 명맥을 유지하고 있다. 그 가운데 古史傳說 계열은 黃帝·顓頊·帝嚳·堯·舜을 중심으로 하는 '五帝'체계를 핵심으로 하고 있는데, 그 五帝의 중심인 '帝'는 더 이상 '神'이 아닌 古帝王이었다. 이러한 神에서 변한 古帝王은 곧 다름 아닌 상고시기 神權政治의 잔재이자 儒家思想의 산물이라고 할 수 있다.

帝王系譜의 형성에 작용하는 가장 큰 동력은 帝系 자체가 왕조교체 모델로서 上古史的 典範이 될 수 있다는 점이다. 商代에 王이 가지는 통치력의 근원은 帝와 함께 가지는 血族的 관련성이었다. 따라서 왕조의 교체모델은 필요하지 않았다. 그들에게는 '帝'만 있으면 되었다. 그러나 통치권의 근원은 周代에 이르러서 天命에 의한 受命으로 바뀌게 된다. 周의 통치자는 자신이 정권을 빼앗은 합리성을 설명하기 위해 "有德者稟受天命"의 원칙을 제기하였으며, 아울러 이로써 통치권의 이론적 근거를 삼았다.

상고신화 속의 至高神('帝')는 더 이상 다른 민족 신화 속에서처럼 그렇게 전지전능한 주재자가 될 수 없었다. 대신 인류사회 행위도덕 是非의 중재자로 등장하게 되었다. 이러한 중재자·조정자로서의 帝는 災異(가뭄·홍수·刑天·夸父·蚩尤·共工 등등)을 없애거나 몰아내는 영웅적 행위와 관련되어 등장할 뿐 우주적 창조나 생식행위에 관련되지 않는다. 이러한 신화의 역사적 굴절 가운데에서 새로운 가치 관념－儒家의 '德行'－의 집중적 체현인 '帝'가 탄생하였다. 이것은 바로 天神이 변화한 '聖人帝王'으로서, 戰國時代에 그들을 둘러싸고 古史傳說 계열이 출현하였으며, 이후 漢代 司馬遷의 『史記』를 통해 본격적으로 歷史化되었다.

戰國時代 帝系의 形成과 관련하여 주의할 점은 신화의 역사화 과정 가운데 작용한 諸子百家 학술사상의 작용이다. 諸子百家의 사상은 제

각각 관점을 달리 하고는 있으나, 대체로 인간의 來世문제에 대한 관심은 부족하다. 그들은 한결같이 現世의 인간문제와 물질세계에 대해 궁구하고 있을 뿐, 결코 來世나 초월적 존재에 대해 호기심을 표하지 않고 있다. 따라서 이러한 인간중심의 합리주의는 諸子百家의 기본적 성격을 규정하고, 그들에 의해 기록되고 내세워진 古帝王들의 모습은 당연히 인간의 모습을 하고 있을 수밖에 없었다.

黃帝를 중심으로 하는 擬制血緣的 家系를 가족에서 더 나아가 민족과 국가로 확대한 것은 현실세계의 宗法秩序에 근거하여 신들의 세계를 상상한 것에서 비롯되었지만, 또 한편으로는 통치자의 정치적 필요에 따른 것으로 볼 수 있다. 즉, 王明珂의 지적대로 고대 중국의 각 통치자들은 문화적으로 우월한 혹은 정치적·군사적으로 우월한 漢族의 조상신인 黃帝와 자신들과의 연관성을 제시함으로써 통치의 수월성을 획득하고자 하였다. 이러한 작업은 일부는 자발적으로 이루어지기도 하였고, 또 때로는 비자발적으로 이루어지기도 하였으나, 결국은 현실정치의 필요성에 의해서 이루어진 것이다. 즉, 신화적 조상과의 연계라는 것은 결코 그것이 애초에 그러해서라기보다는, 현재의 이해에 따라 얼마든지 가공되고 위조될 수 있는 것이다. 특히 중국에 있어서 이러한 신화 서사는 손쉽게 역사 서사 속으로 편입되었으며 역사로 받아들여졌다.

따라서 중국신화는 순수하게 신화적인 혹은 종교적인 서사로만 볼 수 없으며, 분명 이데올로기로서 기능하였으며, 역사화된 성분을 담고 있어 古史로 연구할 수 있으며 연구되어 왔다. 특히 최근 중화민족주의의 흥기와 더불어 이러한 경향은 더욱 심화되고 있다. 신화를 신화로, 역사를 역사로만 볼 수 없게 하는 중국 서사 전통의 '모호함' 내지 '상호 모방'이라는 특징은 많은 문제점을 일찌감치 배태하고 있었다. 더군다나 상징·이미지의 쟁탈전이 되어버린 오늘날, 신화는 훌륭한 무기의 역할을 해내고 있다. 예를 들어 켈트족 신화에서 유래한 것으로 알려진 아서왕이 'Great Briton'이라는 정체성을 형성하고 국난을 극복하는 영웅으로서 형상화되는 것이나, 華夏族의 시조였던 黃帝가 大中華의 시조로서 존숭되는 것은 바로 그 좋은 예이다.

參考文獻

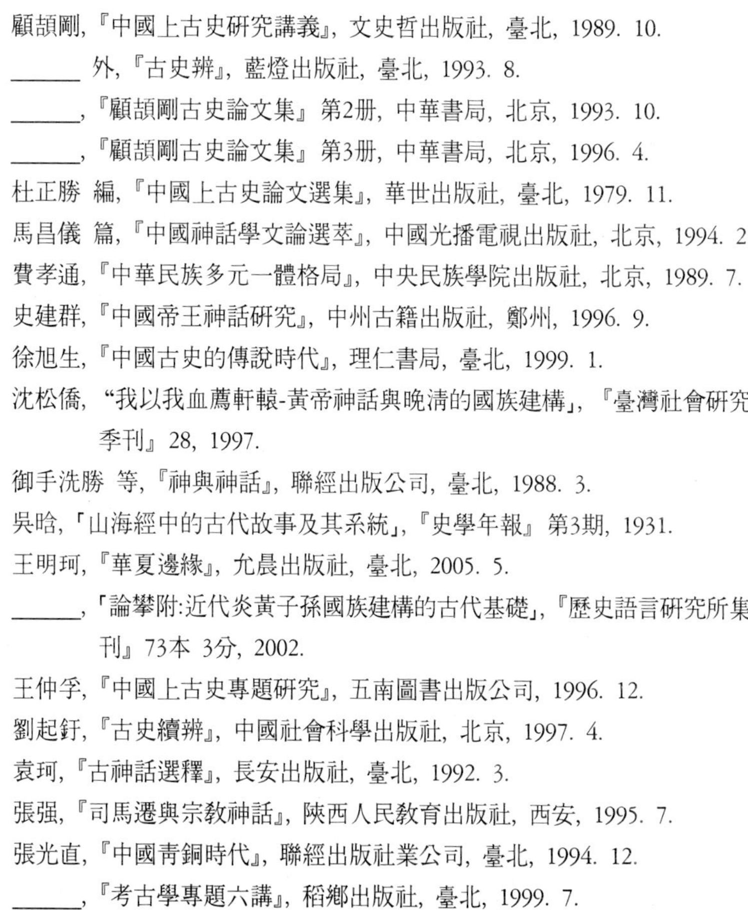

顧頡剛,『中國上古史硏究講義』, 文史哲出版社, 臺北, 1989. 10.

______ 外,『古史辨』, 藍燈出版社, 臺北, 1993. 8.

______,『顧頡剛古史論文集』 第2冊, 中華書局, 北京, 1993. 10.

______,『顧頡剛古史論文集』 第3冊, 中華書局, 北京, 1996. 4.

杜正勝 編,『中國上古史論文選集』, 華世出版社, 臺北, 1979. 11.

馬昌儀 篇,『中國神話學文論選萃』, 中國光播電視出版社, 北京, 1994. 2.

費孝通,『中華民族多元一體格局』, 中央民族學院出版社, 北京, 1989. 7.

史建群,『中國帝王神話硏究』, 中州古籍出版社, 鄭州, 1996. 9.

徐旭生,『中國古史的傳說時代』, 理仁書局, 臺北, 1999. 1.

沈松僑, "我以我血薦軒轅-黃帝神話與晚淸的國族建構」,『臺灣社會硏究季刊』 28, 1997.

御手洗勝 等,『神與神話』, 聯經出版公司, 臺北, 1988. 3.

吳晗,「山海經中的古代故事及其系統」,『史學年報』 第3期, 1931.

王明珂,『華夏邊緣』, 允晨出版社, 臺北, 2005. 5.

______,「論攀附:近代炎黃子孫國族建構的古代基礎」,『歷史語言硏究所集刊』 73本 3分, 2002.

王仲孚,『中國上古史專題硏究』, 五南圖書出版公司, 1996. 12.

劉起釪,『古史續辨』, 中國社會科學出版社, 北京, 1997. 4.

袁珂,『古神話選釋』, 長安出版社, 臺北, 1992. 3.

張强,『司馬遷與宗敎神話』, 陝西人民敎育出版社, 西安, 1995. 7.

張光直,『中國靑銅時代』, 聯經出版社業公司, 臺北, 1994. 12.

______,『考古學專題六講』, 稻鄕出版社, 臺北, 1999. 7.

張振犁,『中原古典神話流變論考』, 上海文藝出版社, 上海, 1991. 5.
陳桐生,『中國史官文化與史記』, 汕頭大學出版社. 1998. 8.
何光岳,『炎黃源流史』, 江西教育出版社, 南昌, 1992.4.
김선자,『황제신화』, 책세상, 2007. 12.
루샤오펑 저, 조미원 외 역,『역사에서 허구로』, 길, 2001. 7.
베네데토 크로체, 저, 이상신 역,『역사의 이론과 역사』, 삼영사, 1981. 3.
베네딕트 앤더슨 저, 윤형숙 역,『상상의 공동체』, 나남출판, 2002. 6.
서울대학교 종교문제연구소 편,『신화와 역사』, 서울대학교출판부, 2003년 6월.
알라이다 아스만 저, 변학수 외역,『기억의 공간』, 경북대학교출판부, 2003. 10.
원가 저, 전인초·김선자 역,『중국신화전설』 1, 민음사, 1992. 9.
웨난 저, 심규호·유소영 역,『천년의 학술현안』, 일빛, 2003.
이성시 저, 박경희 역,『만들어진 고대』, 삼인, 2002. 5.
정재서 역,『산해경』, 민음사, 1985.
______,『동양적인 것의 슬픔』, 살림, 2001.
E.H. 카 저, 황문수 역,『역사란 무엇인가』, 범우사, 1993. 1.

2부

동아시아인의 역사인식

김춘추의 동아시아 외교와 쿠테타의 도미노

송 완 범*

1. 서

지금의 한, 중, 일을 포함한 동아시아에서는 일국의 경계를 넘어 활동했던 '동아시아인'이 존재했다. 동아시아 세계 속에서 일국을 넘어서 활약했던 '동아시아인'이라는 국제적 인간의 공통점은 그들이 태어난 어느 한 지역을 넘어 발생한 동아시아적 규모의 사건을 경험했다는 것이다. 그런데, 이러한 '동아시아인'들은 어떠한 역사인식을 가졌던 것일까?

일국을 넘어 동아시아적 규모의 세계에서 살았던 '동아시아인'들은 자신이 태어난 자국을 넘어, 적어도 두 세 나라를 종횡으로 누비면서 국제적인 삶을 살았다. 또 그들은 그러한 세계의 문제를 자신의 고민으로 삼았었기에 역사인식이 중층적일 수밖에 없었다. 다시 말하자면, 자국에 대한 역사적 인식이 베이스에 있었다고는 해도 그 위에 이중, 삼중으로 형성된 국제적이고 다각적 인식으로 무장한 사람들이었다.

* 고려대학교 일본연구센터 HK교수

그러한 인물들 중에 古代를 대표하는 사람은 바로 김춘추[1]이다. 주지하는 바와 같이 김춘추는 길고 길었던 고구려, 백제, 신라의 삼국정립의 시대를 넘어 '삼한일통'으로 가는 초석을 놓았던 인물이다. 김춘추는 당시의 문명국이었던 수·당과 멀 수밖에 없었던 지리적 불리함으로 인해 고구려와 백제에 비해 상대적으로 국력이 약했던 신라 사람이다.

이러한 국력의 불리를 극복하기 위해 김춘추는 당시의 국제적 상황으로 보면 적국이나 다름없던 고구려를 시작으로, 신라의 존립을 위협하는 적국이었던 백제와는 떼려야 뗄 수 없는 관계였던 왜국, 그리고 신라의 당시의 군주가 여성이라는 이유로 공공연히 내정 간섭을 시도한 당을 왕래하며 당시로서는 거의 전례가 없을뿐더러 후세에도 그 예가 드문 동아시아적 규모의 다각 외교를 전개하였다.

그런데, 이러한 동아시아인인 김춘추에 관한 종래의 연구는 매우 일면적인 경우가 많았다고 할 수 있을 것이다. 즉, 고구려와 왜국, 그리고 당을 좁은 회랑처럼 회유했던 그를 두고 지금까지의 연구는 신라인이라는 일국적 사고로만 보려고 하고 있는 것은 아닐는지 하는 생각이 든다. 더 나아가 김춘추가 왜국에 갔다는 기록은 믿을 게 못된다고 의심하는 의견마저 있다.[2] 또 비록 김춘추의 다각 외교 행위를 인정하더라도, 그의 외교 행위를 적극적으로 평가하는 의견[3]이 있는가 하면, 그 보다는 당시의

---

1) 김춘추에 대한 인물론적 접근은, 노태돈, 「연개소문과 김춘추」, 『한국사시민강좌』 5, 일조각, 1989 참조.

2) 三池賢一, 「金春秋の王位繼承」, 『法政史學』 20, 法政大學史學會, 1968 ; 「金春秋小伝」 1, 『駒澤史學』 15, 1968 ; 「金春秋小伝」 2, 『駒澤史學』 16, 1969 ; 「金春秋小伝」 3, 『駒澤史學』 17, 1970 ⇒ 旗田巍·井上秀雄編, 『古代の朝鮮』, 學生社, 1974 ; 「日本書紀 "金春秋の來朝" 記事について」, 『駒澤史學』 13, 1966 ⇒ 『古代の日本と朝鮮』, 學生社, 1974 참조.

3) 김현구, 「일·당관계의 성립과 나·일동맹」, 『김준엽교수화갑기념 중국학논총: 사

신라의 국내적 입장을 우선시하는 견해[4]도 있다.

이렇게 김춘추가 행한 광역 외교 행위 그 자체를 둘러싸고도 긍정론과 부정론이 교차하는가 하면, 3국을 넘나든 김춘추의 외교 행위를 인정하는 긍정론의 입장에서도 다시 김춘추 외교를 외교 우선이니 내치 우선이니 하는 식으로 가르다 보니 김춘추 외교에 대한 전체적이고도 다면적인 조망은 아직 미진한 부분이 남아 있다고 생각한다.

그래서 본고는 김춘추가 고구려, 왜국, 당 3국을 왕환하였다는 김춘추 외교의 긍정론의 입장에 서서, 먼저, 김춘추의 다각외교의 실태를 확인하고자 한다. 그 다음에는 김춘추가 그러한 다각외교를 시도하지 않으면 안 되었던 상황은 무엇인지에 대해 논급하기로 한다.

이러한 실태적 접근을 시도하는 가운데 결국, 김춘추 외교는 7세기 중반에 집중적으로 행해진 쿠데타의 도미노[5]와 밀접한 관련을 갖고 있는 것은 아닌가 하고 생각하게 된다. 즉, 동아시아를 넘다드는 김춘추 외교의 밑바탕에는 대륙에서의 수·당이라는 통일제국의 등장과 함께 반도와 열도에서 거의 동시 다발적으로 일어난 쿠데타의 도미노라는 위기상황이 자리하고 있었던 것이 아니었을까.

이러한 이해에 설 때 비로소 유례없었던 김춘추의 다각 외교에 이르는 과정이 보다 더 명확해질 것이고, 나아가 김춘추의 외교적 선택의 밑바탕에 깔린 그의 동아시아인식을 유추해낼 수 있으리라 생각한다.

학』, 1983 참조.

4) 주보돈, 「김춘추의 외교활동과 신라내정」, 『한국학논집』 20, 1993 참조.

5) 642년 10월 고구려 연개소문의 정변, 같은 해의 백제 왕권 내부의 정변, 645년 6월 '대화개신', 647년 1월 신라에서의 '비담의 난'을 쿠데타의 도미노라 부르기로 한다.

2. 김춘추의 다각외교

그럼, 김춘추의 다각외교를 나타내는 실태에 대해 접근해 보도록 하자. 먼저 고구려에 파견된 김춘추의 모습을 보여주는 중심 사료를 간략하게 해석해 보면 다음과 같다.

【사료1】『삼국사기』 권5 신라본기5 선덕왕11년(642)조

정월: 사신을 당에 보냈다.

7월: 백제의 의자왕이 군사를 일으켜 신라의 서쪽 40여성을 빼앗았다.

8월: 백제가 고구려와 연합하여 당항성을 빼앗아 당과의 교통로를 차단하려 하였다. 이에 왕이 당의 태종에게 사신을 보내 위급함을 알렸다. 또 이 달에 백제 장군 윤충이 군사를 거느리고 와서 대야성을 공격하여 도독 품석 이하 죽죽, 용석 등 여러 장수가 전사했다.

겨울: 왕이 백제를 공격하여 대야성의 원수를 갚으려 김춘추를 고구려에 보내 군사를 청하였다. 대야성 싸움에서 죽은 도독 품석의 처는 김춘추의 딸이다. 김춘추가 대야성의 소식을 듣고서는 너무 충격이 큰 나머지 눈도 깜박거림 없이 종일토록 기둥에 의지해 서서는 사람이 바로 그 앞을 지나쳐도 알아차리지 못할 지경이었다. 어느 정도 시간이 지나자 춘추는 기어코 백제를 멸망시키고 말리라 결심하고는 왕에게 나아가 고구려에 가서 군사를 청하여 백제를 보복하겠다는 뜻을 전하자 이를 왕이 허락하였다. 고구려왕은 이전부터 김춘추의 이름을 듣고 있었던 바, 호위를 엄히 하고는 그를 보았는데, 춘추가 이르기를 백제가 무도함이 지나치므로 고구려의 군사를 얻어 그 원한을 갚으려 한다는 뜻을 전하였다. 이를 듣고 고구려왕은 죽령은 원래 고구려 땅이니 신라가 죽령을 되돌려 준다면 그 원망에 답하겠다고 하였다. 이에 대해 김춘추는 지금의 군원을 청하는 문제와 이미 한참 전의 국토를 돌려주라는 말은 이치에 맞지 않는다고 강하게 항의하였다. 이에 고구려왕은 김춘추를 옥에 가두었는데, 신라왕이 이를 듣고는 김유신이 이끄는 1만인의 군사를 보내 고구려를 공격하고자 하였다. 이에 고구려왕이 김춘추를 석방하였다. (후략)

【사료2】『삼국사기』 권41 金庾信전 상

(전략)선덕여왕 11년에 백제가 대량주를 함락하였는데 이 때 김춘추의 딸이 남편 품석과 함께 죽었다. 춘추가 이를 한스러워 하였다. 이에 춘추가 고구려에 가서 군사를 청하여 백제에게 원한을 갚으려 하자 왕이 허락하였다. 이 때 춘추는 김유신과 생사를 함께 할 것을 맹세하고는 고구려로 갔다. (중략)이에 고구려왕은 실권자 개소문을 보내어 접대하게 했다. 고구려왕은 춘추가 보통 사람이 아니라는 말을 듣고 그를 욕보이고자 죽령을 돌려주지 않으면 귀국할 수 없을 것이라고 위협하였다. 이에 춘추가 거절하자 고구려왕은 그를 옥에 가두었다. 춘추는 고구려의 중신 선도해에게 뇌물을 주고는 계책을 구하였는데, 선도해는 춘추에게 토끼와 거북이의 고사를 일러주었다. 춘추는 이에 따라 거짓으로 죽령을 바치겠노라고 고하였는데 이에 고구려왕은 크게 기뻐하였다. 춘추가 약속한 60일이 지나도 돌아올 기미가 없자 유신은 춘추를 위해 용사 3천을 선발하고 고구려로 진격하고자 하였다. 이 소식을 신라에서 승려이면서 고구려의 첩자 노릇을 하고 있던 창덕이 고구려왕에게 전하였다. 이에 고구려왕은 춘추를 석방하였는데, 춘추가 국경선을 넘어서고는 이르기를 지난번의 고구려왕에게 죽령을 돌려주겠다고 한 약속은 목숨을 부지하기 위한 거짓이었다고 했다.(후략)

이상의 사료들을 종합해서 생각해 보자면 대략 신라의 입장과 고구려의 입장을 나누어 생각해볼 수 있을 것이다. 먼저 신라의 입장을 나타내는 사실들은 다음과 같다.

첫째, 642년 겨울에 신라의 서쪽 국경선의 요충지인 대야성이 함락되었다는 사실. 둘째, 대야성 싸움에서 김춘추의 사위와 딸이 희생되었다는 점. 셋째, 큰 충격에 빠진 김춘추가 적국인 백제와 공동보조를 맞추고 있는 적국이나 다름없는 고구려에 군원을 요청하려는 계획을 세우고 이를 또 선덕왕이 동의하고 승인한 점. 넷째, 절체절명의 위험한 길을 떠나는 김춘추의 결심을 김유신이 이해하고 이를 적극 지지한 점.

이에 비해 이 사료들에서 보이는 또 다른 당사자인 고구려의 입장은 다음과 같다.

먼저 첫째, 고구려는 이전부터 김춘추의 존재를 주목하고 있었다는 사실. 둘째, 고구려의 보장왕과 실력자 연개소문이 김춘추의 상대로 등장하는 점. 셋째, 고구려가 신라로서는 도저히 받아들일 수 없는 죽령이라는 영토의 귀속문제를 군원의 대가로 들고 나온 점. 넷째, 김춘추는 본국의 김유신에의 연락뿐 아니라 고구려의 중신에게도 뇌물로 로비를 시도하였는데 그것이 유효한 점.

그 외에도 당시의 3국의 치열한 외교의 각축장에 많은 첩자가 등장하고 있는데 그들 중 상당수가 승려의 신분이었다는 주장[6]도 어느 정도 확인가능하다 하겠다.

그런데, 위의 양국의 입장으로부터 이해하기 어려운 점이 있다. 바로 그것은 【사료1】의 8월 기사에서 확인되고 있는 것처럼 백제와 공동보조를 맞추어 신라를 공격하고 있는 적국이나 다름없는 고구려에 군원을 요청하고 있는 신라의 의도는 과연 무엇을 의미하는 것일까.

또 고구려의 입장에서도 이해하기 어려운 점이 있다. 그것은 바로 중국의 통일제국 당과 치열한 대치 상태인 고구려가 후방의 신라와 이해관계를 같이할 수 있는 절호의 기회를 신라가 받아들이기 어려운 영토의 반환이라는 요구에 의해 무산시키고 있는 점이다.

어찌 되었든 이러한 양 쪽 입장에서 이해하기 어려운 구석은 있다하더라도 김춘추가 백제에의 복수를 백제의 또 다른 동맹국인 고구려와의 결속에 의해 달성하려 했던 점은 자신의 목숨을 담보로 한 결사적 행동이었다고 평가받을 수 있을 것이다.

그 위에 고구려의 입장에서는 죽령 정도는 내놓아야 신라와의 동맹에 대한 진정성이 담보된다고 생각했던 것은 아닐까. 반면, 신라로서도 죽령을 내놓아가면서까지 고구려와의 동맹을 꾀할 필요는 없었다는 것을 이상의 사료는 말해주고 있다고 생각된다.

6) 直木孝次郎, 「古代朝鮮における間諜の活動」, 『古代日本と朝鮮·中國』, 講談社學術文庫, 1988, 初出은 1979, 129쪽 참조.

다음으로는 왜와의 외교에 대해서 이다. 김춘추가 왜에 왔다는 기록은 다음의 『일본서기』에 보이는 사료를 제외하고는 보이지 않는다. 또 뒤에 김춘추가 당에 건너간 시기가 왜에 건너온 다음 해인 648년인 것을 감안한다면 김춘추가 왜에 머무른 시간은 그리 길지 않아 보인다. 이상의 이유로 인해 김춘추가 왜에 건너왔다는 기사에 대한 신빙성을 의심하는 의견도 있다.[7]

우선, 다음의 사료를 간략하게 소개해 보도록 하자.

【사료3】『일본서기』 大化2년(646)9월조
9월: 소덕(小德)인 고향박사흑마려(高向博士黑麻呂)를 신라로 보냈는데, 그의 임무는 신라로 하여금 질(質)을 바치게 하는 일이었다. 신라가 질을 바치는 대신에 '임나의 조'를 면제해 주도록 했다. ≪흑마려의 이름은 현리(玄理)라고도 한다.≫

【사료4】『일본서기』 대화3년(647)是歲조
시세: 7가지 색깔에 13단계의 관위(冠位)를 제정했다. 신라가 상신(上臣)인 대아찬 김춘추 등을 보냈다. 그의 임무는 박사인 소덕 고향현리와 소산중 중신연압능을 보내는 역할이었는데, 그가 올 때 공작과 앵무 한 쌍씩을 가져왔다. 김춘추를 질로 삼았는데, 그는 얼굴이 잘났으며 언변이 매우 뛰어난 사람이었다. (후략)

이상으로부터 왜를 주체로 한 입장과 신라를 주체로 한 입장이 나누어지는 것을 알 수 있다. 우선 전자의 왜의 입장을 살펴보면, 왜가 먼저 신라에 사신을 파견하였는데, 이 사절의 목적은 신라로부터 왜에 질이 파견될 수 있도록 하는데 있었다. 그리고 신라가 왜의 요구대로 질을 파견해 준다면 그 대신에 지금까지 신라가 부담해 온 '임나의 조'를 면제해 준다는 내용이었다.

그렇다면 먼저, 이 질이란 것이 무엇을 말하는지에 대해 언급할 필요

7) 앞의 三池賢一의 일련의 논문이 이에 해당된다.

가 있다. 고대 한일 간의 질에 대해서는 말 그대로 세력이 미약한 곳에서 안전 보장 차원으로 강력한 대국에 보내는 인질의 개념으로만 볼 수 없고, 외교 목적의 달성을 위한 종합적인 외교 개념으로 파악해야 한다는 의견이 있다.[8)]

이렇게 질의 의미를 유연하게 생각해볼 수 있다면, '임나의 조'에 대한 이해도 그리 어려운 것은 아니다. '임나의 조'라는 것은 4세기 중엽부터 6세기 중엽까지 한반도 남부를 고대일본이 현실적으로 지배하고 있었던 지역인, '임나'와 그 지역을 통할하는 기구로서의 '임나일본부'를 사실로서 인정하는 『일본서기』의 논리 위에 성립할 수 있는 개념이다.[9)]

그런데 '임나'와 '임나일본부'의 존재를 7세기말 『일본서기』를 만들 때의 윤색된 개념의 산물로서 본다면, 이미 멸망한 옛 땅의 권리 대신에 국내 통치를 위한 세금의 일종인 '調'의 납부를 신라가 계속 납부하고 있었다는 논리는 우선 논리적 바탕이 취약하다고 아니할 수 없다. 그 위에 이상의 세금을 면제해주는 대가로 신라의 대신인 김춘추의 파견을 요청하였다는 것은 암만 봐도 논리적 설명이 궁색하다고 밖에 할 수 없다.

다만 정리하자면, 왜는 어떠한 이유에서인지 신라의 실력자 김춘추가 왜에 와 주기를 바랐고 이를 위해 일부러 사신으로 '개신정권'[10)]의 핵심 브레인인 고향박사흑마려(현리라고도)[11)]를 파견하였다는 것은 확인할 수

8) 나행주, 「古代朝日關係における「質」の意味」, 『史觀』 134, 1996, 19~20쪽 참조.

9) 대표적인 것으로는 末松保和, 『任那興亡史』, 吉川弘文館, 1949 등에 의한 '야마토(大和)정권에 의한 한반도남부경영론'이 있다. 이에 대한 종합적 비판으로는 김현구, 『任那日本府硏究－韓半島南部經營論批判－』, 일조각, 1993, 1～3장 참조.

10) 645년의 왜의 정변 이후 새로운 정치를 '大化改新'의 이름을 따서 '개신정권'이라 한다.

11) 『일본서기』 추고16년(608)9월辛巳(11일)조에 따르면 견수사로 파견되고 있음을

있을 것이다. 또 왜는 김춘추가 왜에 온 것을 매우 높게 평가하고 있었던 것도, "김춘추를 질로 삼았는데, 그는 얼굴이 잘 났으며 언변이 매우 뛰어난 사람이었다."를 통해 잘 알 수 있다.

다음으로 후자, 즉 신라의 입장을 살펴보자면, 왜의 질 파견 요구에 다른 사람이 갈 수도 있었을 터인데 김춘추가 이에 응하고 있다는 점이 주목된다. 즉, 먼저 김춘추가 자진해서 왜에 가려고 하였다기보다는 왜의 요구에 김춘추가 응했다는 것이 된다. 다시 말하자면, 고향박사흑마려가 신라에 간 이유는 신라로부터 중요한 사절을 맞이하려고 하였다는 데 있었다. 이러한 점은 불과 5년 전 김춘추가 제 발로 고구려를 방문하여 백제를 응징하려고 서둘렀던 것에 비하면 매우 차이가 나는 점이다. 그 배경에는 이런저런 사정이 있겠지만 뭐니 뭐니 해도 김춘추가 감정에 치우친 고구려에의 방문외교를 통해 얻은 게 없었을 뿐더러 결국 자칫하면 죽임을 당할 수도 있었던 쓰라린 경험이 자리 잡고 있었을 것이다. 또 그 위에 왜의 외교 방향이 크고 작은 외교적 선택에 있어 백제에 치우친 것이었던 점도 간과할 수 없었을 것이다.

그렇다면 이러한 불리한 조건들을 안고서 김춘추는 왜 왜를 향했던 것일까? 거기에는 다음과 같은 이유가 있었을 것이다. 우선 첫째로, 그 동안의 친백제정책을 주도했던 소아(蘇我)씨가 타도된 점. 둘째로, 소아씨의 운명과 함께 퇴위한 왜의 군주가 여성 군주인 황극이었던 점 등을 들 수 있을 것이다. 전자의 소아씨 정권의 몰락은 다음 장에서 언급하기로 하고 여기서는 후자의 왜의 군주가 여성이었다는 점에 대해 언급하기로 한다.

주지하는 바와 같이 당시의 신라의 군주는 최초의 여성 군주인 선덕왕이었다. 이에 비해 왜는 이미 6세기말과 7세기 초에 추고(推古, 재위기간; 592～628년)라는 최초의 여성 군주를 맞이했던 역사적 경험이 있었

알 수 있다. 이러한 중국 유학생들이 귀국 후 '개신정권'의 브레인이 되었다.

으니 황극은 두 번째 여성 군주였던 셈이다.

일본학계에서는 여성 군주의 등극 배경을 두고서는 여러 의견이 제시[12] 되고 있지만, 역시 남성 군주의 존재를 세우기에 무언가 제약이 있을 때, 혹은 남성 군주의 성장이나 대신할 남성 군주를 찾기 위한 중간 단계의 중계적인 성격이 강조되는 것 같다.

만약 신라의 여성 군주도 이러한 중계 여성 군주의 존재로부터 자유로울 수 없다면, 김춘추가 일부러 왜에 건너간 것은 왜에서의 여성 군주에 대한 정보와 자신 나름으로서도 여성 군주에 대한 입장 정리의 필요성도 있었던 것은 아니었을까. 이는 이후 설명할 다음 장의 '비담의 난' 부분에서 언급할 예정이므로 여기서는 생략하기로 한다.

마지막으로 당과의 외교에 대해서 이다. 이전의 고구려와 왜의 경우에서와 같이 주요 사료를 중심으로 핵심적인 내용을 중심으로 논을 전개해 나가기로 한다.

【사료5】『삼국사기』 권5 신라본기5 진덕왕2년(648)조

정월 : 당에 사신을 보내어 조공하였다.

3월 : 백제가 국경의 서쪽의 10여 성을 함락시켰다. 이에 왕은 김유신으로 하여금 반격하게 하여 크게 승리를 거두었다.

겨울 : 당에 사신을 보내 입조케 하였다. (중략)<u>신라왕은 이찬 김춘추와 그 아들 문왕을 당에 보내었는데 당 태종이 신하를 교외까지 보내 맞게 하였다. 태종은 춘추의 외모가 출중함을 알고 후하게 대접하였다. 춘추가 국학에 나아가 석전과 강론에 참여하고 싶다고 하니 이를 허락하였다. 그리고는 자신이 손수 지은 비문과 새롭게 편찬</u>

---

12) 여성 군주의 등극 사정과 그 성격에 대해서는 샤먼적 기능, 중계의 여성 군주, 남성 군주와 다를 바 없는 군주로서의 여성 군주 등등 여러 갈래의 의견이 존재한다. 折口信夫, 「女帝考」, 『折口信夫全集』 第20卷, 中央公論社, 1996 ; 井上光貞, 『天皇と古代王權』, 岩波現代文庫, 2000 ; 義江明子, 『日本古代の祭祀と女性』, 吉川弘文館, 1996 ; 荒木敏夫, 『可能性としての女帝』, 靑木書店, 1999 참조.

한 진서(晉書)를 하사했다. 그러다 어느 날 춘추와 사사로이 이야기할 기회가 있었는데 춘추가 백제에 대한 원한을 절절히 호소하였다. 태종은 이를 가엾이 여기고 춘추의 마음을 위로하였다. 이에 춘추는 신라의 관복을 고쳐 당의 양식에 따르겠노라고 청하자 태종이 이를 또 좋게 여겨 많은 선물을 내렸다. 춘추가 귀국의 길에 오르자 태종은 송별연을 크게 열어 극진하게 대접하도록 했다. 춘추는 그 아들을 당에 두고 천자를 숙위토록 명하고 돌아왔다. 춘추가 바다를 통해 돌아오다가 고구려의 수군을 만났다. 이에 춘추의 종자가 춘추의 옷으로 위장하고 고구려군의 시선을 끄는 사이, 춘추는 그 틈을 타서 도망쳐 살았다. 그 종자는 고구려군에 의해 죽임을 당하였는데 신라왕은 큰 상으로 그 공을 치하하였다.

이와 비슷한 내용이 『구당서』,[13] 『신당서』,[14] 『삼국유사』[15] 등에 나온다. 하지만 『삼국사기』의 것이 가장 상세하므로 이를 중심으로 전체의 내용을 서술해 나간다.

먼저 첫째로, 정월, 겨울조의 기사로부터 신라의 당에 대한 사신이 연이어 계속되어지고 있는 것을 볼 수 있으며, 또 3월조 기사에서는 변함없이 신라와 백제는 전쟁 상태인 것을 알 수 있다.

둘째, 김춘추에 대한 당의 환대는 지극 정성인데, 그 배경에는 당이 對고구려 전선에서 별 소득 없이 지루한 공방을 계속하고 있는 사정이 읽힌다.

셋째, 당의 사정을 간파라도 한 것처럼 김춘추는 연일 당 태종이 호의를 가질만한 행동을 전개해 나간다. 이것은 바로 당의 대학인 국학에서의 공식 제사의례인 석전에의 참여와 국학의 텍스트의 강론에도 참가하는 것이었다. 이러한 어느 정도 계산된 춘추의 행동은 태종과의 사적인 만남으로 이어졌고, 이때 춘추는 백제 정벌이라는 수년 동안의 염원을

13) 권199 상, 열전149 상, 동이 신라전 참조.

14) 권225, 열전145, 동이 신라전 참조.

15) 권1, 기이1, 태종 춘추공 참조.

털어 놓는다. 이때 태종은 진전 없는 고구려와의 전선보다 후방의 백제를 먼저 공격할 수 있다는 생각을 했는지 모른다. 이러한 생각은 이후 당 고종 때에 이르러 실천되었고 백제가 먼저 멸망하는 것에 의해 수, 당 이래의 염원이었던 고구려정벌이 앞당겨지는 먼 원인이 되었던 것이라고 생각하는 것은 지나친 비약일까.

넷째로, 이후 신라의 급속한 친당정책의 시작을 알리는 조치들이 취해지는데, 바로 이것은 신라 조정의 관복을 당 조정의 양식으로 교체하겠다는 데서 확연히 드러난다.[16] 그리고 춘추는 귀국 길에 오르면서 아들을 당에 남겨두고 태종을 숙위하게끔 하고 있다. 이러한 모든 행동들은 이제 김춘추, 즉 신라는 이제 당과의 연대를 모든 외교적 선택 중에서 가장 우선순위에 두겠다는 의지의 선언에 다름 아니다.

마지막으로, 바닷길을 통해 귀국길에 오른 김춘추가 고구려의 수군을 만나 구사일생하는 모습을 통해서는 이제 김춘추에게도 고구려에게도 서로를 완전한 적국으로 간주하는 모습을 읽어낼 수 있다.

이상으로 642년에 시작된 김춘추의 다각외교를 고구려, 왜, 당의 순으로 김춘추의 발걸음을 따라 추적해 보았다. 그 결과, 이제 김춘추는 명확하게 동아시아에서의 戰線을 구분할 수 있게 되었다. 다시 말하자면, 신라와 당을 확실한 한 편으로 하고 그 나머지를 적으로 한다 하더라도 손해 볼 것이 없다는 김춘추식 외교의 총결산을 확정한 것이다. 역시 이러한 확신에 찬 김춘추의 선택은 고구려와 왜 그리고 당을 직접 눈으로 확인한 그다운 선택이었던 셈이다.

16) 『삼국사기』 권5 신라본기5 진덕왕3년(649)정월조와 같은 신라의 당의 복장을 취하기로 한 행동은, 이후 왜의 격렬한 반발을 불러 온다(『일본서기』 효덕기 백치2년(651)시세조 참조).

3. 政變의 도미노와 그 성격

다음으로는 7세기 중엽의 어느 한 시기(642～647년)에 동아시아의 구성원들 내부에 약속이나 한 것처럼 동시 다발적으로 각국에서 정변이 발생하고 있다. 그런데, 이러한 정변의 도미노는 왜, 어떻게 일어나게 된 것일까.

우선, 동아시아 각국에서 일어난 정변을 시간 순으로 나열해 보자면 다음과 같다.

642년 10월(9월) : 고구려의 개소문에 의한 영류왕의 시해
643년 : 백제 의자왕에 의한 반대 세력의 숙청
645년 6월 : 왜의 정권을 장악하고 있던 소아씨의 타도 사건
647년 정월 : 신라의 중신 비담에 의한 반란

이상과 같이 고구려에서 시작한 정변이 거의 동일한 시간대에 백제에서 발생했다. 그리고 그 여파는 바다를 건너 백제와 가장 가까운 사이였던 왜에서 발생했으며, 마지막으로 이 정변의 여파는 결국 신라에까지 퍼져나갔다.

이러한 정변의 도미노가 일어난 곳은 결국, 한반도와 일본열도였지만, 정변의 도미노가 발생한 계기는 아무래도 중국대륙의 기나긴 분열의 시기를 극적으로 청산한 589년의 수의 통일에서 찾아야 할 것 같다. 나아가 수의 통일의 시기는 짧았지만, 수의 공적을 거의 그대로 계승한 당에 의해 중국대륙은 다시 통일의 시기를 이어간다.

하지만 중국대륙이 통일의 시기를 맞이하게 되면 거의 어김없이 중국 주위의 나라들은 긴장 속에 빠져들게 된다. 먼저 당의 서쪽과 북쪽에서는 당에 의한 630년 돌궐의 격파를 시작으로 635년 토욕혼의 토벌, 640

년 고창국의 멸망, 641년의 토번에 당의 공주를 보내어 동맹을 맺는 등 당의 팽창 정책이 효과를 거두고 있었다.[17] 이러한 당의 서북쪽의 안정을 발판으로 당은 이제 동쪽의 동아시아세계로 눈길을 돌릴 수 있는 여유를 갖게 된다.

그렇다면 동아시아 제국은 어떻게 하여 이 난국을 헤쳐 나가려 했던 것일까. 동아시아 각국은 약속이나 한 것처럼 중앙으로의 권력 집중을 모색하였다. 이 결과가 동아시아 각국에 긴장을 초래하였고 이러한 긴장의 표현이 바로 정변의 도미노로 표현되었던 것이라고 생각된다.

그럼, 이제부터는 이러한 시점 위에 서서 각국의 정변의 실태와 그 사건의 성격에 대해 하나씩 살펴보도록 하자.

먼저, 시기적으로 가장 빠른 고구려의 정변부터 검토해 나가기로 한다. 고구려에서 일어난 정변은 다음의 사료들에서 단편적으로 보이는 것처럼 매우 충격적이었다. 즉, 신하인 개소문이 왕과 조정의 거의 모든 중신들을 무력으로 완전 제압하고 자신을 중심으로 하는 독재 권력을 만들어낸 것이다.

【사료6】『삼국사기』 권20 고구려본기8 영류왕25년(642)조

정월: 당에 사신을 보내 조공하게 하였다. 왕이 개소문으로 하여금 장성을 쌓는 일을 감독하게 하였다.

10월: 개소문이 왕을 시해하였다.

11월: 당 태종이 왕의 죽음을 듣고 애도하였다.

【사료7】『삼국사기』 권49 열전9 개소문조

(전략)여러 대인들이 왕과 더불어 개소문의 무도함을 규탄하여 그를 죽이려 하였는데 그것이 누설되었다. 이로 인해 개소문은 오히려 대신들을 초청하여 모아 놓고는 이를 모두 죽이니 죽은 자가 100여인이나 되었다. 또 궁중에서 왕을 죽이고는 왕제의 아들을 세우니 이가 훗날의 보장왕이다. 개소문은 스스로 막리지가 되어 온 나라를 호령하였다.(후략)

---

17) 堀敏一, 『東アジアのなかの古代日本』, 研文出版, 1998, 2장 참조.

【사료8】『일본서기』 권24 황극기 원년(642)2월 丁未(21일)조
여러 대부들을 거느리고 난파(難波)군에 보내어 고구려가 보낸 금은과 다른 물건들을 살펴보게 했다. 고구려의 사신이 이르기를 "작년 6월에 왕의 동생이 죽고, 9월에 대신이 왕을 시해하고 여러 신하 등 180여인을 죽였다. 그리고 죽은 왕의 동생의 아들을 왕으로 삼았다"고 하였다.

이러한 개소문의 행동에 대해 춘추필법으로 따지자면 이는 명백한 하극상이고 비난받아야 할 대사건임이며 쿠데타에 틀림없다. 하지만 이 사건 이후 고구려 멸망에 이르는 시기에 이르기까지의 고구려 앞에 놓인 난제들을 보자면 개소문의 선택은 어느 정도 타당한 것은 아니었을까 생각하게 된다.

이상으로부터 이 사건의 성격을 재확인한다면, 642년의 고구려의 정변은 신하의 힘에 의한 왕권의 타도라는 쿠데타 그 자체인 것이다.

다음은 발생 시기에 있어 혼동이 있는 백제의 정변이다. 황극 초기 기록에는 이전부터 기년에 의심이 많이 가는 대목이 많았다. 그래서 황극 원년의 기사는 전후 기사를 참조하여 약 1년을 늦추어 생각하는 경향이 강하다.[18] 이에 따르면 이하의 사료는 643년에 해당된다고 보아도 지장이 없을 것이다.

【사료9】『일본서기』 권24 황극기 원년(642)정월조
을유(29일): 백제의 사인이 급히 와서 이르기를, (중략) 백제는 지금 큰 난리(大亂) 중이라고 하였다.

【사료10】『일본서기』 권24 황극기 원년(642)2월조
무자(2일): (전략) 금년 정월에 국주의 어머니가 죽었다. 그리고 왕의 친족들과 내좌평 등의 이름 있는 사람들, 약 40여명이 섬으로 추방되었다.

18) 송완범, 「七世紀の倭國と百濟」, 『日本歴史』 686, 2005, 5~7쪽 참조.

이상의 사료들을 보는 한 고구려에서 일어난 개소문의 정변과는 많이 다르다. 이른바, 백제에서 일어난 큰 난리의 실체[19]는 왕의 친인척들과 중신들을 섬으로 추방하는 것이었고, 이러한 결과를 초래할 수 있었던 힘을 가진 사람은 결국, 당시의 백제의 왕인 의자왕밖에 없었다는 결론이 난다.

의자왕은 641년에 왕위에 즉위한 다음 해인 642년에 대대적인 신라 침공을 감행한다. 같은 해 7월에는 의장왕 스스로가 군사를 이끌고 신라의 40여성을 빼앗았다.[20] 또 8월에는 군세 1만을 동원하여 신라의 서부 요충지인 대야성을 함락시켰는데, 이 싸움에서 김춘추의 딸과 사위가 희생되었음은 이미 앞 장에서 서술한 그대로이다. 곧이어 같은 달에 백제는 고구려와 연합하여 신라가 당으로 통하는 교통로에 위치한 당항성을 공격하는 등 파상적인 공격을 감행하고 있던 백제 중흥의 군주이다.[21]

이러한 강력한 군주인 의자왕에 의한 반대파, 좀 더 적극적으로 말하자면 외척과 관련된 세력의 숙청이라는 이 정변은 고구려의 개소문이라는 신권에 의한 왕권의 타도와는 거의 반대인, 즉 왕권에 의한 신권의 타도 행위였다고 할 수 있을 것이다.

다음으로는 왜에서의 정변이다. 왜의 정변은 예전에는 '대화개신'이라는 큰 정치적 사건으로 평가되어 7세기 중반의 일본고대국가 형성사를 이야기하는 데 중요한 소재로서 활발한 논의가 이루어졌었다.[22] 하지만 '대화개신'의 핵심 내용인 '개신의 조'[23]의 면밀한 분석에 의해 '대화개신'의 본 내용이라고 믿어져 왔던 많은 부분이 실은 후대 때 만들어진 지식의 삽입[24]이라는 것이 알려지면서 이 논의는 새로운 단계에 이르게 되

19) 西本昌弘,「豊璋と翹岐」,『ヒストリア』107, 1985 참조.
20)『삼국사기』백제본기, 의자왕 2년 7월조 참조.
21)『삼국사기』백제본기, 의자왕 2년 8월조, 의자왕 3년 11월조 참조.
22) 坂本太郎,『大化の改新の研究』, 至文堂, 1938 참조.
23)『일본서기』권24 대화2년(646)정월조 참조.

었다. 그것은 바로 645년의 왜에서 발생한 정변을 '대화개신'이라는 국가체제의 변환이라고 보던 입장에서 '을사의 변'이라고 하는 당시의 권력자였던 소아씨 본종가의 전복이라는 의미로 축소되게 되었던 것이다.

이러한 경위를 이해의 첫머리에 두고 다음의 3일간의 사료를 보는 한 다음과 같은 몇 가지의 사실이 떠오른다.

【사료11】『일본서기』 권24 황극4년(645)6월조

무신(12일): 황극이 조당에 나왔다. (중략) 중대형(中大兄)황자가 스스로 장창을 잡아 대기하고 중신겸자(中臣鎌子) 등이 활을 잡고 대기하다가 소아입록(蘇我入鹿)을 베었다. 황극이 크게 놀라 무슨 일인가하고 묻자 입록의 무도함이 지극하기에 그리 하였노라고 하였다. (후략)

기유(13일): 소아입록의 아버지인 소아하이(蘇我蝦夷)가 불을 놓아 죽었다. (후략)

경술(14일): 황극이 경(輕)태자에게 양위하고 중대형황자를 황태자로 삼았다.

우선 첫째로, 이 정변의 가장 두드러진 특징은 소아입록과 소아하이 두 사람의 제거에 있었다고 하는 것이다. 소아씨 모두가 타도의 대상이 아니었던 것을 볼 때 이 정변을 한 마디로 '소아씨 본종가 타도 사건'이라 부르는 것은 타당성이 있다 할 것이다. 나아가 소아씨의 본종가가 멸망하고 난 후의 권력분포를 보면, 정변에 실제로 가담했던 중대형황자는 이번에 황태자가 되었다가 나중에 천지천황이 된다. 또 중신겸자는 천지 때는 물론이고 천무, 지통의 시기를 거쳐 이후 나라, 평안시대에 번창하는 등원(藤原)씨의 개조가 되었던 사람이다. 이러한 점에서 이 사건은 고대일본 지배층의 판도를 뒤엎는 대사건이었다고 평가할 수도 있을 것이다.

24) 門脇禎二, 『「大化改新」論』, 德間書店, 1969 참조.

그리고 둘째로, 12일 기사에서 보는 것처럼 이 정변에 대한 사전인지가 황극에게는 없었던 것이 아닌가 생각되는데 이는 무엇을 말하는 것일까? 또 14일의 기사에서와 같이 황극은 왕위를 나중에 효덕(孝德)이라 불리는 경황자에게 양위하고 있다. 이는 또 고대일본에서 최초의 양위사례로 기록된다.

이러한 사실로부터 소아씨를 타도한다는 것과 같은 지배체제를 바꾸는 중요한 논의에 있어 여성천황인 황극은 처음부터 배제되었던 것은 아닐까. 또 왕위 자체를 생전 중임에도 별 말없이 양위하고 있는 것으로 보아 재위 중에 강력한 권력을 행사했던 지배자와의 모습과도 거리가 있었던 것은 아닌가 하고 생각하게 된다.

그렇다면 이 정변에 의해 왜의 새로운 중앙 권력은 무엇을 바꾸고자 하였으며 또 무엇이 실제로 달라진 것일까. 이는 역시 외교 정책의 변화에서 찾을 수 있다고 생각된다.[25] 즉, 소아씨에 의해 추진되어 왔던 친백제 외교정책이 대화년간(646～650년)의 친신라정책으로 바뀌고 있는 것에 주목할 필요가 있다.[26]

요컨대, 이 정변 자체의 성격은 신권에 의한 또 다른 신권의 타도를 넘어 왕권의 교체까지 진행되었던 것이었으며, 그 중요한 노림수는 외교노선의 변경에 있었다고 할 수 있을 것이다.

마지막으로 신라에서의 정변에 대해서 이다. 『삼국사기』 선덕왕 14년(645)11월조에 보면 “이찬 비담으로 하여금 상대등을 삼았다”라는 기사가 보이고 있다. 그렇다면 비담은 신라의 최고 관직인 상대등에 오르고 나서 불과 1년 여 만에 반란을 일으킨 셈이 된다.

---

25) 이재석, 「7세기 왜국의 대외 위기감과 출병의 논리」, 『일본의 대외위기론과 팽창의 역사적 구조』, 제이앤씨, 158～165쪽 참조.

26) 김현구, 『大和政權の對外關係研究』, 吉川弘文館, 1985, 제4편의 제3장 참조.

【사료12】『삼국사기』 권5 신라본기5 선덕왕16년(647)정월조
비담과 염종 등이 모의하여 말하기를 여왕은 정치를 잘 하지 못한다고 하고 모반하여 군사를 일으켰으나 이기지 못하였다.
8일: 왕이 죽자 휘를 선덕이라 하였다. (하략)

【사료13】『삼국사기』 권5 신라본기5 진덕왕원년(647)정월조
17일: 비담을 잡아 죽이니 그에 연좌하여 죽은 자가 30인이었다.

【사료14】『삼국사기』 권41 열전1 김유신 상
16년 정미에 비담과 염종이 여왕은 정치를 잘 하지 못한다고 하고 군사를 일으켰는데, 왕은 안에서 막고 비담 등은 명활성에 주둔하는 형상이었다. 관군은 월성에 진을 치고 공방이 10여일을 지났으나 끝을 보지 못하였다. 이러는 와중에 왕은 크게 놀라 어쩔 줄을 몰라 했다. (중략) 하지만 김유신의 지략으로 민심을 회복한 관군은 비담을 목 베고 그의 구족을 멸하였다.

이러한 비담의 반란에 대해서는 이미 여러 논의가 있어 왔다.[27] 이러

27) 武田幸男, 「新羅 '毗曇の亂'の一視覺」, 『三上次男博士喜壽記念論文集歷史編』, 1985, 平凡社 참조에 따르면, 친당의존파와 친당자립파의 대당관계를 둘러싼 대립으로 이해한다. 그 외에도 김덕원, 『新羅中古政治史研究』, 경인문화사, 2007, 211쪽의 주 26의 '비담의 난'에 관한 연구 성과를 참조하면 다음과 같은 성과들이 있다. (1)왕위계승에 관련한 여러 세력의 갈등 ; 이기백, 「상대등고」, 『역사학보』 19, 1962 ; 강성원, 「신라시대 반역의 역사적 성격」, 『한국사연구』 43, 1974 ; 박남수, 「통일 주도세력의 형성과 정치개혁」, 『통일기의 신라사회 연구』, 1987 ; 김영하, 「신라 중고기 정치과정 시론」, 『태동고전연구』 4, 1988 ; 고경석, 「비담의 난의 성격문제」, 『한국고대사연구』 7, 1994 참조. (2)진덕여왕에 대한 불만; 이종욱, 「신라 중고시대의 성골」, 『진단학보』 50, 1980 ; 주보돈, 「비담의 난과 선덕왕대 정치운영」, 『이기백선생고희기념 한국사학논총』 상, 일조각, 1994 참고. (3)중앙세력과 지방세력의 충돌; 이기동, 「신라 내물왕계의 혈연의식」, 『역사학보』 53·54합집, 1972 참조. (4)진덕왕의 개인적 능력 부족 ; 三池賢一, 「日本書紀 "金春秋の來朝" 記事について」, 『駒澤史學』 13, 1966 ⇒ 『古代の日本と朝鮮』, 學生社, 1974 참조. (5)부(部)세력의 반란 ; 강봉룡, 「6~7세기 신라 정치체제의 재편과정과 그 한계」, 『신라문화』 9, 1992 참조. (6)사상적인 측면 ; 강영경, 「신라 선덕왕의 '지기삼사'에

한 논의들을 밑거름 삼아 비담이 난을 일으킨 명분을 살펴보면, “여왕은 정치를 잘 하지 못한다”는 것을 이유로 반란을 꾀하고 있음을 알 수 있다. 이는 여왕에 대한 일반적인 사고인지, 아니면 선덕[28] 개인에 치우친 평가인지는 분명치 않다. 하지만 적어도 비담의 입장에서 보면 여왕 통치에 대한 비판을 명분으로 삼는 것이 반란을 일으키는 데 유리한 것이라는 것을 알고 있었음은 분명하다 하겠다.

그렇다면 여왕은 정치를 잘 하지 못한다는 인식은 어디에서 연유하는 것일까. 이는 역시 당 태종의 인식에 힘입은 바가 컸다. 당 태종은 신라로부터의 계속된 원군 요청에 대해 세 가지의 방책을 내놓았는데, 그 세 번째가 당의 왕족을 보내 신라를 대신 통치하도록 하면 안정을 되찾을 것이라고 하였다. 그 이유로 당 태종이 든 것은 신라가 주위 국가들로부터 인정을 받지 못하는 이유는 바로 여왕을 국주로 하고 있기 때문이라고 하였다[29]는 것에서 찾을 수 있을 것이다.

한편, 위의 8일 기사에 의하면 사건의 충격 탓인지 아니면 그 사건에 연루되어 죽은 것인지 선덕이 숨을 거둔다. 선덕의 죽음에 대해서는 병사라는 설[30]과 비담의 난에 연루된 사건사[31]라는 설이 있지만 어느 설도 결정적인 것은 아니다. 어찌 되었든 왕의 죽음이 비정상적인 상황에서 발생하였다는 것은 분명하다. 20여일에 걸친 싸움의 형세는 왕군에게 마냥 유리한 것만은 아니었던 것 같다. 하지만 김유신의 지략에 힘입어 민심을 획득한 왕군은 가까스로 반란군을 제압하고 주모자 비담을 주살

대한 일고찰」, 『원우논총』 8, 1990 참조.

28) 조범환, 『신라의 여왕들』, 책세상, 2000 ; 조경란, 「선덕왕이 이야기하는 선덕왕의 즉위」, 『신라사학보』 14, 2008; 조경철, 「신라의 여왕과 여성성불론」, 『역사와 현실』 71, 2009 참조.

29) 『삼국사기』 권5, 선덕왕12년9월조 참조.

30) 주보돈, 앞의 「비담의 난과 선덕왕대 정치운영」 참조.

31) 山尾幸久, 『古代の日朝關係』, 塙書房, 1989, 392쪽 참조.

할 수 있었다.

이러한 '비담의 난'의 원인을 다시 재음미하자면 여왕에 대한 인식의 차이가 역시 밑바탕에 있었던 것이 아닌가 생각된다. 즉, 앞에서도 언급했지만, 신라 최초의 여왕에 대한 이해에는 샤먼인가, 중계의 성격이 강한가, 보통 남성 군주와 다를 바 없는 군주의 모습인가에 대한 성격 규정이 필요한 것이다.[32] 어찌 되었든 이 정변의 결과, 김춘추는 제일 늦게 당과의 외교에 본격적으로 뛰어들고 있다.

요컨대, 신라의 이 정변은 신권에 의한 왕권 타도의 의도를 드러낸 것이었다고 정의할 수 있을 것이다.

이상과 같이 4국4색의 정변이 일어났는데 그 성격도 모두 달랐던 것으로 생각된다. 정리하면 다음과 같다.

① 642년의 고구려의 정변은 신하의 힘에 의한 왕권의 타도라는 쿠데타 그 자체이다.

② 643년의 백제의 정변은 왕권에 의한 신권의 타도 행위였다고 할 수 있다.

③ 645년의 왜의 정변은 신권에 의한 또 다른 신권의 타도를 넘어 왕권의 교체까지 진행되었던 것이었다.

④ 647년의 신라의 정변은 신권에 의한 왕권 타도의 의도를 드러낸 것이었다.

---

32) 앞의 여성 군주에 대한 논의(折口信夫, 井上光貞, 義江明子, 荒木敏夫 논문)를 참조.

4. 결론에 대신하여－外交와 政變으로 보는 김춘추의 東아시아 인식－

이상과 같은 실태에 따른 분석 위에 과연 김춘추의 외교와 동아시아의 정변들이 어떠한 관련을 맺고 있었고, 또 이를 통해 김춘추가 생각하는 동아시아 인식이란 무엇이었는지에 대해 간단하게 검토해 보도록 하자.

우선, 김춘추의 외교는 무엇보다도 백제를 강하게 의식하고 있었던 것을 알 수 있다. 그 이유는 김춘추가 백제에의 복수를 백제의 또 다른 동맹국인 고구려와의 결속에 의해 달성하려 했던 점이나 신라와 당을 확실한 한 편으로 할 수만 있다면 그 나머지를 적으로 한다 하더라도 손해볼 것이 없다는 김춘추식 외교의 총결산이 결국, 백제와 고구려의 포위망에 다름 아니었던 점으로부터 명백하다. 이러한 김춘추의 선택은 고구려와 왜 그리고 당을 직접 방문하여 확인한 선택이었던 점에서 그로서는 확신에 찬 결정이었던 것이다.

그런데 김춘추의 다각외교를 고구려, 왜, 당의 순으로 김춘추의 발걸음을 따라 추적해 보자면 예외 없이 각 대상국마다 정변이 발생하여 그 수습에 분주한 때였다. 이러한 사실, 즉 김춘추의 다각외교와 동아시아의 정변은 어떠한 상관관계를 맺고 있었던 것일까.

먼저, 642년 10월 고구려의 정변과 642년 11월에 김춘추가 고구려로 구원을 청하러 간 것은 같은 해 백제가 신라를 공격하고 또 고구려는 백제와 연합해 신라를 공격하는 와중이었다. 이러한 격동의 배경에는 642년을 전후로 한 삼국의 사정이 있었을 터이지만, 더 나아가 6세기 중반의 백제 성왕을 위한 복수의 사정도 지적할 수 있을 것이다. 이를 포함하여 642년 10월의 고구려 쿠데타와 11월 김춘추의 고구려 외교는 고구려의 정변이 지금까지의 친백제 정책인지, 아니면 그 반대의 다른 외교정책인지에 대한 확인이라는 점에서 그 의미를 찾을 수 있을 것이다.

다음으로, 645년 6월 왜의 정변과 647년 왜에 건너간 김춘추의 외교로부터는 그 동안 친백제 외교를 주도해 왔던 소아씨의 본종가가 멸망한, '을사의 변'과 함께 그 이후 전개된 천황가 권력의 회복을 꾀하고자 하는 '대화개신'을 둘러싼 일련의 검토가 필요할 것이다. 또 빼놓을 수 없는 것은 소아씨의 운명과 함께 퇴위한 왜의 군주인 황극이 여성 군주였던 점도 신라의 선덕여왕이 최초의 여왕이라는 점에서 김춘추의 도왜 이유로서도 지적할 수 있을 것이다. 즉, 김춘추는 왜에서의 소아씨의 타도와 병행해서 발생한 왜의 여성 군주 황극의 퇴위에 이르는 사정이 궁금했던 것이다. 이러한 저간의 사정을 도외시하고 『일본서기』의 기술대로 '임나문제'와의 관련 속에서 설명하려는 종래의 설이나, 또 김춘추를 '간첩론'의 범주 속에서 정리해 버리는 것은 너무 일면적인 파악이라고 해야 할 것이다. 그리고 김춘추는 왜에 스스로 원해서 간 것이 아닌 것 같은 소극적 자세를 보이고 있다. 그의 이러한 입장은 백제에 대한 뿌리 깊은 불신으로부터 연유한다는 점에서, 전술한 김춘추 외교가 백제를 강하게 의식하고 있었다는 점과 일맥상통한다고 할 수 있다.

마지막으로, 647년 1월의 신라의 대규모 정변이었던 '비담의 난'을 겪고 난 그가 648년 12월에 당으로 건너간 것은 신라에서의 최초의 여왕을 둘러싸고 여왕 옹호파였던 김춘추가 여왕 배제파인 비담을 제거한 대규모 정변의 국내적 수습을 위한 사정도 있었을 것이다. 하지만, 김춘추가 당에 건너간 보다 중요한 이유는 김춘추가 지금까지 보였던 외교적 노력의 총결산으로서의 대당외교 드라이브였던 것이다. 그 후 당에 전면적으로 의존하는 김춘추식 외교는 결코 신라에 우호적이라고만 볼 수 없었던 당을 파트너로 수용했다는 점에서 김춘추의 실용적이고 현실적인 대외인식을 반영한 것이다.

이러한 김춘추의 동아시아를 둘러싼 왕환(往還)은 김춘추의 국제관의 변화가 3단계로 이루어진 것임을 여실히 말해준다. 즉, 감정에 치우친 고구려 인식에서 소극적인 일본(왜)인식으로, 그리고 마지막으로는 당에의 실용적인 인식으로의 변화였던 것이다. 이상과 같이, 동아시아에서의 정변을 통해 생겨난 김춘추식 외교의 발자취, 즉 동아시아에서의 국제관의 변화는 불완전한 통일이기는 하지만 '신라통일'[33]의 먼 원인으로서 작용했던 것임은 두 말할 나위가 없을 것이다.

參考文獻

1. 국내논문

신화출판사 편, 『역대인물한국사』 2, 신화출판사, 1979.

신용하, 「신채호의 ≪讀史新論≫의 비교분석－1908년경 시민적 근대민족주의사학의 성립－」, 『단재신채호와 민족사관』, 단재 신채호 선생 기념 사업회, 1980.

강무학, 『김춘추의 사상과 정치전략』, 신원문화사, 1981.

김재경, 「신라 아미타신앙의 성립과 그 배경」, 『한국학보』 제29집, 일지사, 1982.

김현구, 「일당관계의 성립과 나일동맹－『日本書紀』 김춘추의 도일기사를 중심으로－」, 『김준엽교수화갑기념 중국학논총: 사학』, 중국학논총편찬위원회, 1983.

서영수, 『신라 통일외교의 전개와 성격 통일기의 신라사회연구』, 동국대학교 신라문화연구소, 1987.

박남수, 『통일주도세력의 형성과 정치개혁 통일기의 신라사회연구』,

33) 신라의 삼국통일에 관한 최근 논의의 정리는, 노태돈, 『삼국통일전쟁사』, 서울대학교출판부, 2009, 제1부 「삼국통일전쟁사 연구 서설－'신라 삼국통일론'에 관한 이론적 검토」가 편리하다.

동국대학교 신라문화연구소, 1987.
노태돈, 「연개소문과 김춘추」, 『한국사시민강좌』 5, 일조각, 1989.
정용석, 『고구려·백제·신라는 한반도에 없었다』, 동신, 1994.
김상현, 「자장의 정치외교적 역할」, 『불교문화연구』 4, 영취불교문화연구원, 1995.
권덕영, 「『三國史記』 신라본기 견당사 기사의 몇 가지 문제」, 『삼국사기의 원전 검토』, 한국정신문화연구원, 1995.
이용관, 「선덕여왕대 자장의 정치적 활동」, 『영동문화』 6, 관동대학교 영동문화연구소, 1995.
박순교, 「진덕왕대 정치개혁과 김춘추의 집권과정(Ⅰ)－신라 국학의 설치와 성격을 중심으로」, 『청계사학』 13, 한국정신문화연구원 청계사학회, 1997.
박용국, 「신라 중대 지배세력의 형성과정과 그 성격」, 『경상사학』 12, 경상대학교 사학회, 1996.
김상현, 『신라의 사상과 문화』, 일지사, 1999.
박순교, 「김춘추의 집권과정 연구」, 영남대대학원 박사논문, 1999.
정순태, 『김유신－시대와 영웅－』, 까치, 2000.
김현구, 『백제는 일본의 기원인가』, 창작과비평사, 2002.
김덕원, 「신라 중고기 舍輪系의 정치활동 연구」, 명지대대학원 박사논문, 2003.
조경철, 「백제 한성시대 불교수용과 정치세력의 변화」, 『한국사상사학』 18, 2002.
김현길, 「흥무대왕 김유신의 생애」, 『상산문화』 8, 상산고적회, 2002.
김갑동, 『옛 사람 72인에게 지혜를 구하다』, 푸른역사, 2003.
정용석, 『고구려·신라·백제가 중국 대륙을 지배했다』, 책이 있는 마을, 2004.
이덕일, 『성공한 개혁 실패한 개혁』, 마리서사, 2005.
김덕원, 「신라 선덕왕대 김춘추의 외교활동과 정국동향」, 『신라사학보』 5, 신라사학회, 2005.
김태식, 「【서평】 21세기에 부활하는 박정희시대의 화랑－문경현 『화랑 유적지의 조사연구』」, 『신라사학보』 5, 신라사학회, 2005.

윤희진, 『교과서에 나오는 한국사 인물 이야기』, 책과 함께, 2006.
박순교, 『김춘추, 외교의 승부사』, 푸른 역사, 2006.
김용운, 『일본어는 한국어다』 2, 가나북스, 2006.
김덕원, 「신라 진덕왕대 김춘추의 대당외교와 관제정비」, 『신라문화』 제29집, 동국대학교 신라문화연구소, 2007.
김덕원, 「신라 진평왕대 김유신의 활동」, 『신라사학보』 10, 신라사학회, 2007.
김덕원, 『新羅中古政治史硏究』, 경인문화사, 2007.
김재경, 『신라 토착신앙과 불교의 융합사상사 연구』, 민족사, 2007.
서영교, 『고구려, 전쟁의 나라』, 글항아리, 2007.
이이화, 『왕의 나라 신하의 나라—누가 왕이고 누가 신하인가』, 김영사, 2008.
KBS한국사傳제작팀, 『한국사傳 2, '인물'로 만나는 또 하나의 역사』, 한겨레출판, 2008.
임헌관, 「김춘추의 외교활동」, 고려대교육대학원 석사논문, 1981.
정찬식, 「통일기 신라의 대당관계연구」, 대구대교육대학원 석사논문, 1998.
강대덕, 『640년대 신라정국과 김춘추의 외교활동』, 관동대대학원 석사학위논문, 1997.
김석호, 『신라외교의 개가 김춘추 인물한국사 1: 창업의 거상』, 한국사편찬회, 1965.
이송재, 「신라 통일기 무열왕계(문무왕~신문왕)의 지배체제 정비」, 계명대교육대학원 학위논문, 1999.
주보돈, 「김춘추의 외교활동과 신라내정」, 『한국학논집』 20집, 계명대 한국학연구원, 1993.
김봉두, 「대야성 전역에 관한 일고찰」, 『국사연구』 4집, 조선대학교 국사연구소, 1983.
노태돈, 『삼국통일전쟁사』, 서울대학교출판부, 2009.

2. 외국논문

三池賢一, 「金春秋の王位繼承」, 『法政史學』 20, 法政大學史學會, 1968.
三池賢一, 「金春秋小伝」 1, 『駒澤史學』 15, 駒澤大學史學會, 1968.
三池賢一, 「金春秋小伝」 2, 『駒澤史學』 16, 駒澤大學史學會, 1969.
三池賢一, 「金春秋小伝」 3, 『駒澤史學』 17, 駒澤大學史學會, 1970.
旗田巍·井上秀雄 編, 『古代の朝鮮』, 學生社, 1974.
三池賢一, 「日本書紀 "金春秋の來朝"記事について」, 『駒澤史學』 13, 駒澤大學史學研究室, 1966.
上田正昭·井上 秀雄(編集), 『古代の日本と朝鮮』, 學生社, 1974.
久保天隨, 「半島の英雄金春秋」, 『太陽』 12～4, 博文館, 1906.
直木孝次郎, 「古代朝鮮における間諜の活動」, 『古代日本と朝鮮·中國』, 講談社學術文庫, 1988, 初出1979.
石井正敏, 「『日本書紀』金春秋來日記事について」, 『史學會シンポジウム叢書 前近代の日本列島と朝鮮半島』, 山川出版社, 2007.
金鉉球, 『大和政權の對外關係研究』, 吉川弘文館, 1985.
山尾幸久, 『古代の日朝關係』, 塙書房, 1989.
鈴木英夫, 『古代の倭國と朝鮮諸國』, 青木書店, 1996.

張保皐와 엔닌(円仁)의 역사인식

이 유 진*

1. 머리말

사실상 최후의 遣唐使인 承和 5년(838)의 견당사와 함께 請益僧으로서 入唐한 엔닌(円仁)은 당으로부터 天台山巡禮를 허가받지 못한 채 귀국하게 되었으나 求法의 의지를 굳건히 하여 이듬 해(839) 6월 登州 文登縣 赤山浦에서 견당사일행과 헤어져 신라사원인 赤山法華院에 머물렀다. 이곳에서 엔닌은 순례의 허가를 기다리며 두 통의 편지를 썼는데 그 중 한 통이 바로 적산법화원의 건립자이며 당시 동아시아 해상에서 활발히 국제교역을 행하고 있던 張保皐에게 보내는 書信이었다[1].

장보고를 직접 만난 적이 없는 엔닌은 입당할 때 筑前의 太守가 장보고에게 보내는 편지를 위탁받아 가지고 왔으나 항해중의 풍파로 서신을 잃어버리게 된 사연과 순례기간 중의 편의를 부탁하는 서신을 써서

* 숭실대학교 강사

1) 『入唐求法巡禮行記』 권2 開成 5년(840) 2월 17일조.

전하였다.

9세기 전반 본국인 신라와 일본을 벗어나 동아시아에서 큰 족적을 남긴 두 인물이 드디어 唐에서 조우하는 것이다. 이들의 연결은 해상무역인과 승려라는 신분의 차 때문에 얼핏 생소한 부류간의 부자연스런 조합인 것 같다. 그러나 엔닌의 『入唐求法巡禮行記』의 내용을 통해 확인할 수 있듯이 엔닌은 在唐新羅人들의 적극적 도움과 협력으로 入唐求法을 성공적으로 마칠 수 있었고, 그러한 재당신라인사회와 유기적으로 연결하여 당시 동아시아 해상교역을 주도한 인물이 바로 장보고이다. 엔닌의 기록에 의하면 신라인 장보고는 신라를 벗어나 당·일본을 넘나들며 활동하던 국제인 이었으며 재당신라인사회에도 막강한 영향력을 행사하고 있었다. 이렇게 해상무역인 장보고와 승려로서 10년간의 입당구법을 마치고 일본 천태종의 3대 座主가 된 엔닌은 이 시대를 대표할만한 역동적 동아시아인의 예라 할 수 있을 것이다.

본고에서는 이러한 장보고와 엔닌 두 사람의 생애와 足跡을 더듬어 당시 그들이 가지고 있던 역사인식에 대해 살펴보고자 한다.

2. 장보고의 생애

1) 출신 및 성장배경

장보고의 생애를 살펴볼 만한 역사적 기록은 거의 없다. 단지 杜牧의 『樊川文集』 권6 張保皐鄭年傳과 『新唐書』 권220 新羅傳에 수록된 내용을 그대로 옮겨 놓은 『三國史記』 권44 列傳 張保皐鄭年傳을 통해서 단편적 사실만을 확인할 수 있을 뿐이다. 『三國史記』에는 "장보고와 정년은 모두 신라 사람이다. 그러나 그들의 고향과 선조에 대해서는 알 수 없다"고 기록되어 있다[2]. 따라서 장보고의 출신 및 그 성장 배경을 살펴보기 위해서는 그의 행적을 유추해 보아야 한다.

장보고의 출생연도는 전해지고 있지 않다. 『樊川文集』에 의하면 장보고는 30세에 武寧軍의 軍中小將이 되었는데 이는 819년의 李師道軍 토벌 때의 무공에 의한 것 이었다고 한다[3]. 徐州에 治所를 둔 절도사를 武寧軍이라 칭한 것은 805년부터이므로 장보고는 805년 이후에 入唐하였을 것이다. 또한 그보다 10세나 연하인 정년과 함께 입당하였으므로 장보고는 대략 20대 초반에 입당했다고 보는 것이 자연스러울 것이다. 이렇게 본다면 810년대 초에 입당하였을 가능성이 높고[4] 이러한 사정을 통해 추정해 보면 장보고는 대략 790년경에 출생하였을 것이다.

다음은 그의 출생지에 대해 살펴보자. '장보고는 바다 속 잠수에 능한 鄭年과 상대가 될 정도로 잠수에 능했다'고 하고[5], 이후 그의 전 생애가 해상활동과 연관되어 있으므로 그는 바닷가에서 출생하였을 것으로 추정할 수 있다. 또한 장보고가 청해진을 설치한 이후 그의 딸을 文聖王의 次妃로 들이려 할 때 경주의 귀족들이 그는 '海島人'으로 본디 '側微'했다는 것을 이유로 반대한 것을 통해 볼 때도[6] 그는 섬 출신으로 平人·百姓 이하의 하층계급이었음을 알 수 있다[7].

---

2) 『三國史記』 권44 列傳 張保皐鄭年傳. 張保皐(羅紀作弓福)鄭年(年或作連) 皆新羅人 但不知鄕邑父祖.

3) 『樊川文集』 권6 張保皐鄭年傳 ; 蒲生京子, 「新羅末期の張保皐の擡頭と反亂」 『朝鮮史硏究會論文集』 16, 1979, 49쪽 ; 李基東, 「張保皐와 그의 海上王國」 『新羅社會史硏究』, 일조각, 1997, 205쪽.

4) 金文經, 『淸海鎭의 張保皐와 東亞細亞』, 향토문화진흥원, 1998, 25~26쪽.

5) 『樊川文集』 권6 張保皐鄭年傳.

6) 『三國史記』 권11 文聖王 7년(845) 3월조 ; 『三國遺事』 권2 紀異 神武大王·閻長·弓巴條.

7) 金庠基(「古代의 貿易形態와 羅末의 海上發展에 就하야(1)－淸海鎭大使張保皐를 主로 하야－」 『震檀學報』 1, 1934, 110쪽)는 경주의 귀족들이 장보고를 '해도인'이라고 한 것은 그가 당시에 완도에 청해진을 설치하고 있었기 때문

장보고가 섬 출신이라고 한다면 그 섬이 구체적으로 어디일까? 이에 대한 해답은 그가 당에서 귀국한 이후의 행적을 통해 추정해 볼 수 있다. 828년 경 귀국한 장보고는 興德王을 알현하고 당의 곳곳에 신라에서 나포된 양민들이 노비로 팔려간 사실을 아뢰고 자신이 清海에 鎭을 설치하여 해적들이 신라 양민을 나포하지 못하도록 하겠다고 청하였다. 이에 홍덕왕은 장보고의 뜻을 받아들여 1만의 軍卒을 주어 청해를 지키게 했는데[8] 이 청해진이 바로 지금의 전라남도 완도이다.

완도는 한반도의 서남단에 위치하여 한·중·일의 3국을 잇는 해상의 요충지였다. 이제까지의 연구 성과에 의하면 장보고는 828년 홍덕왕을 알현하기 이전에 이미 완도를 중심으로 자신의 세력기반을 구축해 놓았으며, 홍덕왕이 하사한 군졸 1만도 실은 신라 중앙에서 파견한 정규군이 아니라 완도와 그 주변에서 규합한 民軍으로서 일종의 私兵的 성격을 띤다고 한다[9]. 신라에 아무런 세력기반 없던 장보고가 당에서 귀국하자마자 1만이라는 군졸을 일시에 규합할 수 있었던 것은 이미 완도와 장보고 사이에 어떤 緣故가 있음을 의미하는 것이고 완도가 바로 장보고의 고향이었을 것으로 추정된다. 또 당의 무녕군에서 함께 복무했던 鄭年이 생활고를 겪다 이왕 죽을 바에는 차라리 고향에서 죽겠다며 청해로 돌아가 장보고에게 그 몸을 의탁한 것을 보더라도[10] 장보고의 고향이 완도라는 추정은 신빙성이 높다고 하겠다.

완도에서 태어나 성장한 장보고는 앞서 살펴본 바와 같이 20대 초반인 810년대 초에 입당하였을 것이다. 장보고가 입당했을 것으로 추정되는 9세기 초반 신라에서는 중앙집권체제가 붕괴되고 귀족 연합적 정권

이 아니라 그가 원래 섬 출신의 미천한 신분이었기 때문이라는 점을 지적하였다.

8) 『三國史記』권10 興德王 3년(828) 4월조 ; 『新唐書』 권220 列傳 제145 東夷 ; 『樊川文集』 권6 張保皐鄭年傳.

9) 권덕영, 「張保皐略傳」, 『경북사학』 25, 2002, 28쪽.

10) 주8) 참조.

이 형성되어 중앙정부의 지방통제력은 이완되어 갔으나 부역과 조세의 징수는 한층 강화되어 국가권력과 민중의 마찰이 고조되던 시기였다[11]. 더욱이 이시기에는 천재지변까지 겹쳐 饑饉이 자주 발생하여 지방사회는 피폐해지고, 홍수나 가뭄이 나서 많은 피해를 입었으며, 변방에서는 이로 인해 도적들이 들끓었다고 한다[12]. 이렇게 생활고에 시달리던 신라인들은 해외로 이주하여 살길을 찾았는데 816년의 기근으로 신라인 170인이 식량을 구하러 당의 浙東지방으로 건너갔다는 기록[13] 이래 많은 신라인들이 당으로 이주한 사실을 확인할 수 있으며, 그들은 당 뿐만 아니라 일본으로도 건너갔다[14].

장보고가 입당하게 된 계기를 단언할 수는 없지만 이러한 시대의 분위기 속에서 그도 새로운 삶의 기반을 찾아 입당했을 것으로 생각된다.

2) 재당생활과 귀국 후의 활동

20세 즈음에 입당한 장보고는 정확한 시기는 알 수 없으나 徐州의 武寧軍에 입대하였고, 30세에는 軍中小將이 되었다. 그러나 이후 무녕군에서는 더 이상 그의 행적을 찾아볼 수 없다. 아마도 장보고는 819년 2월 李師道의 토벌을 끝으로 반당적 번진을 토멸한 당의 銷兵政策[15]

11) 李基東, 앞의 논문, 201쪽.

12) 『三國史記』 권10 憲德王 6년(814) 5월조 ; 同王 7년(815) 8월조 ; 同王 8년(816) 정월조, 同王 9년(817) 10월조, 同王 11년(819) 3월조.

13) 『舊唐書』 권199 新羅傳 ; 『唐會要』 권95 新羅傳 ; 『三國史記』 권10 憲德王 8년(816)조.

14) 佐伯有淸(「朝鮮系氏族とその後裔たち」, 『古代史の謎を探る』, 讀書新聞社, 1973, 197~198쪽)씨에 의하면 811년부터 824년까지 13회에 걸쳐 모두 826명의 신라인이 일본으로 건너갔다고 한다 ; 山內晋次, 「9世紀東アジアにおける民衆の移動と交流」, 『歷史評論』555, 1996.

15) 반당적 번진토벌에 수반하여 엄청나게 늘어난 군사비로 초래된 재정위기를 수습하기 위하여 당은 821년부터 매년 牙軍의 병사를 8%씩 줄여나가는 원칙하에

에 의해 무녕군에서 퇴역하고 어떠한 경로를 통해서든 財力을 확보하게 된 것 같다. 산동반도의 재당신라인사회에 赤山法華院을 건립하고[16] 이를 유지할 수 있는 莊田도 희사한 것을 보면 그의 재력은 상당한 규모였던 것 같다.

이후 장보고가 淸海鎭을 중심으로 하여 당과 일본을 연결하는 동아시아 해상무역을 주도하고 있는 것을 보면, 장보고는 아마도 무녕군에서 퇴역한 뒤 당에서 황해연안을 중심으로 해상교역에 종사하여 상당한 富를 축적하였고 그 재력을 기반으로 재당신라인사회에도 막강한 영향력을 행사하다가 신라로 귀국하여 청해진을 건립한 것으로 생각된다.

이후 장보고는 신라의 왕위쟁탈전에까지 관여하게 되었는데 홍덕왕의 후계문제를 둘러싼 정쟁에서 金悌隆(僖康王)과 金明에게 패한 金祐徵과 金陽이 청해진에 들어와 장보고에게 몸을 의탁하였다. 이것은 아마도 장보고가 당에서 돌아와 홍덕왕을 알현할 때 김우징이 시중의 직책에 있었으므로 이들 사이에는 일찍부터 교분이 있었던 결과인지도 모르겠다. 그러던 중 김명이 희강왕을 자살케하고 스스로 왕위(閔哀王)에 오르자 김양은 장보고에게 군사 5,000명을 지원받아 민애왕을 살해하고 神武王(金祐徵)을 즉위시켰다. 그 공을 인정받아 장보고는 '感義軍使'가 되었고 食邑 2,000호를 받았다[17]. 그러나 신무왕은 즉위 6개월 만에 병사하고 이어서 文聖王이 즉위하였다. 문성왕 역시 장보고의 공로를 인정하여 '鎭海將軍'에 임명하였다[18]. 여기서 '장군'이란 진골귀족만이 오를 수 있는 지위였으므로, 문성왕은 장보고에게 진골귀족에 해당하는 예우를 한 것이다[19]. 이때부터 장보고는 중앙정계에 막강한 영향력을 행

추진된 것으로 특히 과중한 재정부담에 시달리던 江淮지역의 諸鎭에서 적극적으로 실시되었다.

16) 『入唐求法巡禮行記』 권2 開成 4년(839) 6월 7일조.

17) 『三國史記』 권10 神武王立(839)조.

18) 『三國史記』 권11 文聖王 원년(839) 8월조.

사하였을 것이고 이것이 동시에 중앙귀족들의 반감을 사는 결정적 계기가 되었을 것이다.

3) 장보고의 죽음과 청해진의 몰락

장보고의 사망연도에 대하여도 『三國史記』와 『續日本後紀』에 각각 다르게 기록되어 있다. 『三國史記』에 의하면 문성왕 8년(846) 봄에 신라 조정이 자신의 딸을 왕비로 받아들이지 않은 것을 원망한 장보고가 청해진을 중심으로 반란을 일으키려하자 왕실에서 閻丈을 보내 장보고를 암살하게 했다고 하였다[20]. 즉 『三國史記』는 846년 봄에 장보고가 사망하였다고 기록하였다.

그러나 『續日本後紀』에 의하면 承和 9년(842) 염장의 부하 李少貞이 일본에 가서 전하기를 '장보고가 죽고 그의 副將 李昌珍 등이 반란을 일으키고자 하여 武珍州의 別賀인 閻丈이 군사를 일으켜 이를 토벌하여 평정했다'고 하였고[21], 또 완도의 於呂系 등이 일본에 귀화해 와서 장보고의 죽음을 841년 11월로 고하는 등 전후의 상황을 고려해 볼 때[22] 장보고는 841년에 죽은 것 같다. 당시 그의 나이는 50세가 좀 넘었을 것이다.

장보고의 사후 청해진은 閻丈에 의해 장악되었고[23], 문성왕 13년

19) 최광식 외, 『해상왕 장보고 그는 누구인가?』, (재)해상왕장보고기념사업회, 2002, 73쪽.

20) 『三國史記』 권11 文聖王 8년(846)조.

21) 『續日本後紀』권11 承和 9년(842) 春正月乙巳條. 張寶高死 其副將李昌珍等欲叛亂 武珍州別賀閻丈 興兵討平.

22) 『續日本後紀』권11 承和 9년(842) 春正月乙巳條. 已等張寶高所攝嶋民也 寶高去年十一月中死去 不得寧居 仍參着貴邦.

23) 장보고의 죽음과 관련하여 장보고가 청해진을 중심으로 동아시아의 해상무역을 독점하자 여기에 불만을 품은 군소해상세력들이 장보고를 제거하는데 일조한 것으로 보고, 閻丈을 武珍州에 기반을 둔 해상세력의 대표적 인물로 보는 견해

(851) 2월에는 청해진을 혁파하고 그 주민들을 碧骨軍(지금의 김제)으로 옮겼다[24]. 이로써 9세기 전반 동아시아의 해상교역을 주도하던 장보고선단은 무너지고 다시금 동아시아 해상은 일대 전환기를 맞이하게 되었다.

3. 엔닌의 생애

1) 출생과 성장

엔닌의 생애를 살펴보는데 기본이 되는 사료는 그의 전기인 『慈覺大師傳』[25]과 그가 10여년에 걸친 입당구법기간 동안 자신의 행보와 당에서의 見聞을 적은 일기인 『入唐求法巡禮行記』를 들 수 있다.

『慈覺大師傳』에 의하면 엔닌은 延曆 13년(794) 下野國의 都賀郡(현재의 枥木縣 上·下都賀郡)에서 태어났다. 그의 俗姓은 壬生氏로 이 성씨는 당시 일본의 東國에 널리 분포되어 있었다. 그의 家系에 대해서는 잘 알려져 있지 않으나 『熊倉系圖』[26]에 의하면 엔닌의 아버지 首麻呂는 都賀郡의 三鴨驛長으로 大慈寺의 嚴堂을 건립했다고 한다. 형인 秋主는 外從七位下의 位階를 가졌으며, 秋主의 손자인 宮雄는 대자사의 觀音堂을 건립했다고 한다.

도 있다(이기동, 권덕영, 앞의 논문).

24) 『三國史記』 권11 文聖王 13년(851) 2월조.

25) 엔닌의 전기는 『日本三代實錄』貞觀 6년(864) 正月 14일 辛丑條의 卒傳, 『續群書類從』第8輯下 傳部卷第211 및 『改定史籍集覽』第12册 別記第64에 수록되어 있는 『慈覺大師傳』, 그리고 京都 三千院에 소장되어 있는 「比叡山延曆寺眞言法華宗第三法主慈覺大師傳」이라는 『慈覺大師傳』의 3本이 있다.

26) 鈴木眞年編, 『百家系圖稿』

이러한 系圖에 의하면 엔닌 일족은 大慈寺와 깊은 연관을 맺고 있는 그 절의 檀越이라고 할 수 있을 것이며, 귀족의 신분이거나 상위의 지배 계층 출신이 아닌 평민층이었던 것 같다. 이러한 인연으로 엔닌은 후에 대자사의 승려인 고우치(廣智)에게서 불교를 수행하게 된 것이다.

엔닌이 대자사의 승 고우치로 부터 불교를 수행하게 된 것은 그의 나이 9세(延曆 21년, 802) 때였다고 한다.[27] 그러나 『慈覺大師傳』에는[28] 9세 때에 형으로부터 外書(俗典)와 經史를 배웠다고 하여 기록마다 약간 차이가 있다. 어쨌든 엔닌은 어려서 아버지를 여의고 형으로부터 經史와 俗典을 배우면서 마음으로는 佛法을 흠모하여 이후 승 고우치에게 맡겨져 불교를 수행하였다[29].

15살이 된 大同 3년(808)에는 고우치를 따라 比叡山에 올라 천태종의 총본산인 延曆寺에 가서 사이쬬(最澄)에게 師事하게 되었고, 弘仁 7년(816)에 東大寺에서 具足戒를 받고 比丘가 되었다. 이듬 해(817)에는 사이쬬의 東國巡錫에 수행하여 上野國의 緣野寺에서 사이쬬로부터 傳法灌頂을 받았다.

弘仁 13년(822) 스승인 사이쬬가 示寂한 후에는 수년간 比叡山에 머무르며 불법을 설파하고 수행을 계속하였다. 이후 속세로 나가 불법을 전파하기 시작하였는데 天長 5년(828) 여름에는 法隆寺에서 『法華經』을 강론하고, 다음해(829)에는 四天王寺에서 『法華經』과 『仁王經』을 강론하였으며, 北國으로의 巡錫도 시작하였다.

그러나 불법수행에 매진하던 엔닌은 天長 10년(833)에 병이 들어 橫川의 草庵에 은거하였으나 현몽에 의해 기적적으로 건강을 회복하였다고 한다.

27) 『日本三代實錄』 貞觀 6년(864) 正月 14일 辛丑條의 卒傳.
28) 『續群書類從』 本 ; 三千院本
29) 佐伯有淸, 『円仁』, 吉川弘文館, 1988, 31쪽.

2) 入唐求法

承和 2년(835) 遣唐請益僧이 된 엔닌은 스승인 사이쪼의 행적을 따라[30] 遣唐使와 함께 入唐하여 留學할 기회를 얻게 되었다.

엔닌이 입당한 이후 당에 머물던 10년간의 정황은 그의 일기인『入唐求法巡禮行記』를 통해 상세히 알 수 있다.『入唐求法巡禮行記』의 기록을 따라 그의 入唐求法의 旅程을 살펴보면 다음과 같다.

엔닌이 승선한 承和遣唐船은 836년 출발하였으나 逆風으로 大宰府에 되돌아 왔고, 다음해(837)에 다시 출발하였으나 역시 역풍으로 표착하였다. 두 번의 실패 후 838년 6월 3번째로 대재부를 출발한 견당선은 드디어 7월 2일 唐의 揚州 海陵縣 白潮鎭 桑田鄕 東梁豊村에 상륙하였다[31]. 8월 揚州의 開元寺에 머무르게 되었고[32], 10월에는 견당대사 등은 당의 수도인 長安으로 출발하였으나[33] 엔닌은 天台山으로 가기 위해 허가를 기다리며 양주에 남아 있었다. 양주에 머무르는 동안 주변의 승려들과 교류하고 재당신라무역상인 王靖과도 만나는 등 다양한 인물들과 교류하였고 都督인 李德裕와도 친분을 맺게 되었다. 이러한 정황은 당시 양주의 세속적 분위기에 대한 예리한 관찰과 함께 그의 일기에 자세히 기록되어 있다.

그러나 천태산을 순례하고자 했던 엔닌의 바람은 실현되지 못하고 다른 견당사의 일원들과 함께 귀국을 준비해야만 했다. 양주에 남아 있던 엔닌과 견당사의 일원들은 839년 2월 양주를 떠나[34] 운하를 타고 북쪽으로 올라가 楚州에서 장안으로 향했던 견당대사 일행과 합류하

30) 사이쪼는 延曆 23년(804) 승 쿠가이(空海)와 함께 入唐하였다.
31)『入唐求法巡禮行記』권1 承和 5년(838) 7월 2일조.
32)『入唐求法巡禮行記』권1 承和 5년(838) 8월 22일, 23일조.
33)『入唐求法巡禮行記』권1 承和 5년(838) 10월 5일조.
34)『入唐求法巡禮行記』권1 開成 4년(839) 2월 20일, 21일조.

여[35] 3월 승화견당사일행은 전원 초주를 출발하여 귀국의 길에 올랐다[36]. 淮河를 따라 내려가 산동반도 남부 기슭에 도착했을 때 엔닌은 당에 남아 순례를 계속할 것을 결심하고 견당사 일원과 헤어져 제자인 이쇼(惟正)·이교(惟曉), 그리고 從子인 데이유만(丁雄萬)과 함께 당에 남았다[37]. 이때 엔닌 일행은 산동에서 초주로 목탄을 수송하던 재당신라인들의 도움을 받아 신라인 마을로 안내되었으나 결국 당의 子巡軍中에게 발각되어 다시 견당선으로 이송되었다.

결국 당의 유학을 체념하고 귀국 길에 올랐으나 배는 역풍을 만나 6월 7일 다시 산동반도 동단에 표착하였다[38]. 이튿날 엔닌 일행은 적산법화원에 도착하여 재당신라인들의 보호 속에 그곳에 머무르게 되었다.

이러한 과정 속에서 엔닌은 초주와 연수현의 신라방에 대한 상세한 기록과 재당신라인의 활동에 대해 흥미 깊은 기록을 남겼다. 또한 산동반도 연안으로 이동하며 海州의 宿城村, 密州의 駐馬浦, 牟平縣의 邵村浦, 陶村, 乳山浦 그리고 登州의 赤山村 등 재당신라인 촌락과 그곳을 근거지로 활동하는 다양한 재당신라인의 생활상을 상세하게 기록하였다.

839년의 가을과 겨울을 적산법화원에서 보낸 엔닌 일행은 봄이 되자 당초의 계획을 바꾸어 천태산이 아닌 五臺山으로 구법순례를 시작하였다. 僧院의 신라승려들과 재당신라인들의 권유에 따른 결정이었다.

840년 2월 19일 적산법화원을 출발하여 현청인 文登縣으로 가서 公驗을 획득하고[39] 드디어 오대산을 거쳐 장안에까지 이르는 허가를 얻은 것이다.

35)『入唐求法巡禮行記』권1 開成 4년(839) 2월 24일조.
36)『入唐求法巡禮行記』권1 開成 4년(839) 3월 17일조.
37)『入唐求法巡禮行記』권1 開成 4년(839) 4월 5일조.
38)『入唐求法巡禮行記』권2 開成 4년(839) 6월 7일조.
39)『入唐求法巡禮行記』권2 開成 5년(840) 2월 19일조.

登州에서 萊州·密州를 거쳐 靑州에 이르렀고, 4월 28일에 드디어 오대산에 이르러[40] 2개월 이상 머물렀다. 竹林寺에 들어가 諸院을 순례하기 시작했으며[41], 大華嚴寺에 이르러 승 志遠을 만나 사이쪼가 귀국한 후 일본 천태종이 가지고 있던 의문점 등 延曆寺의 미결 30조를 물었다[42]. 또한 오대산에서 엔닌의 두 제자인 이쇼와 이교는 具足戒를 받았다[43]. 中臺·西臺·北臺·東臺의 순으로 오대산의 다섯 봉우리에 모두 올라 參詣하였다.

7월 오대산을 떠난 엔닌 일행은 서쪽으로 향하여[44] 840년 8월 20일에 황하를 건너 장안에 도착하였다[45]. 장안 동쪽의 資聖寺에 머물며[46] 여러 당승 및 인도승 등 외국승과도 교류하며 불법을 구하였다[47]. 엔닌은 장안에 머무는 동안 자신의 일기에 주로 불법을 구하며 승려들과 교류한 내용, 종교적 제례나 당의 중요한 정치적 사건 등에 대해 기술하고 있다. 수도인 장안에서 일어났을 법한 여러 가지 속세의 사정이나 당인들의 생활상에 대하여는 그다지 많이 기술하고 있지 않다. 이것은 그동안 엔닌이 산동반도에서 오대산을 향해 갈 때나 오대산에서 장안에 이르는 여정 동안 당에 대한 상세한 관심과 주변 및 당인, 당에 체류하는 외국인에 대한 왕성한 호기심 등 다양한 내용과 세세한 사정까지 일기에 기술한 것과는 조금 구별된다고 하겠다.

엔닌이 장안에 머물고 있던 시기는 당에서 武宗에 의한 불교탄압인 이른바 會昌廢佛이 단행되었고 842년경부터 폐불의 움직임은 구체적으

40)『入唐求法巡禮行記』권2 開成 5년(840) 4월 28일조.
41)『入唐求法巡禮行記』권2 開成 5년(840) 5월 5일조.
42)『入唐求法巡禮行記』권3 開成 5년(840) 5월 17일조.
43)『入唐求法巡禮行記』권2 開成 5년(840) 5월 14일조.
44)『入唐求法巡禮行記』권3 開成 5년(840) 7월 1일조.
45)『入唐求法巡禮行記』권3 開成 5년(840) 8월 20일조.
46)『入唐求法巡禮行記』권3 開成 5년(840) 8월 23일조.
47)『入唐求法巡禮行記』권3 會昌 2년(842) 2월 29일, 5월 16일조.

로 나타나기 시작했다[48].

이러한 시대적 분위기를 감지한 엔닌은 841년부터 수차례에 걸쳐 일본으로의 귀국을 원하는 청원서를 제출하기 시작했고[49], 845년 3월에는 환속을 원했다[50]. 엔닌의 이러한 요구는 계속 묵살되었으나 2개월 후 모든 외국승에 대해 환속의 조치와 국외추방의 명이 내려져[51] 엔닌은 드디어 귀국의 길이 열렸다[52].

장안을 출발하여 양주로 가게 된[53] 엔닌일행은 운하를 통해 초주로 가서 일본으로 가는 배를 구하고자 하였으나[54] 초주에의 체류허가가 나지 않아 다시 도보로 산동반도로 출발하여[55] 楚州·海州를 거쳐 密州에 이르렀고 萊州를 거쳐 845년 8월 登州에 도착하였다[56]. 그곳에서 적산법화원이 무참히 파괴된 모습을 보았지만 다시 한 번 재당신라인의 보호 하에 머물렀다.

846년 3월 武宗의 죽음으로 불교탄압이 완화되자 엔닌은 종자 데이유만을 초주에 보내 劉愼言에게 맡겨 두었던 典籍 등을 되찾고[57] 그해 10월에는 일본에서 엔닌을 찾기 위해 揚州에 파견한 엔닌수색대의 일원인 쇼카이(性海)와 만나 '太政官牒', '延暦寺牒' 및 大宰少貳小野恒柯의 書狀, 勅施의 黃金 등을 받았다[58].

48)『入唐求法巡禮行記』권3 會昌 2년(842) 10월 9일조 ; 會昌 3년(843) 정월 17일, 18일, 27일, 2월 1일, 9월 13일조.

49)『入唐求法巡禮行記』권3 會昌 원년(841) 8월 7일조 ; 권4 會昌, 3년(843) 8월 13일조 ; 會昌 4년(844) 3월, 10월조 ; 會昌 5년(845) 3월 3일, 4~5월조.

50)『入唐求法巡禮行記』권4 會昌 5년(845) 3월 3일조.

51)『入唐求法巡禮行記』권4 會昌 5년(845) 4~5월조.

52)『入唐求法巡禮行記』권4 會昌 5년(845) 5월 13일, 14일, 15일조.

53)『入唐求法巡禮行記』권4 會昌 5년(845) 6월 28일조.

54)『入唐求法巡禮行記』권4 會昌 5년(845) 7월 3일, 5일조.

55)『入唐求法巡禮行記』권4 會昌 5년(845) 7월 8일조.

56)『入唐求法巡禮行記』권4 會昌 5년(845) 8월 16일, 27일조.

57)『入唐求法巡禮行記』권4 會昌 6년(846) 2월 5일, 6월 29일조.

847년 봄 張詠이 엔닌의 귀국을 위해 준비한 배에 합류하기 위해 등주를 떠나[59] 6월에 초주에 도착하였다. 그러나 엔닌이 초주에 도착하였을 때 엔닌이 타기로 했던 재당신라인 金珍 등의 배는 이미 초주를 떠나 乳山浦로 향한 뒤였다[60]. 다시 배를 수소문해 산동연안으로 올라가 유산포에서 김진 등의 배를 타고[61] 마침내 9월 2일 등주 문등현 적산포로부터 출발하여 귀국의 길에 올랐다[62].

한반도 서남해안을 따라 15일 간의 항해 끝에 드디어 엔닌은 博多에 도착했다[63]. 승화견당사의 일원으로 일본을 출발한 지 10년 만에 54세의 나이로 귀국한 것이다.

3) 귀국 후 엔닌의 足跡

847년 9월 19일 大宰府 鴻臚館에 도착한 엔닌은[64] 이곳에 머물면서 12월에는 자신이 揚州를 시작으로 五臺山을 거쳐 長安에 이르는 동안 求得했던 經典, 만다라 등의 목록인 『入唐新求聖敎目錄』을 작성했다.

848년 3월 26일에는 쇼카이(性海), 유쇼(惟正)와 함께 入京하였다[65]. 이후 傳燈大法師의 位를 제수 받고, 7월에는 內供奉十禪師에 보임되었으며, 854년 4월에는 延曆寺의 주지가 되어 명실상부 일본 천태종의 3대 座主가 되었다.

---

58) 『入唐求法巡禮行記』 권4 會昌 6년(846) 10월 2일조.
59) 『入唐求法巡禮行記』 권4 大中 원년(847) 윤3월 10일, 12일조.
60) 『入唐求法巡禮行記』 권4 大中 원년(847) 6월 5일조.
61) 『入唐求法巡禮行記』 권4 大中 원년(847) 7월 20일조.
62) 『入唐求法巡禮行記』 권4 大中 원년(847) 9월 2일조.
63) 『入唐求法巡禮行記』 권4 大中 원년(847) 9월 17일조.
64) 『入唐求法巡禮行記』 권4 大中 원년(847) 9월 19일조.
65) 『續日本後紀』 권18 承和 15년(848) 3월 庚申條.

이후에도 계속하여 불법을 수행하고, 863년 10월 병상에 누워 이듬해 (864) 1월 14일에 72세로 입적하였다[66]. 일본 조정은 그가 입적하고 한 달 뒤인 2월 16일에 法印大和尙의 위를 수여하였고[67], 866년 7월 14일에는 엔닌에게 '慈覺大師'라는 諡號를 내렸다[68].

아스카(飛鳥)시대와 나라(奈良)시대를 거치며 일본의 불교는 결국 '鎭護國家'로 귀결되어 불교 본래의 사명인 正覺의 길은 그다지 염두에 두지 않았다. 『大寶令』과 『養老令』에는 神祇令과 함께 僧尼令편이 있다. 신기령이 신을 섬기는 것에 대한 규정인데 반해서 승니령은 전편에 걸쳐 승려의 행동을 속박하는 禁令으로 일관된다. 특히 승려가 공인된 사원 이외의 장소에 따로 도량을 세워 민중을 모아놓고 설교하는 것도 금지하였다[69]. 불교는 '진호국가'만을 담당하는 것이 그 사회적 역할이었고 또 그러한 역할을 한다는 조건부로 보호되고 육성된 것이다. 즉 8세기 단계까지 일본에 전해진 불교는 신앙과는 무관한 문자 상의 지식(教學)이었으며, 宗派 역시 신앙의 차이에 의해서 분립하는 교단이 아니라 단지 연구하는 학문 내용의 차이를 의미하는 것 이었다[70].

이러한 나라(奈良)불교의 전통에 대항해 새로운 시대의 불교를 比叡山에 개창한 것이 바로 엔닌이 스승인 사이쬬(最澄)이다. 특히 그는 1년도 되지 않는 짧은 入唐求法을 통해 다방면에 걸친 방대한 천태불교의 교의와 업적을 일본에 소개하여 天台宗의 1대 座主가 되었다.

이러한 사이쬬에게 師事하고 그의 뒤를 이어 천태종의 지도자로써는

---

66) 『日本三代實錄』 권8 貞觀 6년(864) 正月 14일 辛丑條.
67) 『日本三代實錄』 권8 貞觀 6년(864) 2月 16일 癸酉條.
68) 이와 동시에 사이쬬에게는 傳燈大師, 사이쬬와 함께 입당했던 쿠가이에게는 弘法大師의 칭호가 내려졌다.
69) 養老 1년(717) 교키(行基)법사가 함부로 민간에 설교하며 다녔다는 이유로 탄압을 받았다.
70) 이에나가 사부로, 이영 옮김, 『일본문화사』, 까치, 1999, 67~69쪽.

두 번째로 입당구법한 엔닌은 스승인 사이쪼가 짧은 체류기간으로 인하여 간과했던 천태종의 많은 교의에 대하여 10년 간 당에 머무르며 체계적으로 배울 기회를 가졌던 것이다.

엔닌은 10년에 걸친 입당구법의 기간 동안 새로운 경전의 입수, 교의에 대한 주석, 만다라 등을 모아 일본에 소개했으며, 당으로부터 들여온 의식이나 종교적 실천 등을 일본에 도입하였다.

엔닌은 당에서 귀국하자마자 당에서 얻은 金剛界 曼荼羅와 胎藏界 曼多羅를 복제하게 하였다. 이는 부처의 초상과 불교의 원리를 매우 세심하고 도식적인 형태로 나타낸 거대한 그림이었다. 또한 嘉祥 2년(849) 5월에는 천 명 이상의 승려가 참여한 일대 灌頂의 의식을 자신이 주재하였다. 이러한 과정 속에서 엔닌은 당에서 습득한 밀교수행법을 일본에 소개한 것이다.

엔닌은 스승인 사이쪼가 전수한 종교적이고 철학적인 천태종의 교리에 밀교적 수행법이라고 하는 신앙의 상징적 행위를 성공적으로 결합시키고 대중화시켜 半密敎的 天台宗을 전파한 것이다[71].

또한 그가 長安에 머무는 동안 會昌廢佛이라는 역경 속에서 보여주는 과감한 용단은 누구도 흉내 낼 수 없는 것 이었다[72].

10년이라는 입당구법기간 동안 그는 충실한 제자를 두었고[73] 수많은 승려들과 교류하였으며, 그의 구법순례를 성심껏 도왔던 다양한 계층의 재당신라인 및 당의 관료 등과도 친분을 맺었다. 그는 항해 중 풍랑을 만나거나 조난의 위기에 처했을 때 굳이 인간적인 위약함을 감추려고 하지는 않았다. 그는 자주 실망하고 겁내는 모습도 보여주었으나, 항상 신앙

---

71) E. O. 라이샤워, 조성을 옮김, 『중국 중세사회로의 여행』, 한울, 1991, 41~43쪽.
72) 주58), 주59) 참조.
73) 엔닌의 입당기간 동안 늘 함께 했던 제자승 이쇼(惟正)와 종자 데이유만(丁雄萬)은 엔닌과 함께 귀국하였으나, 제자승 이교(惟曉)는 會昌 3년(843) 7월 24일 당에서 병으로 죽었다(『入唐求法巡禮行記』권4 會昌 3년 7월 25일조).

이나 종교적 열정에 있어서는 동요하는 모습을 보이지 않았으며, 어떠한 역경도 당황하지 않고 헤쳐 나가며 입당구법을 성공적으로 끝마쳤다.

즉 엔닌은 불교에 대한 열정, 학문연구를 통한 지성, 결단성과 친화력을 통해 일관적 업적을 이루어 낸 인물이라 할 것이다. 평민 출신으로 천태종의 3대 座主가 되었으며, 일본 승려로서는 최고의 영예인 '大師라는 칭호를 얻는 업적을 이룬 것이다.

4. 장보고와 엔닌의 역사인식

1) 장보고의 역사인식

장보고에 대한 역사적 평가는 실로 다양하다. 안사의 난 때 활약한 郭汾陽에 비견할 만한 인물(『樊川文集』), 해상왕국의 건설자(金庠基), 해양상업제국의 무역왕(The Trade Prince of the Maritime Commercial Empire)[74) 등 그에 대한 평가는 긍정적이다. 비록 『三國史記』에는 반역을 꾀하다 암살당한 것으로 기록되어 있지만 이후의 연구 성과에 의해 그는 역사적으로 재평가 받은 것이다.

그가 이렇게 역사적 인물로 재평가 받을 수 있었던 것은 그가 확실한 역사인식을 통해 누구보다도 치열한 삶을 살았기 때문일 것이다. 장보고는 시대의 흐름을 정확하게 읽고 있었고 자신이 처한 상황역시 분명히 인식하고 있었다. 그의 출신과 성장과정을 통해 살펴보았듯이 장보고는 한반도 서남단의 완도에서 미천한 신분으로 태어났다. 당시 신라는 골품제에 의해 철저히 지배되는 신분제 사회였다. 진골귀족이 아니면 출세할 수 없는 당시의 폐쇄적 신라사회의 분위기 속에서 자신의 천민과 다름없

---

74) 주 71) 참조.

는 삶에 대해 끊임없이 번민하며 어린 시절을 보냈을 것이다.

그리고 신라사회에서는 벗어날 수 없는 신분이라는 제약을 입당을 통해 벗어나고자 했고, 외국으로 나아가 과감하게 삶의 터전을 바꾸었다. 입당의 직접적 동기는 앞서 살펴본 바와 같이 당시에 계속되는 천재지변과 가혹한 수탈 속에서 삶을 유지하기 위한 어쩔 수 없는 선택이었는지는 모르지만, 그는 당시의 동아시아 사회가 唐에 의해 주도되고 있던 것을 분명히 인식하고 있었고, 당이야말로 주변국에 개방적인 국제적 사회라는 것을 알고 있었으므로 당으로 건너간 것이다.

장보고가 처음 당에 들어가 어떤 일들을 하고 어떻게 정착했는지는 알 수 없다. 그러나 그는 당시 당 후기의 사회가 반당적 절도사세력과 대립하고 있었으므로 군사력이 중요시 되고 있었던 것을 분명히 파악하였고, 또 당시의 募兵制라는 군제 하에서 외국인들도 많이 군대에 편제되어 있는 것을 알고 무녕군에 입대하여, 말단 아졸에서 시작하여 軍中小將의 지위에까지 오른 것이다.

이러한 현실에 대한 분명한 인식은 그가 무녕군을 퇴역한 이후의 행보에서도 확인할 수 있다. 무녕군에서의 복무경험을 바탕으로 당시 산동반도와 연안지역을 중심으로 활발히 이루어지고 있던 동아시아 해상교역에 뛰어 들어 富를 축적하기 시작한 것이다. 당에서 군 복무라는 경험밖에는 아무런 연고가 없는 미천한 출신의 외국인이 살아가기 위해서는 상업, 특히 국제교역에 진출하여 富를 축적하는 것이 최선이라는 점을 분명히 파악하고 있었던 것이다.

장보고의 역사인식은 신라로 귀국하게 된 동기를 살펴볼 때 보다 분명해 진다. 『樊川文集』권6 張保皐鄭年傳에 의하면

> … 장보고는 신라에 귀국하여 그 임금(흥덕왕)을 뵙고 아뢰기를 “중국의 어디를 가보나 신라사람들을 노비로 삼고 있습니다. 바라건대 清海에 鎭營을 설치하시어 신라해로의 요지이니 해적들이 사람을 약탈하여 서쪽

> 으로 가지 못하도록 하기 바랍니다"하였다. 그 임금이 (장보고에게) 만명을 주어 청해에 진을 설치하게 했다. 태화연간(827~835)이후로 해상에서 신라사람을 파는 자가 없었다 …

고 하여, 그가 흥덕왕을 알현한 자리에서 그 뜻을 밝히고 있듯이 신라근해에 출몰하여 신라인을 掠賣하는 해적선을 소탕하기 위해 귀국을 결심한 것이다. 이미 무령군에 복무하면서 신라의 양민들이 해적들에게 강제로 끌려와 도처에서 매매되는 것을 보고 의분을 느낀 것이다. 당시 이러한 신라인의 掠賣는 당 조정의 거듭된 禁令에도 불구하고 여전히 성행하였다. 신라에서는 이러한 문제를 당 조정이 단속해 줄 것을 요청하였고, 이러한 요청을 받아들인 당은 816년 신라인을 노예로 삼는 것에 대한 금령을 내렸지만[75], 금령에도 불구하고 상황은 좀처럼 바뀌지 않았다.

821년 平盧軍節度使 薛苹은 이러한 사실을 上奏하여 신라의 양민을 나포하여 노비로 매매하는 것을 금단할 수 있도록 勅令을 내려달라고 청원하였다[76]. 이에 그해 3월 11일자로 황제의 칙령이 반포되었고, 823년 정월에는 당에 끌려와 있는 新羅奴를 放還하라는 칙령이 내려지기까지 하였다[77]. 그러나 여전히 신라노의 掠賣는 근절되지 않았다. 이는 장보고가 청해에 진을 설치하고 6개월 뒤인 828년 10월 역시 薛苹의 上奏에 따라 황제의 금령이 내려지는 것을 통해서도 확인할 수 있다[78].

이러한 상황을 직접 목격하고 귀국한 장보고는 828년 청해에 진을 설치하여 해적을 소탕하는 한편 청해를 중심으로 동아시아의 해상교역권도 장악하였다.

무녕군을 퇴역하고 해상교역에 종사하던 장보고는 누구보다도 잘 시

---

75) 『册府元龜』 권42 帝王部 仁慈門 元和 11년(816)조.
76) 『唐會要』 권86 奴婢 長慶 원년(821) 3월조.
77) 『舊唐書』 권16 穆宗本紀 長慶 3년(823) 正月 丁巳朔條.
78) 『唐會要』 권86 奴婢 太和 2년(828) 10월조.

대적 분위기를 간파하였을 것이다. 당시의 산동반도는 안사의 난 이후 55년간 절도사 李正己 일가(이정기－이납－이사고－이사도)에 의해 통치되었을 뿐만 아니라 이들은 海運押新羅渤海兩蕃使를 겸직하면서 해상교역권마저 독점하고 있었다. 그런데 819년 이사도군의 토벌로 해상교역에 힘의 공백상태가 도래하였고, 당·신라·일본의 동아시아 삼국에서는 중앙의 지방통제력이 약화되며 그간 엄격히 규제되고 있던 私貿易이 활기를 띠기 시작하였다. 이러한 역사적 상황을 분명히 인식하고 富를 축적해 가던 장보고는 결국 신라로 돌아와 청해를 거점으로 당과 일본을 아우르는 동아시아 해상교역망의 구축을 실현하고자 하였다[79]. 당에서는 외국인이라는 신분 때문에 국제교역활동에 여러 제약이 따랐을 것이고, 일본과의 교역을 생각할 때도 완도가 가지는 여러 이점이 장보고에게 귀국이라는 결단을 내리도록 하였을 것이다.

장보고의 이러한 노력은 성공적으로 이루어졌다. 장보고는 수시로 당에 交關船을 파견하고 大唐賣物使를 통해 재당신라인사회와 연계하며[80]산동반도에서 황해연안을 따라 남쪽의 장강하구까지 이어지는 대당교역을 장악하였다.

또한 일본에도 廻易使를 파견하여 교역을 전개하였다. 장보고의 무역선단은 일본과의 교역 역시 독점하다시피 하여 『續日本後紀』에 의하면 일본에서는 물품대금을 미리 지불하고 장보고선단의 물품이 도착하기를 기다렸고[81], 백성들이 장보고선단의 교역품을 앞 다투어 사느라 家產을 탕진하는 경우도 있어 이를 경계하기도 하였으며[82], 심지어 장보고는 일본조정에 말안장 등을 선물로 바치며 公貿易을 요구하기까지 하

79) 권덕영, 앞의 논문, 36～37쪽.
80) 『入唐求法巡禮行記』 권2 開成 4년(839) 6월 27일, 28일조.
81) 『續日本後紀』 권11 承和 9년(842) 正月 乙巳條.
82) 『續日本後紀』 권10 承和 8년(841) 2月 戊辰條.

였다[83]. 물론 이것은 일본조정의 거부로 실현되지 않았지만 이후로도 장보고선단의 대일교역은 계속되었다.

이렇게 자신에게 주어진 현실에 대한 이해와 분명한 역사인식은 이후 그의 과감한 결단력과 새로운 것에 대한 끊임없는 도전정신을 불러 일으켰다. 그는 해상교역을 통해 축적한 富를 이용해 재당신라인 사회에 영향력을 행사하며 그 사회를 조직화하며 이끌어 갔으며[84] 여기에 만족하지 않고, 신라로 귀국하여 청해진을 통해 다시 한 번 자신의 꿈을 이루려 하였다. 물론 청해진의 설치과정에서 보여준 그의 동포애 역시 간과해서는 안 될 것이다[85].

당에서 장보고는 경제력은 장악할 수 있었을지 모르지만 외국인으로서 정치적·군사적 기반을 확보한다는 것은 불가능하다는 점을 분명히 인식하였다. 이러한 상황을 인식하고 귀국을 결정한 그의 결단력이야 말로 기존의 질서에 순응하지 않고 늘 새로운 세계에 도전하며 새로운 질서를 형성해 나가려는 개혁의지였던 것이다.

母國의 사회제도에 순응하지 않고 당에 진출하여 삶의 기반을 마련한 뒤 당에서 얻은 경험과 군중소장이었다는 지위 그리고 막강한 부를 이용하여 그는 신라 정부와 타협하며 청해진을 설치하고 협력관계를 형성해 낸 것이다.

그러나 장보고는 골품이라는 신분의 제약에서 끝내 벗어나지 못했다. 앞에서 살펴보았듯이 신라조정으로부터 부여받는 '청해진대사', '감의군

83) 『續日本後紀』 권9 承和 7년(840) 12月 己巳條 ; 권10 承和 8년(841) 2月 戊辰條.

84) 장보고가 재당신라인 사회에 미친 영향력이나 그들 사회와 연계하여 조직적으로 국제교역을 주도했던 것은 『入唐求法巡禮行記』 전권을 통해 무수히 확인 할 수 있다. 특히 赤山法華院을 건립하여 재당신라인사회의 통합의 구심점을 마련한 것은 잘 알려진 사실이다(『入唐求法巡禮行記』 권2 開成 4년 6월 7일조).

85) 주8) 참조.

사', '진해장군'이라고 하는 지위는 신라 고유의 官職이 아니라 장보고에게만 주어진 유일한 것이었다. 이것은 신라사회가 여전히 골품제에 의해 유지되고 있음을 보여 주는 것이다. 미천한 신분의 '해도인'인 그가 아무리 당에서 누렸던 지위와 경제력, 군사적 기반을 통해 완도에 청해진을 설치하고 동아시아 해상교역을 선도하며 신라의 중앙정계에 까지 영향력을 행사하였다고 해도 그는 골품제 하의 관직에 나아갈 수 없었으며, 신라의 귀족사회와 동화될 수 없는 배타적 협력관계의 형성, 왕권과의 적절한 타협이라는 한계를 지닐 수밖에 없었던 것이다.

이러한 한계는 결국 그의 죽음을 야기하였다. 청해진을 중심으로 동아시아의 해상교역이 독점적으로 발전함에 따라 이익을 상실한 군소해상세력들은 점차 장보고와 그의 무역선단에 불만을 품게 되었을 것이다. 또한 그가 청해진을 통해 이룩한 경제력과 군사력을 매개로 중앙정치에 개입하여 영향력을 행사하고 왕실의 외척의 지위에 까지 이르려는 그의 야망은 결국, 無力하지만 골품이라는 신분제 사회에서 문벌의 권위를 자랑하는 중앙귀족의 시기심과 불안감을 자극했을 것이다. 그 결과 그는 이 적대적인 두 세력의 은밀한 합작에 의해 제거된 것이다[86].

2) 엔닌의 역사인식

『入唐求法巡禮行記』의 전기록을 통해 보면 엔닌은 외국승으로서, 당에 장기 유학하고 있는 이방인으로서 자신이 교유했던 인물 및 당의 정치적, 사회적, 경제적 상황에 대한 전반적 지식의 습득을 통해 당의 문화풍속과 일본과의 비교 인식 등 다방면에 걸쳐 현실과 역사에 대해 인식하고 있다[87].

---

86) 이기동, 앞의 논문, 227쪽.

87) 졸고, 「圓仁의 入唐求法과 동아시아인식」, 『동양사학연구』 107, 2009.

그러나 역시 그는 유학승의 신분으로서 당에서의 견문을 통해 불교중심으로 역사인식의 폭을 확대하고 있다. 특히 엔닌은 당에서 '三武一宗'의 불교탄압의 한 사례인 武宗의 폐불사건(845, 會昌廢佛)을 겪으며 사건의 자세한 정황과 당시 승려로서의 고뇌를 통해 역사인식의 폭을 확대하고 있다. 여기에서는 회창폐불을 겪으며 엔닌의 역사인식이 어떻게 확립되어 가는가를 중심으로 살펴보자.

무종이 즉위한 840년 가을 엔닌은 장안에 도착하여 資聖寺에 머물게 되었다[88]. 자성사에 머물며 엔닌이 살펴본 즉위 초 무종의 불교정책은 다분히 불교에 호의적이어서 장안에 사원을 재건하고 50여 명의 승려를 주석하게 하였다[89]. 그러나 이후 무종의 관심은 점차 도교로 기울어지고 있었다. 엔닌 역시 자신의 기록을 통해 도교우위의 불교차별을 감지하고 있다. 이듬 해 연두에 연호를 개정하기에 앞서 太淸宮과 南郊壇에서 齋를 올리고[90], 황제의 탄생일을 기념하여 열리는 재에 도사와 승려가 모두 참여하고는 있지만 도사에게만 紫色의 袈裟를 하사하였다[91]. 이후에도 무종의 탄생일을 기념하는 재에 도사에게만 紫袈裟를 하사하는 일은 계속되며 도교중시와 함께 불교에 대한 탄압의 조짐이 나타나기 시작하였다. 엔닌은 內供奉制가 폐지되는 것을 보며 "당 황실이 더 이상 불교승려를 궁중에 들이는 것을 바라지 않게 되었다"며 비통해하였다[92].

무종의 불교탄압은 점차 가시화되어 保外의 無名僧을 쫓아내고 童子와 沙彌를 두지 못하게 하는 것을 시작으로[93], 승려의 수를 제한하고

88) 『入唐求法巡禮行記』 권3 開成 5년(840) 8월 23일조.
89) 『入唐求法巡禮行記』 권3 開成 5년(840) 9월 6일조.
90) 『入唐求法巡禮行記』 권3 開成 6년(841) 정월 7일, 8일조.
91) 『入唐求法巡禮行記』 권3 開成 6년(841) 6월 11일.
92) 『入唐求法巡禮行記』 권3 會昌 2년(842) 5월 29일, 권4 會昌 3년(843) 6월 11일조.
93) 『入唐求法巡禮行記』 권3 會昌 2년(842) 3월 3일조.

승려의 개인재산몰수와 재산몰수를 피해 환속하려는 승려는 환속시키는 등[94]의 칙령이 내렸다. 탄압은 더욱 가혹해져 불경을 불사르고 불상을 부수고 승려들을 내쫓고, 잔류한 승려들의 활동에도 엄격한 제재가 가해졌다[95].

그러나 무종의 불교탄압은 844년 후반이후 廢佛의 양상으로 옮겨가고 있었다. 무종의 광기에 가까운 불교배척과 도교에의 심취에 의해사원과 불탑이 파괴되고, 승려의 환속과 추방이 이루어졌으며, 사원의 노예와 그 외의 재산몰수 등에 의해 당대의 불교는 무너지고 있었다[96].

이러한 불교탄압을 목격하며 엔닌은 귀국을 결심하고 이에 대한 청원을 계속하였다. 앞서 살펴본 바와 같이 841년 8월 귀국의 청원을 시작으로[97] 이후에도 몇 차례 귀국을 청원하는 서장을 올렸지만 외국승의 환속과 귀국이 결정되기까지는 4년이라는 시간이 흘렀고 드디어 845년 5월 13일에야 귀국을 허가하는 서장을 받게 되었다. 그 4년간 엔닌은 스스로 기록하였듯이 100회 이상 귀국을 바라는 탄원서를 내고 때로는 뇌물과 후원자의 영향력을 이용하였지만 모두 효과가 없었다[98].

이러한 불교탄압을 겪으며 엔닌은 자신의 심경을 기록하고 있는데

> … 문서·필사한 경론·지념의 교법·만다라 등을 꾸리고 모두 포장을 마쳤다. 문서와 의복은 전부 네 꾸러미였다. 곧 나귀 세 마리를 사고 관가의 결정서가 오기를 기다렸다. 마음은 환속이 걱정되는 것이 아니라 다만 필사한 聖教를 몸에 지니고 가지 못할까 걱정스러웠다. 또 칙을 내려 불교를 절단하였다. 돌아가는 길에서 여러 주·부가 짐을 검사하여 실물을 보고서 칙을 어긴 죄를 부과하지 않을까 두렵다[99]

94)『入唐求法巡禮行記』 권3 會昌 2년(842) 10월 9일조.
95)『入唐求法巡禮行記』 권4 會昌 4년(844) 3월조.
96)『入唐求法巡禮行記』 권4 會昌 4년(844) 7월 15일, 10월, 會昌 5년(845) 3월 3일, 4~5월조.
97) 주 49) 참조.
98) 주 49) 참조.

고 하였다. 즉 엔닌은 회창폐불이라는 당시 당의 불교계의 현실을 직시하고 더 이상 당에 머물 이유가 없음을 깨닫고 귀국을 결심한 것이다. 갖은 고난을 겪으며 불법으로 당에 유학을 시작하여 당의 수도인 장안에까지 이르러 일본 출발 당시부터 염원하고 있던 불법을 구하였으므로 환속을 당하더라도 오로지 당에서 구한 불법과 그 경전 등을 무사히 일본에 전하겠다는 일념인 것이다. 이를 위해 자신이 할 수 있는 모든 방법을 동원하여 귀국의 길을 찾고 준비를 해 온 것이다.

물론 그 과정에서 승려로서의 모습이 아닌 속인들과 마찬가지로 갖은 방법을 동원하는 모습도 보이지만, 이러한 엔닌의 결단력은 당시의 현실을 직시하고 무사히 그간 자신이 수집한 경전 등을 가지고 귀국하는 것이 청익승으로의 역사적 임무를 다하는 것이라는 역사인식의 결과라 할 수 있을 것이다. 그러므로 유학승에게 주어질 수 있는 가장 극단의 상황인 환속과 추방이라는 고난을 극복하고 10여 년간의 입당구법을 마치고 무사히 마치고 귀국하여 이후 일본에 천태종과 밀교의 수행법을 전할 수 있었던 것이다.

5. 맺음말

이상을 통해 9세기 전반 동아시아사회에서 자신의 처지와 역사에 대한 분명한 인식을 통해 신분의 한계를 넘어 동아시아사상에 우뚝 선 장보고와 엔닌의 足跡과 그들의 역사인식에 대해 살펴보았다.

신라인 장보고는 미천한 海島人 출신으로서 골품제에 의한 신분제사회의 차별과 제약을 당시 동아시아 사회를 선도하던 당에 체재하면서

99) 『入唐求法巡禮行記』 권4 會昌 5년(845) 4~5월조.

얻은 경험과 경제적 기반을 통해 극복하고 귀국하여 완도에 청해진을 설치하고 이를 기반으로 동아시아 삼국간의 국제교역을 독점하였다. 끝내 신라사회의 신분제라는 제약을 극복하지 못하고 왕위계승전쟁에 휘말려 죽음을 맞이하였지만, 현실에 대한 냉철한 역사 인식과 적극적 의지로 동아시아 해상교역을 주도하였다.

일본의 승려 엔닌 역시 평민 출신으로서 귀족들이 주도해 가는 사회의 흐름 속에서 당시 천태종의 발전이라는 일본 불교계의 새로운 움직임을 분명히 인식하고, 10년 간 천태종의 본산인 당에서 求法巡禮하며 확고한 의지로 온갖 역경을 이겨내고 당 무종의 회창폐불이라는 가혹한 시련 속에서 환속과 추방이라는 극단의 상황을 경험하면서도 천태종의 교의 및 밀교적 불교수행법 등을 배워 일본에 전하였다.

장보고와 엔닌은 모두 당시의 현실에 대한 분명한 역사인식을 통해 자신에게 주어진 사회적 제약을 극복하기 위해 당이라는 세계로 눈을 돌리고, 그곳에서 확고한 의지와 결단력으로 도약의 기반을 마련하고 본국으로 귀국하여 자신의 뜻을 펼친 9세기 전반기의 동아시아인이었다.

參 考 文 獻

1. 자료

『三國史記』
『三國遺事』
『舊唐書』
『新唐書』
『唐會要』
『册府元龜』

『樊川文集』
『續日本後紀』
『日本三代實錄』
『入唐求法巡禮行記』
『慈覺大師傳』
『續群書類從』

2. 논저

권덕영, 「張保皐略傳」, 『경북사학』 25, 2002.
金文經, 『淸海鎭의 張保皐와 東亞細亞』, 향토문화진흥원, 1998.
金庠基, 「古代의 貿易形態와 羅末의 海上發展에 就하야(1)－淸海鎭大使 張保皐를 主로 하야－」, 『震檀學報』 1, 1934.
李基東, 「張保皐와 그의 海上王國」, 『新羅社會史硏究』, 일조각, 1997.
이유진, 「圓仁의 入唐求法과 동아시아인식」, 『동양사학연구』 107, 2009.
이에나가 사부로, 이영 옮김, 『일본문화사』, 까치, 1999.
최광식 외, 『해상왕 장보고 그는 누구인가?』, (재)해상왕장보고기념사업회, 2002.
E. O. 라이샤워, 조성을 옮김, 『중국 중세사회로의 여행』, 한울, 1991.

山內晋次, 「9世紀東アジアにおける民衆の移動と交流」, 『歷史評論』 555, 1996.
佐伯有淸(「朝鮮系氏族とその後裔たち」, 『古代史の謎を探る』, 讀書新聞社, 1973.
佐伯有淸, 『円仁』, 吉川弘文館, 1988.
蒲生京子, 「新羅末期の張保皐の擡頭と反亂」 『朝鮮史硏究會論文集』 16, 1979.

柿本人麻呂의 作歌 속에 나타난 歷史認識

尹 永 水*

1. 서 론

필자는 근래에 발표한 논문에서 人麻呂(히토마로)의 時間觀에 대하여 말하기를, "人麻呂는 구승문학이 기록문학으로, 신화시대가 역사시대로 넘어오는 과도기에 살았던 사람으로서 그 누구보다도 세월의 변화와 시간의 흐름에 민감하게 반응했던 시인이었다. (중략) 히토마로는 현재의 시점에 서서, 지나간 잃어버린 그 무엇인가를 열렬히 추구해 마지않는 영원성(永遠回歸)에 대한 갈망을 절실히 노래하기는 하지만, 결국 '시간'이라는 것은 흐르는 시냇물처럼 한 번 흘러가면 되돌아 올 수 없다는 깊은 인식과 더불어, 지나간 '과거'라는 시간도 결코 다시 돌이킬 없다는 시간관을 가지고 있었다. 물론 이러한 시간관에는 인간이란 有限的인 존재라는 인식도 함께 내포되어 있다고 볼 수 있다. 人麻呂는 역사의 커다란 소용돌이 속에서 인간의 삶과 죽음·왕조의 흥망과 성쇠·역사와 인간의 변화를 體現한 전환기의 시인이었다"[1])고 주장한 바가 있다.

* 경기대학교 교수

그렇다면 "사회현상을 시간적 계기에 있어서 파악하고, 그 추이에 주체적으로 관계하려는 의식"[2]이라 규정지을 수 있는 역사의식 내지는 역사인식의 문제에 있어서는 人麻呂는 어떠한 태도를 보이고 있는가? 이 문제를 해결하기 위해서도, 방법론적으로 먼저 『萬葉集』 속의 人麻呂의 작품에 의존할 수밖에 없을 것이다. 그것은 正史에 일체 모습을 보이지 않는 人麻呂의 존재를 나타내 주는 것이 현재까지 유일하게도 『萬葉集』 속의 그의 노래밖에 없기 때문이다. 그리고 人麻呂의 문학적 營爲를 人麻呂歌集歌를 포함하여 <略体歌→非略体歌→作歌>라고 하는 동태적 시각에서 바라볼 때, 人麻呂의 어떤 작품에서 그의 역사인식을 찾아볼 수 있을까? 이 점에 있어서, 먼저 人麻呂歌集歌 365수 가운데 196수에 달하는 略体歌는 그 내용에 있어서 대부분이 남녀 간의 사랑을 노래한 相聞歌(戀歌)로 이루어졌다는 점에서 일단 분석의 대상에서 제외해도 좋을 것이다. 또한 人麻呂歌集歌의 약 3분의 1(127수)을 차지하고 있는 非略体歌도 歌風이 作歌와 비슷하고 내용적으로도 人麻呂의 궁정적인 생활과 황자황녀와의 관계를 엿볼 수 있는 작품이 적지 않다고는 하지만, 기본적으로 短歌만으로 되어 있고 宮廷讚歌나 殯宮挽歌가 없다는 점에서 人麻呂의 역사의식이 나타난 작품은 없다고 보아도 과언이 아닐 것이다. 더욱이 非略体歌 중에서 人麻呂의 歌風형성과 인생을 파악하는데 중요한 歌群으로 인식되어온 <卷向歌群>[3]이나 卷十의 秋雜歌部에 실려 있는 38수의 <七夕歌群>도 사랑의 애달픔이나 자연과 인생의 모순과 갈등을 노래하고는 있지만, 人麻呂의 역사인식을 파악할 만한 작품은 없다고 보아야 할 것이다.

---

1) 尹永水, 「日本古代詩歌에 나타난 時間觀－人麻呂歌를 중심으로－」, 『東아시아古代學』 제16집, 東아시아古代學會, 2007.12, 144～145쪽.
2) "社會現象を時間的契機において捉え、その推移に主體的にかかわりあってゆこうとする意識"(『日本國語大辭典』 第十卷, 小學館, 1196쪽).
3) 尹永水, 『日本의 古代歌聖 柿本人麻呂研究』, 景仁文化社, 2001, 220～222쪽.

이밖에 人麻呂歌集歌에 포함되어 있는 5·7·7·5·7·7의 6句 형식의 旋頭歌 35수도 있지만, 口誦的·民謠的·集團的인 가요의 성격이 농후한 歌体라는 점에서 人麻呂의 작품에 나타난 역사인식을 고찰하기에는 적합하지 않다고 볼 수 있다.

따라서 人麻呂의 역사인식을 살펴볼 수 있는 유일한 방법은 역시 人麻呂作歌에서 찾아야 할 것이고, 그것도 역사적 사건을 배경으로 한 작품 중에서 그 가능성을 발견해야 하리라 생각된다. 이와 같이 본 연구는 일본의 고대가인 柿本人麻呂가 그의 작품 속에서 역사를 어떻게 인식하고 있는가를 주로 역사적 사건을 배경으로 한 작품을 통해서 파악해 보고자 한다. 이러한 연구는 지금까지 일본학자들에 의해서도 그다지 이루어진 적이 없다고 볼 수 있고, 人麻呂의 시간의식과 더불어 중요한 과제라고도 볼 수 있을 것이다.

2. 人麻呂作歌의 세계

人麻呂歌集歌를 제외하고, 88수에 달하는 人麻呂作歌[4)]의 제작연대를 명확히 알 수 있는 것은 持統천황 三年(689) 四月에 사망한 황태자 草壁(日並)황자의 殯宮행사 때에 지은 挽歌를 시작으로 해서, 文武천황 四年(700)에 사망한 明日香황녀의 殯宮時에 지은 挽歌를 마지막으로 하는 약 12년간에 걸쳐 제작된 노래가 대부분이다. 人麻呂作歌 중에서 한 가지 특징적인 것은 長歌가 많다는 점이고, 69수를 헤아리는 短歌도 과반수 이상이 <長歌+反歌>로 이루어져 있다는 점이다. 이러한 人麻呂作歌의 세계를 제재별로 나누어 보면 다음과 같다.

4) 위의 책, 240~241쪽.

⑴ 荒都를 슬퍼하는 노래
① 近江荒都를 지날 때의 노래 (卷一, 29~31)
② 宇治河邊의 노래 (卷三, 264)
③ 夕浪千鳥의 노래 (卷三, 266)

⑵ 天皇의 행차나 皇子들의 出遊와 관련 있는 노래
① 吉野宮에 행차 갔을 때의 노래 (卷一, 36~39)
② 伊勢國의 행차시, 京에 머물러 있을 때의 노래 (卷一, 40~42)
③ 天皇雷岳에 행차시의 노래 (卷三, 235)
④ 輕皇子가 安騎野에 머물렀을 때의 노래 (卷一, 45~49)
⑤ 長皇子, 獵路池에 出遊했을 때의 노래 (卷三, 239~241)
⑥ 新田部皇子에게 바치는 노래 (卷三, 261~262)

⑶ 皇子皇女의 죽음을 애도하는 노래
① 日並皇子의 殯宮挽歌 (卷二, 167~170)
② 明日香皇女의 殯宮挽歌 (卷二, 196~198)
③ 高市皇子의 殯宮挽歌 (卷二, 199~202)
④ 河島皇子의 죽음을 애도하는 노래 (泊瀨部皇女·忍坂部皇子에게 바치는 獻歌)(卷二, 194~195)

⑷ 一般人의 죽음을 애도하는 노래
① 吉備津采女의 죽음을 애도하는 挽歌 (卷二, 217~219)
② 讚岐狹岑島의 石中死人을 애도하는 挽歌 (卷二, 220~222)
③ 香具山의 시체를 보고 애도하는 挽歌 (卷三, 426)
④ 土形娘子를 애도하는 挽歌 (卷三, 428)
⑤ 溺死한 出雲娘子를 애도하는 挽歌 (卷三, 429~430)

⑸ 人麻呂 자신의 私的인 노래 (妻關係歌 포함)
① 石見相聞歌 (卷二, 131~139)
② 泣血哀慟歌 (卷二, 207~216)
③ 石見國에서의 臨死時의 自傷歌 (卷二, 223)

⑹ 羇旅歌
① 柿本朝臣人麻呂羈旅歌 (卷三, 249~256)

② 筑紫國에 내려갈 때, 海路에서 지은 노래 (卷三, 303~304)

(7) 기타, 七夕歌(1수)·相聞歌(7수)·雜歌(4수)가 있음.

위의 제재상의 분류는 절대적인 것이 아니고, 어디까지나 필자가 편의상 분류해 본 것이다. 다시 말하면, 관점에 따라 近江荒都를 지날 때의 노래를 천황의 近江 행차 때의 노래로 볼 수도 있고, 宇治河邊의 노래나 夕浪千鳥의 노래를 人麻呂 자신의 여행에 속하는 羇旅歌로 간주할 수도 있다. 또한 吉備津采女挽歌나 土形娘子·出雲娘子를 火葬할 때의 挽歌를 일반인의 죽음을 애도하는 노래로서 간주하기에는 약간 모순적일 수도 있다.

그렇지만 위와 같이 人麻呂作歌의 세계를 분류하여 살펴보는 것도 그다지 틀리지는 않을 것이다. 人麻呂作歌의 세계를 살펴볼 때, 먼저 눈에 띄는 것은 人麻呂作歌 중에는 私的인 작품보다는 公的인 작품이 압도적으로 많다는 점이고, 그 공적인 작품도 거의 人麻呂와 궁정과의 관계에서 비롯된 궁정관계가라는 점일 것이다. 이와 같이 人麻呂의 궁정가인으로서의 성격이 作歌의 세계에서는 뚜렷하게 나타나고 있는데, 이 점은 人麻呂歌集에서 볼 수 있는 성격과도 매우 다른 것이다. 즉, 人麻呂歌集에서는 정열에 넘친 젊은 相聞歌人으로서의 면모와 사적인 궁정관계를 엿볼 수 있는 반면에, 作歌에서는 공적인 궁정가인으로서의 人麻呂의 위상을 확인할 수 있는 것이다.

그러면 여기에서 人麻呂作歌의 작품세계를 <역사인식>이라는 측면에서 작품 하나하나를 좀 더 자세히 분류해 보기로 하자.

첫째, 荒都를 슬퍼하는 <近江荒都歌>(卷一, 29~31)는 주지하는 바와 같이, 人麻呂의 近江朝에 대한 印象 내지 感傷을 노래한 작품으로서 長歌 전반의 敍事詩的인 서술부분을 비롯하여 <近江遷都>(667년)와 <壬申의 난>(672년)이라는 역사적 사실을 배경으로 하고 있다는 점, 그리고 人麻呂의 개인적 서정이 잘 나타나 있다는 점에서 人麻呂의 역사인식을 엿볼 수 있는 중요한 작품이라 볼 수 있다. 宇治河邊의 노래(卷三, 264)와 夕浪千鳥의 노래(卷三, 266)도 <近江荒都歌>의 연장선상에서 파악될 수 있는 작품이라고 볼 때, 당연히 고찰해야 할 대상으로 간주할 수 있다.

둘째, 천황의 행차나 황자들의 出遊와 관련 있는 노래는, 세 번째의 황자황녀의 죽음을 애도하는 挽歌와 더불어 人麻呂의 궁정가인으로서의 성격을 가장 잘 나타내주는 작품이라 볼 수 있다. 그 중에서 持統천황이 吉野宮에 행차 갔을 때의 작품인 <吉野讚歌>(卷一, 36～39)는 천황찬미·궁정찬미·국토찬미의 성격을 띠고 있다는 점에서 人麻呂의 개인적 역사인식을 엿볼 수 있는지 면밀히 고찰해 보아야 할 작품이라 판단된다. 또한 持統천황이 이카즈치언덕(雷岳)에 행차 갔을 때의 노래,

> * 大君は 神にし座せば 天雲の 雷の上に 廬らせるかも(卷三, 235)
> 大君은 神이시기에 천둥치는 하늘의 구름 위에 암자를 짓고 계시는구나!

의 경우도 천황을 신격화하고 찬미하고 있다는 점에서 人麻呂의 역사인식을 파악하는데 관련지어 깊게 생각해 보아야 할 것이다. 이밖에 伊勢國 행차시에 京에 머물러 있을 때의 노래(卷一, 40～42)나 輕皇子가 安騎野에 머물렀을 때의 노래(卷一, 45～49)의 경우는 서경적·서정적·회상적인 내용으로 되어 있어 人麻呂의 역사인식을 엿볼 수 있는 작품과는 거리가 멀다. 한편 長皇子가 獵路池에 出遊했을 때의 노래(卷三, 239～241)나 新田部皇子에게 바치는 노래(卷三, 261～262)의 경우는 황자에 관한 찬미와 친애의 정을 담고 있어 人麻呂를 둘러싼 시대적 환경과 함께 그의 역사인식의 문제를 생각해 보아야 할 작품으로 간주된다.

셋째, 황자황녀의 죽음을 애도하는 노래는 모두 황자황녀의 죽음을 역

사적 배경으로 하면서 人麻呂가 궁정을 대표하여 빈궁만가를 바치고 있다는 점에서 작품 중에 人麻呂의 역사인식이 나타나 있는지 면밀히 고찰해 볼 필요가 있고, 人麻呂 작품 중에서 가장 스케일이 크고 웅혼한 사상을 담고 있는 작품들이다. 특히 高市황자의 殯宮挽歌(卷二, 199～202)는 長歌가 149句에 이르는 『萬葉集』 중에서 최대의 장가로서 <壬申의 난>과 高市황자의 죽음(持統十年, 696)을 역사적 배경으로 하고 있다는 점에서 중요하다고 볼 수 있다. 뿐만 아니라, <壬申의 난>과 人麻呂와의 관계를 보여주는 작품으로서 일찍부터 일본학계에서 거론되어 왔다. 그러므로 본고에서는 <高市皇子殯宮挽歌>에 대해서만 고찰해 보기로 한다.

이밖에 일반인의 죽음을 애도하는 노래나 石見相聞歌(卷二, 131～139)·泣血哀慟歌(卷二, 207～216) 등의 私的인 노래들은 서정시인으로서의 人麻呂의 면모가 잘 나타나 있을 뿐, 人麻呂의 역사관이나 역사인식을 살펴볼 만한 작품이라고는 생각되지 않는다.

이상과 같이, 人麻呂作歌의 세계는 매우 다양하다고 볼 수 있지만, 人麻呂의 역사인식을 살펴볼 수 있는 작품은 역시 <近江荒都歌>를 비롯하여 <高市皇子殯宮挽歌>와 같은 황자황녀의 죽음을 애도하는 노래나 <吉野讚歌>와 같은 궁정관계가에서 찾아야 할 것이다.

3. 作歌 속에 나타난 歷史認識

人麻呂의 <近江荒都歌>는 많은 학자들이 지적하는 바와 같이, 近江朝에 대한 人麻呂의 의식을 엿볼 수 있는 노래로서 題詞와 내용은 물론, 작품의 성격, 성립사정, 장가말미의 감동의 주체문제, 그리고 人麻呂의 생의 비밀이나 경력에 관한 문제와도 밀접하게 관련되어 있는 대단히 중요한 작품으로 인식되어 왔다. 뿐만 아니라, 필자는 이 작품에서 人麻呂의 역사인식도 어느 정도 파악해 볼 수 있지 않을까 생각된다.

過近江荒都時 柿本朝臣人麻呂作歌
(近江의 황폐한 宮都를 지날 때, 柿本朝臣人麻呂가 지은 노래)

玉たすき 畝火の山の 橿原の 日知の御代ゆ(或は云ふ, 宮ゆ) 生れましし 神のことごと 樛の木の いやつぎつぎに 天の下 知らしめししを(或は云ふ, めしける) 天にみつ 大和を置きて あをによし 奈良山を越え(或は云ふ, 空みつ 大和を置き あをによし 奈良山越えて) いかさまに 思ほしめせか(或は云ふ, おもほしけめか) 天離る 夷にはあれど 石走る 淡海の國の 樂浪の 大津の宮に 天の下 知らしめしけむ 天皇の 神の尊の 大宮は 此處と聞けども 大殿は 此處と言へども 春草の 繁く生ひたる 霞立つ 春日の霧れる(或は云ふ, 霞立つ 春日か霧れる 夏草か 繁くなりぬる) ももしきの 大宮處 見れば悲しも(或は云ふ, 見ればさぶしも) (下線 筆者)(巻一, 29)

우네비산 카시와라에서 등극하신 神武천황 때부터(혹은 이르기를, 궁으로부터) 태어나신 모든 천황이 차례차례로 천하를 다스린 것을(혹은 이르기를, 다스리시던) 大和를 두고, 奈良山을 넘어(혹은 이르기를, 大和를 두고 奈良山 넘어서) 어떻게 생각하셨는지 하늘 저 멀리 떨어진 시골이건만, 近江의 大津宮에서 천하를 다스렸을, 天智天皇의 大宮은 여기라고 들었건만, 大殿은 여기라 하건 만은, 봄풀이 무성히 나 있는 안개 피어나는 봄날의 아지랑이 자욱한(혹은 이르기를, 안개 피어나는 봄날인가 아지랑이 자욱한 여름풀인가 무성히 나 있는) 대궁 터를 바라보니 슬프구나!(혹은 이르기를, 바라보니 쓸쓸하구나!) (밑줄 필자)

反 歌

* 樂浪の 志賀の辛崎 幸くあれど 大宮人の 船待ちかねつ(巻一, 30)
志賀(시가)의 辛崎(가라사키)는 그 옛날과 다름없는데, (여기서 뱃놀이하던) 대궁인의 배는 이제 더 이상 기다릴 수 없게 되었구나!

* 樂浪の 志賀の(一に云ふ, 比良の)大わだ 淀むとも 昔の人に またも逢は

めやも(一に云ふ, 逢はむと思へや)(巻一, 31)
志賀의(일설에, 比良의) 큰 바다 물굽이는 여전히 출렁거리고 있건만, 옛 사람을 다시 만날 수 있으랴(일설에 만나리라 생각할 수 있으랴) 아니 이제 만날 수 없게 되었구나!

위의 노래는 「是時、天下百姓、不願遷都、諷諫者多。童謠亦衆。日日夜夜、失火處多」[5]라고 하는 『日本書紀』의 기술에서도 알 수 있듯이, 667년 3월 飛鳥지방의 호족·사원·농민층의 강한 반발에도 불구하고 滋賀(시가)지방으로 천도를 감행했던 역사적 사실과 672년 壬申의 난으로 인하여 大津宮이 황폐해 버린 역사적 사실, 近江朝의 멸망을 배경으로 하면서 장가말미에 '슬프구나!' '쓸쓸하구나!'라는 강렬한 서정을 표출하고 있는 人麻呂의 대표작품이라 볼 수 있다. 長歌 전반부(玉たすき～天の下 知らしめしけむ)에 神武천황부터 天智천황에 이르기까지의 일본의 역대 천황들이 大和에서 차례차례 천하를 다스렸다는 皇統譜가 묘사되어 있지만, 이 서술부분이 역사적 사실과는 다르다는 것은 이미 학자들의 연구에 의해 분명히 밝혀진 지 오래다. 그렇지만 이 서술부분에는 어디까지나 당시에 있어서의 人麻呂의 역사인식과 大和中心思想이 투영되어 있다고 보아야 할 것이다. 그리고 전반부 말미에는 近江으로의 천도과정이 道行文 형식으로 묘사되어 있고, 후반부에서는 필자가 이미 살펴 본 바와 같이,[6] 현재의 시점에 선 人麻呂가 荒都의 현실에 직면하여 자신의 개인적·주체적 감동을 생생하게 토로하고 있는 것이다.

그런데 이 <近江荒都歌>는 장가 중간의 異例的인 시구인 <いかさまに 思ほしめせか>와, 장가말미의 人麻呂의 개인적·주체적 감동 및 反歌 두 수에 있어서의 서정, 그리고 본 <近江荒都歌>와 연장

5) 『日本書紀』 天智天皇六年三月條.
6) 尹永水, 앞의 책, 180~188쪽.

선상에 있는,

柿本朝臣人麻呂從近江國上來時, 至宇治河邊作歌一首
(柿本朝臣人麻呂, 近江지방에서 上來할 때, 宇治河邊에 이르러 지은 노래 한 수)

* もののふの 八十氏河の 網代木に いさよふ波の 行く方知らずも(卷三, 264)
우지강(宇治河)의 어살물 때문에 흐르지 못하고 머무르던 물결이 어느새 행방도 모르게 되었구나!

柿本朝臣人麻呂歌一首
* 淡海の海 夕浪千鳥 汝が鳴けば 情もしのに 古思ほゆ(卷三, 266)
近江 琵琶湖의 저녁물결 위에 지저귀는 물새 떼여! 네가 울면 내 마음도 풀이 죽어 시들어 그 옛날이 생각나네!

의 노래를 통해 보더라도, 人麻呂의 近江朝에 대한 印象 내지는 역사인식이 작품 속에 깊이 스며들어 있는 듯이 생각된다. 즉 近江朝의 멸망을 슬퍼하고 안타까워하는 人麻呂의 시적 감동은 역설적으로 말하면, 近江朝는 멸망해서는 안 되고 영원히 번영했어야 하는 역사이어야 했고 왕조였어야 했던 것이다. 그럼에도 불구하고 결코 일어나서는 안 되었던 <壬申의 난>이라는 쿠데타는 일어났고, 그로 인해 近江朝는 결국 멸망해 버린 것이다. 이 近江朝의 멸망과 荒都의 현실을 人麻呂는 시로써 그 슬픔을 노래하고 있는 것이다.

다음으로 <壬申의 난>과 관련지어 살펴보아야 작품은 人麻呂의 <高市皇子殯宮挽歌>(卷二, 199～202)이다.

高市皇子尊城上殯宮之時、柿本朝臣人麻呂作歌一首幷短歌
(高市皇子님의 城上의 殯宮행사 때에, 柿本朝臣人麻呂가 지은 노래 一首 및 短歌)

かけまくも ゆゆしきかも 言はまくも あやに畏き 明日香の 眞神の原に

ひさかたの 天つ御門を かしこくも 定めたまひて 神さぶと 磐隱ります やすみしし わご大君の きこしめす 背面の國の 眞木立つ 不破山越えて 高麗劒 和蹔が原の 行宮に 天降り座して 天の下 治め給ひ 食す國を 定めたまふと 鷄が鳴く 吾妻の國の 御軍士を 召し給ひて ちはやぶる 人を和せと 服從はぬ 國を治めと 皇子ながら 任け給へば 大御身に 太刀取り帶ばし 大御手に 弓取り持たし 御軍士を あどもひたまひ 齊ふる 鼓の音は 雷の 聲と聞くまで 吹き響せる 小角の音も 敵見たる 虎か吼ゆると 諸人の おびゆるまでに 捧げたる 幡の靡は 冬ごもり 春さり來れば 野ごとに 着きてある火の 風の共 靡くがごとく 取り持てる 弓弭の騷 み雪降る 冬の林に つむじかも い卷き渡ると 思ふまで 聞きの恐く 引き放つ 矢の繁けく 大雪の 亂れて來れ 服從はず 立ち向ひしも 露霜の 消なば消ぬべく 行く鳥の あらそふ間に 渡會の 齋の宮ゆ 神風に い吹き惑はし 天雲を 日の目も見せず 常闇に 覆ひ給ひて 定めてし 瑞穗の國を 神ながら 太敷きまして やすみしし わご大王の 天の下 申し給へば 萬代に 然しもあらむと 木綿花の 榮ゆる時に わご大王 皇子の御門を 神宮に 裝ひまつりて 使はしし 御門の人も 白栲の 麻衣着 埴安の 御門の原に 茜さす 日のことごと 鹿じもの い匍ひ伏しつつ ぬばたまの 夕になれば 大殿を ふり放け見つつ 鶉なす い匍ひもとほり 侍へど 侍ひ得ねば 春鳥の さまよひぬれば 嘆きも いまだ過ぎぬに 憶ひも いまだ盡きねば 言さへく 百濟の原ゆ 神葬り 葬りいまして 麻裳よし 城上の宮を 常宮と 高くまつりて 神ながら 鎭まりましぬ 然れども わご大王の 萬代と 思ほしめして 作らしし 香具山の宮 萬代に 過ぎむと思へや 天の如 ふり放け見つつ 玉襷 かけて偲はむ 恐かれども (下線 筆者)(卷二, 199)

마음에 두고 생각하는 것조차 조심스럽고, 입으로 말하는 것조차 황공스러운 아스카(明日香)의 마카미(眞神) 들판에 궁궐을 정하시고 지금은 神처럼 행동하신다고 해서 陵墓 속에 숨어 계시는 天武天皇이 다스리시는 북쪽지방의 森林 우거진 후와산(不破山)을 넘어, 와자마(和蹔) 들판의 行宮에 내려오셔서 천하를 평정하시어 나라를 정하시려고, 東國지방의 병사를 소집하시어 난폭한 사람을 진정시켜라, 복종하지 않는 나라를 다스리라고, 황자의 몸이신 高市皇子에게 맡기셨기 때문에, 황자는 몸소 큰칼 차시고, 손에는 활을 드시고, 병사들을 불러 정렬하시고, 隊伍를 갖추시는 북소리는 우뢰소리로 들릴 정도이고, 불어제치는 북 피리 소리도, 적을 노려보는 호랑이의 울부짖는 소리처럼 사람들이 겁낼 정도이고, 치켜든

깃발의 펄럭이는 모양은, 이른 봄 들녘마다 타고 있는 불이 바람과 함께 나부끼며 번지는 것 같고, 들고 있는 활고자(弓弭)의 요란한 소리는 눈 내리는 겨울 숲에 부는 회오리바람 몰아치듯이 듣기에도 무섭고, 쏘아대는 화살의 빗발침은 大雪이 쏟아지듯 하고, 복종하지 않고, 대항하는 적군도, 이슬이나 서리처럼 죽으라면 죽어라 하고 목숨 걸고 싸우는 그때에, 伊勢의 神宮으로부터 神風을 불게 하여 적을 혼란시키고, 天雲으로 햇빛도 가려, 세상을 온통 어둠으로 뒤덮어서, 평정하신 일본국을, 神으로서 다스리시고, 우리 高市皇子가 천하를 다스리시어, 만대까지 이와 같이 계속되리라고 생각하고, 천하가 크게 번영하고 있을 때에, 갑자기 우리 황자의 御殿을 초상집의 神宮으로 꾸미시고, 황자가 부리시던 사람들도 삼베옷의 喪服을 입고, 埴安(하니야스)의 御殿 앞에, 하루 종일 사슴처럼 엎드려 있고, 저녁이 되면, 大殿을 우러러 바라보고, 메추라기처럼 기어 다니며 문안을 드려도, 그 보람도 없기에, 봄날 새처럼 방황하며 울고 있으니, 탄식도 아직 다하지 않았는데, 생각도 아직 끝나지 않았는데, 百濟(구다라)의 들판을 行喪이 지나가고, 城上(기노에)의 宮을 영원한 궁으로 하여 정중히 제사 드리니, 황자는 신이 되어 거기에 鎭座하셨다. 하지만 우리 高市皇子가 萬代까지 생각하셔서 지으신 香具山의 宮이, 만대 뒤에도 설마 사라져 없어지겠는가. 무궁한 하늘처럼 우러러보며, 마음에 두고 그리워하겠노라. 황공스러운 일이지만. (밑줄 필자)

短歌二首

* ひさかたの 天知らしぬる 君ゆゑに 日月も知らず 戀ひ渡るかも(巻二, 200)
지금은 돌아가셔서 하늘을 다스리시는 그대 때문에 세월도 모른 채 언제까지나 사모하고 있네!

* 埴安の 池の堤の 隱沼の 行方を知らに 舍人はまとふ(巻二, 201)
高市皇子의 御殿이 있던 埴安지역의 연못제방 늪의 물처럼 舍人들은 갈 길 몰라 하노라!

或書反歌一首

* 哭澤の 神社に神酒すゑ 禱祈れども わご王は 高日知らしぬ(巻二, 202)
哭澤(나키사와)의 神社에 神酒를 바치며 기도했지만, 나의 님은 하늘 높이 올라가 하늘을 다스리게 되었네!

위의 빈궁만가는 天武천황의 황자로서 壬申의 난 당시 吉野軍의 총사령관으로서 크게 활약했던 高市황자가 持統十年(696) 七月十日 사망했을 때, 人麻呂가 지은 儀禮的 만가에 속하는 작품이다. 작품의 성격으로 보아 궁정의 葬儀나 殯宮행사 때 불려지고 헌상되었음에 틀림없다. 그러므로 어디까지나 공적인 성격을 띠는 작품으로 간주할 수 있고, 따라서 人麻呂의 개인적 서정은 그다지 찾아볼 수 없으리라 생각된다.

그렇지만, 종래 본 작품의 장가 전반부에 기술되어 있는 壬申의 난 당시의 생생한 전투장면의 서술부분이 다름아닌 人麻呂의 參戰으로 인한 직접경험에 의해서 비롯되었다고 하는 주장[7])도 있었다. 이 문제에 대하여는 필자가 이미 別稿[8])에서 논술한 바와 같이, 작품 속에 人麻呂의 臨戰感은 느껴지지 않을 뿐 아니라, 무엇보다도 殯宮挽歌라는 공적인 의례가의 성격과 이 노래가 詠誦된 場의 논리로 볼 때, 작품 속에 작자의 개인적 체험이나 감정이 移入될 여지는 없다고 생각되고, 내용적으로도 서정성보다는 서사성이 풍부한 작품인 점에서 人麻呂의 壬申의 난의 參戰說은 그 가능성이 희박하다고 판단하고 있다. 더욱이 위의 장가가 『文選』 潘安仁의 誄의 영향을 받았다는 지적도 있고,[9]) 실제 일본에 존재하지도 않은 호랑이가 작품 속에 <敵見たる虎か吼ゆると>와 같이 등장한다는 사실 등도 壬申의 난의 전투장면에 관한 서술이 人麻呂의 참전에 의한 체험적 묘사가 아니라, 한문학을 통한 지식적·관념적인 표현임을 나타내주고 있다고 볼 수 있다. 따라서 <高市皇子殯宮挽歌>에 나타난 壬申의 난의 서술 장면은, 人麻呂가 어디까지나 持統朝의 궁정의례가인으로서 殯宮挽歌를 지어 바치지 않으면

---

7) 土屋文明, 『萬葉集私注一(新訂版)』, 筑摩書房, 1976, 323쪽.
8) 尹永水, 「柿本人麻呂에 있어서의 壬申의 亂과 天武朝」, 『日本學報』 第37輯, 韓國日本學會, 1996.11, 320～322쪽.
9) 阿蘇瑞枝, 『柿本人麻呂論考』, 櫻楓社, 1972, 521～522쪽.

안 되었던 입장에서, 당시까지 전해 내려온 壬申의 난에서의 高市皇子의 武勇談을 자신의 풍부한 漢籍에 관한 지식과 시적 재능에 의해 구성하고 묘사한 것이라고 결론내릴 수 있을 것이다. 또한 전반적으로 人麻呂의 개인적 감동이나 의식을 찾아보기는 어려운 작품이라 생각된다.

그러나 필자가 위의 작품에서 무엇보다 주목하고 싶은 것은, 밑줄 친 부분을 통하여 당시에 있어서의 시대적 분위기나 人麻呂의 역사인식을 어느 정도 엿볼 수 있지 않을까 하는 점이다. 즉 壬申의 난에서 天武側이 승리한 것은 伊勢神宮으로부터 불어온 神風의 加護가 있었다고 하는 서술과 <神ながら 太敷きまして>라는 표현은 당시의 시대적 분위기에 따른 서술이라 할지라도, 人麻呂의 역사의식이 어느 정도 투영된 표현이 아닐까 여겨진다. 그것은 다름 아닌 壬申의 난에서 승리한 것은 天照大神의 가호가 있었기 때문이고, 일본은 신으로서의 천황이 다스리는 나라라고 하는 神話的 발상의 역사인식 내지 역사관을 人麻呂는 갖고 있었던 것으로 판단된다. 그리고 이러한 역사의식은

壬申年之亂平定以後歌二首
(壬申年의 난을 평정한 이후의 노래 두 수)

* 大君は 神にし座せば 赤駒の 匍匐ふ田井を 都となしつ(巻十九, 4260)
大君은 신이시기에 얼룩말 기어 다니는 논밭을 皇都로 만드셨도다!

* 大君は 神にし座せば 水鳥の 多集く水沼を 都となしつ(巻十九, 4261)
大君은 신이시기에 물새 떼 모여드는 늪을 皇都로 만드셨도다!

의 노래에서 알 수 있듯이, 壬申의 난 이후에 급속도로 高揚된 天武朝의 天皇卽神사상과 現人神사상과 같은 시대적·사상적인 영향에 의한 점도 있지만,[10] 당시에 있어서의 人麻呂 개인의 역사인식을 반영해

10) 尹永水, 「天武朝의 文學과 政治」, 『日本文化學報』 第27輯, 韓國日本

주고 있다고도 생각되는 것이다. 人麻呂 자신도 持統朝에 내려와

* 大君は 神にし座せば 天雲の 雷の上に 廬せるかも(巻三, 235)
大君은 신이시기에 천둥치는 하늘의 구름 위에 암자를 짓고 계시는구나!

* 大君は 神にし座せば 雲隱る 雷山に 宮敷きいます(巻三, 235의 或本歌)
大君은 신이시기에 구름 속에 숨은 천둥 산에 御殿을 짓고 계시는구나!

* 大君は 神にし座せば 眞木の立つ 荒山中に 海を成すかも(巻三, 241)
大君은 신이시기에 거목이 울창한 거친 산속을 바다로 만드셨도다!

와 같이, 천황이나 황자를 신격화하고 찬미하는 노래를 열렬히 부르고 있는 것으로 보아, 天武·持統朝의 시대정신(白鳳정신)에 완전히 同化된 역사인식을 보여주고 있음을 알 수 있다. 그리고 이러한 역사인식은 천황찬미·궁정찬미·국토찬미의 내용을 담고 있는 人麻呂의 <吉野讚歌>(巻一, 36～39)에서도 엿볼 수 있다.

幸于吉野宮之時, 柿本朝臣人麻呂作歌
(吉野宮에 행차 가셨을 때, 柿本朝臣人麻呂가 지은 노래)

〈第一長歌와 反歌〉
* やすみしし わご大君の 聞し食す 天の下に 國はしも 多にあれども 山川の 淸き河內と 御心を 吉野の國の 花散らふ 秋津の野邊に 宮柱 太敷きませば 百磯城の 大宮人は 船並めて 朝川渡り 舟競ひ 夕河渡る この川の 絶ゆることなく この山の いや高知らす 水激つ 瀧の都は 見れど飽かぬかも(巻一, 36)

나의 대왕이 다스리시는 온 세상에 나라는 많이 있지만, 그 중에서도 산과 강이 깨끗하고 아름다운 가와치(河內)라 하여, 마음을 기울이시던 요시노(吉野)지방의 꽃이 흩날리며 지는 아키츠(秋津)들녘에 궁궐기둥을 단단히 세워 궁전을 지으시니, 大宮人은 배를 줄지어 아침강을 건너고 배

文化學會, 2005.11, 272～274쪽.

를 다투어 저녁강을 건너는구나! 이 강처럼 영원히 끊어지는 일없이, 이 산처럼 점점 드높이 다스리시는 폭포가 있는 궁전은 아무리 보아도 싫증나지 않는구나!

反 歌

* 見れど飽かぬ 吉野の河の 常滑の 絶ゆることなく また還り見む(巻一, 37)
아무리 보아도 싫증나지 않는 요시노강의 물이끼처럼 끊임없이 다시 돌아와 보겠노라!

〈第二長歌와 反歌〉

* やすみしし わご大君 神ながら 神さびせすと 吉野川 激つ河内に 高殿を 高知りまして 登り立ち 國見をせせば 疊づく 青垣山 山神の 奉る御調と 春べは 花かざし持ち 秋立てば 黃葉かざせり 逝き副ふ 川の神も 大御食に 仕へ奉ると 上つ瀨に 鵜川を立ち 下つ瀨に 小網さし渡す 山川も 依りて仕ふる 神の御代かも(巻一, 38)

나의 대왕은 신이시기에 신으로서 행동하신다고 하여, 요시노강의 물살이 거센 강변에 높게 궁전을 지으시고, 그 위에 올라서서 온 나라를 굽어보시니, 푸른 울타리처럼 겹겹이 연이은 산들은, 山神이 바치는 貢物이라 하여, 봄에는 꽃을 머리에 꽂고, 가을이 되면 울긋불긋 물든 단풍잎으로 장식하네. 산 따라 흐르는 강의 신들도 대왕이 드시는 음식으로 바친다 하여, 강의 상류에는 그물을 치고, 하류에는 망테를 치는구나. 산도 강도 다가와 시중드는 신이신 대왕의 盛代로다!

反 歌

* 山川も 依りて仕ふる 神ながら たぎつ河内に 船出せすかも(巻一, 39)
산도 강도 다가와 시중드는 신이신 대왕은 물살이 거센 깊은 강에 배 띄워 떠나시네!

위의 長短歌 각 1수씩으로 되어 있는 二篇의 <吉野讚歌>는 종래 "人麻呂의 작품 중 가장 우수하다" "人麻呂 一代의 傑作" "완전히 인간을 超絶한 音響"[11]이라는 등, 격찬을 받은 적도 있지만, 다음의 長

11)『左千夫全集』第七卷, 岩波書店, 1977, 108쪽.

谷川如是閑처럼 부정적인 평가를 받기도 한다. 즉, 長谷川는 <吉野讚歌>에 대하여 직접적인 평가를 내리지는 않지만, 人麻呂의 작품에 대하여 "완전히 空疎한 한문적 과장이며, 기교로서도 저열하다" "人麻呂의 태도는 萬葉的이라기보다는 國史的이다"[12]라는 비평과 더불어, "低級한 감각미의 유희적 표현" "수사나 言辭上의 粉飾은, 전적으로 한문학에서 얻은 직역적인 것이고, 그렇다면 한시를 짓는 편이 낫다" "이 한문으로부터 얻은 言辭의 리듬 등은 감각의 리듬으로서도 저급한 것이고, 음악적이라고 말할 수 있을지 어떨지 물론 의심스럽다" "人麻呂의 장가는 항상 실감이 부족하기 때문에, 단순한 감각을 기교적으로 표현하는 경우에도, 당시의 사회인의 감각으로부터는 거리가 있는, 舶來의 支那的 감각을 담으려고 한다" "人麻呂의 노래는 몹시 어용시인적 천박성을 선명하게 드러내 주고, 또한 무내용의 修辭家인 본색을 폭로해 주고 있다. … 따라서 나는 人麻呂를 어용시인의 元祖라고 부르는 것이다" "人麻呂는 단가에 있어서 萬葉人이 되어 있다. 그러나 그 감각은 반드시 다소의 형식적 감각미에 빠져 있고, 생활감각의 박력이 부족하다"[13]등의 혹평을 가하고 있는 것이다.

이상과 같이, 人麻呂의 <吉野讚歌>와 그의 작품은 긍정적인 평가와 부정적인 평가를 동시에 받고 있지만, 무엇보다도 人麻呂의 궁정가인으로서의 면모와 어용시인적인 모습이 동시에 나타나 있는 작품이라 생각된다. 또한 필자가 이미 고찰해 본 바와 같이,[14] 詩的 形象과 構成에 있어서도 人麻呂의 독창적인 작품이라기보다는 前代의 문학적 전통인 記紀가요나 國見歌 및 궁정찬미가의 형식을 모방 또는 계승하면서

12) 長谷川如是閑, 「萬葉集に於ける自然主義」, 『改造』, 1933年 1月號, 80쪽.
13) 長谷川如是閑, 「御用詩人柿本人麻呂」, 『短歌研究』, 1933年 3月號, 74～78쪽.
14) 尹永水, 「人麻呂의 詩歌와 傳統性에 관한 一考察－宮廷讚歌를 中心으로－」, 『日語日文學研究』 第30輯, 韓國日語日文學會, 1997.6, 385쪽.

祝詞의 관용구나 傳承的 詞章 등을 상당히 도입하고 있음을 알 수 있다. 작품의 내용도 <第一長歌와 反歌>에서는 吉野에 대한 국토찬미와 궁정찬미의 詩情이 넘쳐흐르고 있는 반면에, <第二長歌와 反歌>에서는 吉野의 산과 강도 천황에게 봉사하는 천황의 태평성대를 노래하면서 천황을 찬미하고 있다. 게다가 <神ながら> <神さびせす> <山神> <川の神> <神の御代>와 같은 어구를 많이 사용함으로써 現人神사상의 극도로 고양된 모습을 볼 수 있고, 궁정에 예속된 어용시인적인 성격도 보이고 있다. 그렇지만 필자는 위의 작품을 통해서도 시대정신에 순응하고 역사적 환경에 완전히 동화되어 있는 人麻呂의 모습을 바라볼 수 있고, 이러한 모습에서 人麻呂의 역사인식도 찾아볼 수 있지 않을까 생각한다. 다시 말하면, 본 작품이 人麻呂가 持統천황의 吉野행차에 수행원으로 따라갔을 때, 천황을 비롯한 궁정인들의 요구에 의해 제작되었고, 내용적으로도 비현실적이고 관념적인 내용이 많을지라도 국토찬미나 궁정찬미·천황찬미의 내용을 한 치의 의심이나 주저함 없이 열렬하게 노래 부르고 있다는 점에서, 天武·持統朝의 시대정신을 온전히 體現化한 人麻呂의 모습을 발견할 수 있는 것이다. 따라서 人麻呂야말로 당시의 시대적 상황과 역사적 현실에 대하여 어느 정도 적극적이고도 긍정적인 역사인식을 갖고 있었던 것으로 판단된다.

그러면, 마지막으로 人麻呂가 이상과 같은 역사인식을 가지게 된 人麻呂시대의 역사적 환경에 대하여 살펴보기로 한다.

4. 人麻呂시대의 역사적 환경

일찍이 五味智英는 <近江荒都歌>를 통해 壬申의 난이 人麻呂에게 미친 영향에 대하여 언급하기를,

"天智로부터 天武로의 새로운 전개를 위해 개혁의 성취를 위한 진통이 었던 壬申의 난은 소년시절인 그에게 있어서 그 의의를 확실히 파악할 수는 없었을 것이다. 그러나 무시무시할 정도로 서로 죽이며 전개해 가는 세상의 모습은 心魂에 사무치고 메아리쳐, 그의 생의 형성에 크게 작용했음에 틀림없다. 십여 년이 지난 후, 荒都인 舊都에 서서 오른 쪽의 反歌(卷一, 30~31)와 같은 침통한 動亂調[15]를 형성할 수 있었던 까닭은 여기에 있다."[16]

고 기술한 적이 있다. 내용으로 보아 人麻呂의 연령을 필자보다는 서너 살 적게 잡고 있는 듯하나,[17] 감수성이 예민한 소년시절에 壬申의 난을 겪었다고 하는 점만은 동일하다.

그러면, 五味智英의 주장처럼 壬申의 난이 人麻呂의 생의 형성에 커다란 영향을 미쳤다고 한다면, 壬申의 난 이전의 역사적 환경은 어떠했는가에 대한 파악도 필요하다. 이것에 대하여 필자는 人麻呂가 사춘기 소년시절을 보냈을 것이라고 추정되는 近江朝의 정치와 역사적 환경 및 문학적 상황에 대하여 살펴본 적이 있다.[18] 그 결과 白村江전투에서의 패배와 백제멸망이 계기가 되어 성립한 近江朝는 백제의 망명지식인들이 당시의 정치와 문학에 깊이 참여하여 활약하면서 일본고대국가의 발달과 日

15) <動亂調>란 逆接이나 反語를 포함한 重厚하고 비극적인 聲調, 즉 자연과의 融即을 志向하는 감정과 자연과 인간과의 괴리에 있어서의 悲嘆이라고 하는, 서로 싸우는 두개의 감정의 모순적 표현을 가리킴(稻岡耕二, 「人麻呂における<動亂調>の形成」, 『萬葉集研究』 第五集, 190쪽).

16) 五味智英, 「人麻呂—時代と作品(二)」, 『萬葉集の作家と作品』, 岩波書店, 1982, 14쪽.

17) 필자는 人麻呂를 大和의 백제인 마을에서 태어나, 17·8세의 나이로 온 가족과 함께 近江遷都時, 滋賀의 韓崎(가라사키) 근처로 옮겨가 살다가 壬申의 난을 당한 백제계 渡倭人의 후손일 것이라 보고 있다(尹永水, 앞의 책, 65~81쪽). 따라서 壬申의 난 당시는 人麻呂의 나이가 22·3세에 이르지 않았을까 판단하고 있다.

18) 尹永水, 「近江朝의 文學과 政治」, 『東아시아古代學』 第10輯, 東아시아古代學會, 2004.12, 74~89쪽.

本文化史上에 큰 영향을 미친 시대로서, 문학사적으로는 日本文學史上의 획기적인 대전환기이면서 일본문학과 萬葉歌의 발달을 가져온 결정적인 계기가 된 시기였으며, 정치사적으로도 백제의 망명지식인들을 정치에 적극 참여시킴으로써 선진의 정치가 펼쳐지고, 이로 말미암아 결국 일본의 역사가 크게 발전할 수 있는 轉機를 맞이하게 되었다는 사실을 알 수 있었다. 이와 같이 近江朝는 白村江 싸움에서의 패배와 백제멸망, 그리고 그로 인한 백제유민들의 일본으로의 망명, 近江遷都 등으로 인한 정치적·사회적 불안정한 시기를 극복하고, 안정적인 분위기 속에서 궁정문화와 정치가 크게 발전했던 시기라고 규정할 수 있겠다.

한편, 壬申의 난 이후의 天武朝의 역사적 환경은 어떠했는가? 필자가 이미 고찰해 본 바로는,[19] 황위계승문제에 대한 大海人황자의 불만과 집권욕, 近江조정의 중앙집권의 강화와 백제의 망명지식인 및 유력호족의 우대정책에 대한 지방호족층과 신라계 세력의 불만으로 발생한 壬申의 난이 계기가 되어 탄생한 天武朝(672～686년)는 天皇卽神사상과 現人神사상이 극도로 高揚된 시대로서 일본고대사에 있어서 <大化改新>(645년) 이래 추진해온 천황을 정점으로 하는 중앙집권국가와 율령에 의한 지배체제가 거의 완성단계에 이르고 있음을 파악할 수 있었다. 또한 <帝紀 및 上古諸事>의 記定에 의해 나중에 『古事記』『日本書紀』가 편찬되고, 이로 인해 세계에서도 그 유례를 그다지 찾아볼 수 없는 체계화되고 정치적인 일본신화가 탄생되어 나온다는 점에서, 天武朝가 가지는 日本文化史上의 의의도 자못 크다는 사실을 알 수 있었다.

그러나 天武朝는 어디까지나 쿠데타에 의해 수립된 왕조인 만큼, 정치적 개혁이 급선무였고, 문학은 크게 발달하지 못하였다. 그 이유로서는 近江朝에 있어서의 한문학에 뛰어난 백제의 망명지식인들의 문학적

19) 尹永水, 「天武朝의 文學과 政治」, 279쪽.

전통을 계승 발전시키지 못했을 뿐만 아니라, 궁정문학과 한문학도 침체하였고, 萬葉歌의 작품 수도 그다지 많지 않았다는 사실을 근거로 들 수 있다. 따라서 天武朝는 柿本人麻呂 등이 크게 활약하는 持統朝(686~696년)의 和歌 황금기를 준비하는 시기는 될지언정 융성기는 결코 아니었고, 문학과 정치를 비롯한 모든 면에서 日本化의 경향이 뚜렷이 나타나고 있음을 확인할 수 있었다.

다음으로 정치사적으로 고대왕권의 확립자인 天武천황의 遺業을 오로지 계승하고 완성하려고 했던 持統朝는 중앙과 지방에 이르는 정치기구의 정비는 물론이고, <大宝律令>의 완성에 의해 <大化改新> 이래 추구해온 율령에 의한 지배체제와 중앙집권적 국가가 확립 완성된 시대였다. 이러한 의미에서 天武朝와 持統朝는 기본적으로 같은 성격의 왕조로 볼 수 있다. 문학사적으로는 柿本人麻呂가 문학사의 전면에 公的으로 등장하면서 창조성이 풍부한 萬葉歌를 제작하여 不朽의 걸작을 남긴 고대문학의 최성기였다. 특히 人麻呂가 持統朝의 궁정가인적인 존재로서 장엄하고 長大한 궁정만가를 지을 수 있었던 시대적 상황에는 역사의식과 국가의식이 크게 발달한 天武朝에 있어서 天武·持統과 함께 '倭國'이 아니라 '日本'이라는 새로운 국가건설에 참여한 황자황녀들이 持統朝에 와서 뜻하지 않은 죽음을 맞이한다는 사실[20]도 간과해서는 안 될 것이다.

5. 결 론

人麻呂에게 있어서 '시간'이란 강물처럼 한 번 흘러가면 되돌아오지

20) 尹永水, 「挽歌의 傳統과 人麻呂의 詩歌－宮廷挽歌를 中心으로－」, 『日語日文學硏究』 第34輯, 韓國日語日文學會, 1999.6, 99쪽.

않는, 그저 영원한 곳을 향해 직선적으로 흐르는 것이고, 만물은 그 직선 위에 한 때 머물러 있는 존재일 뿐이다. 지나간 과거라는 시간도 결코 다시 돌이킬 수 없는 것이고, 동일한 시간은 두 번 다시 오지 않는다. '역사'란 바로 이러한 시간 위에 펼쳐지는 인간의 營爲라고 해도 그다지 틀리지는 않을 것이다.

지금까지 7세기 후반에 살았던 일본의 고대가인 柿本人麻呂의 역사인식을 『萬葉集』 속의 그의 작품을 통해 살펴보았다. 그 결과, 人麻呂는 개인의식·역사의식·국가의식이 前代에 비해 현저하게 발달했던 시대에 살면서 인간의 삶과 죽음, 왕조의 흥망과 성쇠, 역사와 인간의 변화를 직접 체험했던 사람으로서 그의 역사인식의 片鱗을 자신의 노래 속에 내비치고 있다. 즉, 人麻呂는 天智천황이 일본의 역대천황들과 마찬가지로 大和에서 천하를 다스려야 했음에도 불구하고 大和를 떠나 近江의 大津宮으로 천도를 단행한 사실에 대하여 그 의도를 잘 이해할 수 없다는 인식을 내비치고 있다. 그렇지만 결국 壬申의 난으로 인해 황폐화되고 멸망해 버린 天智천황의 近江朝는 결코 멸망해서는 안 되었고, 영원히 번영했어야 했으며, 계속 이어져야만 했던 왕조였다는 인식을 마음속에 갖고 있었다. 그리고 壬申의 난에서 天武側이 승리한 것은 天照大神의 加護가 있었기 때문이고, 일본은 現人神인 천황이 다스리는 나라라고 하는 점에서 神話的 발상의 역사인식 내지는 역사관을 가지고 있었음을 알 수 있었다.

한편, 人麻呂는 시간의 흐름에 따른 역사의 변천에 대해서도 어느 정도 긍정적이고도 적극적인 태도를 보이고 있다. 즉, 그것이 비록 人麻呂 자신을 둘러싼 역사적 환경에 한 개인으로서 어쩔 수 없는 상황일지라도 시대정신에 순응하고 역사적 환경에 同化되어 있는 모습을 발견할 수 있는 것이다. 따라서 人麻呂야말로 당시의 시대적 상황과 역사적 현실에 대한 적극적이고도 긍정적인 역사인식을 갖고 日常道의 삶을 열렬히 살았던 歌人으로 평가할 수 있다.

參考文獻

『萬葉集』(日本古典文學大系), 東京, 岩波書店, 1985, 1～374쪽.

『日本書紀』(日本古典文學大系), 東京, 岩波書店, 1967, 1～627쪽.

『日本國語大辭典』 第十卷, 東京, 小學館, 1981, 1～1420쪽.

『懷風藻·文華秀麗集·本朝文粹』(日本古典文學大系), 岩波書店, 1964, 1～520쪽.

『左千夫全集』 第七卷, 東京, 岩波書店, 1977, 1～480쪽.

阿蘇瑞枝, 『柿本人麻呂論考』, 東京, 櫻楓社, 1972.

稻岡耕二, 「人麻呂における<動亂調>の形成」, 『萬葉集硏究』 第五集, 東京, 塙書房, 1976, 157～193쪽.

五味智英, 「人麻呂－時代と作品(二)」, 『萬葉集の作家と作品』, 岩波書店, 1982, 13～20쪽.

土屋文明, 『萬葉集私注一 (新訂版)』, 東京, 筑摩書房, 1976, 1～385쪽.

長谷川如是閑, 「萬葉集に於ける自然主義」, 『改造』, 1933年 1月號.

長谷川如是閑, 「御用詩人柿本人麻呂」, 『短歌硏究』, 1933年 3月號.

尹永水, 『日本의 古代歌聖 柿本人麻呂硏究』, 서울, 景仁文化社, 2001, 1～425쪽.

尹永水, 「日本古代詩歌에 나타난 時間觀－人麻呂歌를 중심으로－」, 『東아시아古代學』 제16집, 東아시아古代學會, 2007, 127～147쪽.

尹永水, 「近江朝의 文學과 政治」, 『東아시아古代學』 第10輯, 東아시아古代學會, 2004, 55～105쪽.

尹永水, 「天武朝의 文學과 政治」, 『日本文化學報』 第27輯, 韓國日本文化學會, 2005, 267～282쪽.

尹永水, 「人麻呂의 詩歌와 傳統性에 관한 一考察－宮廷讚歌를 中心으로－」, 『日語日文學硏究』 第30輯, 韓國日語日文學會, 1997, 363～388쪽.

尹永水,「柿本人麻呂에 있어서의 壬申의 亂과 天武朝」,『日本學報』第37輯, 韓國日本學會, 1996, 315~330쪽.
尹永水,「挽歌의 傳統과 人麻呂의 詩歌－宮廷挽歌를 中心으로－」,『日語日文學研究』第34輯, 韓國日語日文學會, 1999, 85~108쪽.

일본의 동양사학자 나이토 고난의 역사인식
-지나인식과 문화사관을 중심으로-

신 현 승*

1. 머리말

어느 한 시대를 살다간 지식인들의 思惟 양식은 필연적으로 시대 상황과 그 시대가 자의적 혹은 타의적으로 요구하는 시대정신의 제약을 받을 수밖에 없다. 물론 시대를 초월하는 사유 양식을 소유했던 지식인들도 존재했지만, 대부분의 경우 그 시대의 환경에 의해 제약받는다. 역사 또한 마찬가지이다. 역사의 한 의미가 '事實로서의 역사'라면 역사는 인간의 사유 방식에 따라 우연적 내지는 필연적 사건과 사고가 발생하였다. 또 역사의 또 다른 의미로서 기술(記述)로서의 역사라면 거기에는 그 사실을 서술할 때의 인식 문제가 필연적으로 대두된다. 실제로 지식인들이 어떻게 그 당시의 시대를 인식하고 생각하느냐에 따라 전쟁과 평화가 반복되었다 할 수 있다. 우리에게는 비극의 역사로 기억되고 있는 20세 전반의 일제 강점기, 더불어 이 20세기 전반은 동아시아 세계를 포

* 고려대학교 아세아문제연구소 HK연구교수

함하여 아시아 전체가 식민지 제국주의로 점철되었던 뼈아픈 역사의 기억으로 우리에게 남아 있다.

그럼 그와 같은 전쟁과 식민지 제국주의로 이끌었던 원인은 무엇이었을까. 거기에는 다양한 원인과 배경들이 존재한다. 실제적인 측면은 언급하지 않더라도 정신적인 측면에 주목해 보면 그 배경에는 시대의 지식인을 자처하던 인문학자들의 시대와 역사에 대한 인식이 자리 잡고 있음을 쉽게 간파 할 수 있다. 그 대표적 사례가 20세기 전반에 활약한 일본의 역사학자들이다. 그들의 歷史認識과 歷史觀은 제국주의 이념을 정당화하고 체계화하였다. 폄하와 멸시의 他者로서 이웃나라를 평가하고 인식한 결과, 수많은 침략주의 이론의 정당성과 '일본의 우월성'이라는 단편적 언설들을 쏟아내었다. 그들은 세계사적 보편성이라는 시각은 염두에 두고 있지 않았다. 현상을 쫓고 실질은 고려하지 않은 채, 미개한 他者를 이끌고 인도해야할 대상으로밖에 인식하지 않았다. 이와 같은 歷史認識을 소유한 일본의 지식인 가운데 나이토 고난(內藤湖南, 1866~1934)이라는 동양사학자가 있다. 그는 일본이 제국주의와 군국주의로 치닫고 있던 시기에 支那論(=中國論)으로 필명을 날리고 일본의 근대 동양사학을 개척한 인물 중의 한 사람이었다. 지금도 그의 학설은 망령처럼 동아시아 학계를 뒤덮고 있다.

그래서 本稿에서는 나이토 고난의 東洋史觀에 주목하여 그의 歷史認識에 초점을 맞추고 당시 그의 支那(=중국)認識이 어떠한 양상을 띠고 있었는지, 또 그가 주창한 '時代區分論'과 '文化中心移動說'의 내재적 의미가 무엇인지를 검토해 보고자 한다. 이를 위해서는 그의 대표작이라 할 수 있는 『支那論』과 『新支那論』 및 그 밖의 중국 관련 저작, 그리고 그 주변 인물들의 사상 내용을 검토해 보지 않으면 안 된다. 이것들이 바로 나이토의 '中國認識' 내지는 '中國像'이었기 때문이다. 그는 '文化'라는 코드를 가지고 중국인과 중국문화를 이해하지만,

거기에는 열등한 他者로서의 支那라는 이미지가 미리 전제되어 있었다. 文化中心地는 이제 자신이 살고 있는 일본에 있으며 東洋文化의 중심국가로서 일본이 나아갈 길을 제시한다. 그 길은 다름 아닌 침략주의와 군국주의의 길이었다. 또 그것은 경제적 진출로 위장하고 포장한 동아시아 세계로의 제국주의 노선이었다. 그의 文化史觀은 최종적으로 일본이 중심이라는 결말을 상정한다. 또 그의 時代區分論은 그와 같은 맥락에서 文化史觀이 내재된 이론이었다. 이에 본고의 주된 목표는 '支那認識'과 '文化中心移動說' 및 '時代區分論'이라는 세 가지 틀에 주목하고 그것들의 내재적 의미가 어떠한 양상을 띠고 있었는지에 관하여 분석을 가하고자 한다.

2. 支那認識의 양상

1) 열등한 他者로서의 支那

支那라고 하면 현대 동아시아 세계에서는 조금 생소한 용어로 들리겠지만, 이 명칭은 20세기 전반기 일본에서 중국을 호칭하던 가장 일반적 명칭이었다. 즉 20세기 초 일본에서 중국을 지칭하던 支那는 근대 아시아 국가인 자국 일본과 대비하여 과거에 빠져 어려움을 겪고 있는 중국을 가리키는 말로 출현했다고 볼 수 있다. 그런데 제2차 세계대전 후 중국의 명칭은 메이지유신(明治維新, 1868) 이전의 일반적 명칭이었던 '중국'으로 복원되었다.[1] 이것은 무엇을 의미할까. 분명 이 용어에는 근대 일본이 중국보다 우월하다는 내재적 의미가 함유되어 있으며, 20세기

1) 스테판 다나카 저, 박영재·함동주 역, 『일본 동양학의 구조』, 문학과지성사, 2004, 18쪽.

초엽 격동의 동아시아 역사가 파노라마처럼 내재되어 있음도 사실이다. 또 그것은 제국주의 야심으로 치닫고 있던 근대 일본이 멸시의 대상으로서 중국을 지칭하던 한시적 개념이기도 하였다. 사실 20세기 초엽의 일본에서 支那에 대한 인식의 양상은 동양사학의 테두리 안에서 부정적 他者의 이미지였다.

표면적으로는 엄격하고 객관적인 사료 비판의 색채를 띠면서 역사학의 객관성과 실증성을 강조하면서도 실제로는 일본 이외의 아시아를 他者化·대상화함으로써 일본의 아시아 지배를 정당화하는 하부 오리엔탈리즘이었다는 것이다. 특히 러일전쟁(1904~1905)을 전후로 하여 일본은 한국을 '보호국화'하고 만주지역으로의 진출을 모색하고 있었다. 이 무렵 일본의 역사학자들은 팽창하는 일본 제국주의의 현실적 변화에 맞추어 한국과 일본의 관련성을 부정하고 일본의 독자성을 강조하면서 일본 중심의 歷史認識을 하게 되었고, 한국은 물론이고 중국, 몽골 등 기타 아시아 국가는 他者化·대상화되었다.[2] 이러한 '他者化'의 의미는 결국 自國 優越이라는 전제 하에 우등·우월의 자기 인식을 바탕으로 열등한 他者의 이미지를 중국을 포함한 아시아 제국(諸國)에 부여했다는 것에서 찾을 수 있다. 나이토 고난의 경우에도 '支那'는 저급한 곤충에 비유될 정도로 무지몽매한 집단에 불과하였다. 다시 말해 열등한 他者로서 중국을 묘사한 것이다. 그는 『支那論』의 후속편인 『新支那論』에서 다음과 같이 말한다.

> 支那의 사정은 이와 달리 마치 지렁이와 다를 바 없는 저급한 동물과 마찬가지여서, 일부를 때려서 잘라낸다 하더라도 다른 부분은 그것을 느끼지 못하고 여전히 전과 같은 생활을 계속하는 그런 국가가 되어버렸다.[3]

---

2) 박찬흥, 「白鳥庫吉와 '滿鮮史學'의 성립」, 『'한·일병합'을 전후로 한 일본 역사가들의 동아시아象』, 2008년도 하반기 고려대 동아시아문화교류연구소 학술발표회집, 2008.9, 2~5쪽.

이러한 나이토의 '支那認識'(=중국인식)은 중국의 사회구조와 그 정황을 지렁이에 비유한 데에 가장 큰 특징이 있다. 즉 중국은 저급하고 지능이 없는 동물과 같기 때문에 외부의 처방 시책이 필요하다는 논리를 내세운다. 열등한 他者로서 중국을 설정하고 치료의 대상 혹은 임의적으로 상대해도 무방한 하찮은 他者이자 대상으로서 중국을 폄하하고 멸시하는 시각이다. 이와 같은 나이토의 '支那認識'은 『支那論』과 『新支那論』을 관통하는 일관된 관념이었으며 일본의 우월성에 초점을 맞춘 당대 역사에 대한 그 자신의 자국우월주의 인식이었다. 또 그것은 일종의 극단적 독선주의라고도 할 수 있는 것이었다.

그의 이와 같은 자국우월주의 인식은 다음의 언설에서도 여실히 드러난다. 나이토는 워싱턴회의 개최중의 1922년 1월에 발표한 「支那란 무엇인가(支那とは何ぞや)」라는 문장 속에서 다음과 같이 말한다.

> 支那와 같이 광대하고 또한 부원(富源)이 충분한 영토를 능력 없는 인민에게 의존하여 폐기물과 마찬가지로 방치해 두는 일은 세계 인류의 공통된 이익을 방해하는 것으로 보이기 때문에 능력 있는 인민의 기획균등으로 이것을 개발해야 할 권리를 인정하고자 하는 것이다. 支那가 '자국의 영토이기 때문에'라고 해서 그 부원(富源)을 언제까지나 파묻어 둔다고 하는 일은 오늘날 세계의 인도(人道)에 있어서는 용납되지 않는 것이며 (중략) 영토라고 하는 것은 세계 인류의 진보를 방해하지 않는 한에 있어서 국가가 이것을 유지할 수 있는 것이며 어떠한 국가의 영토라 하더라도 그 개발을 방해하여 세계를 향하여 이것을 폐쇄한다고 하는 일은 도저히 용서되는 않는 것이다.[4]

여기에서도 그의 支那認識은 경제력을 근거로 하여 '능력 없는 인민=중국 인민'을 설정하면서 자국 일본은 '능력 있는 인민=일본'이라는

3) 內藤湖南, 「新支那論」, 『支那論』, 創元社, 1938, 245～246쪽.
4) 內藤湖南, 「支那とは何ぞや」(1922年, 1月 「工業之大日本」 第19卷 第1号), 『內藤湖南全集』 第5卷, 東京, 筑摩書房, 163쪽.

도식을 상정하고 있다. 특히 그는 『新支那論』에서 중국을 철저하게 '상공업 일본'에 종속하는 '원료산출국'에 위치시키고자 했던 것뿐만 아니라, "支那의 사회조직에 새로운 생명을 투여해야 할 (경제) 운동은 일본 이외의 다른 나라에게는" 기대할 수 없다고까지 단언하였다.[5] 즉 중국에 대한 영국이나 미국의 경제운동을 인정하지 않고 자국 일본만이 중국에 진출할 수 있는 정당성을 갖추고 있다고 인식하였다. 이와 같은 인식의 기반 위에서 나이토는 支那人에 대해서 "… 하여튼 몽고인이나 만주인이라도 支那를 지배하는 것과 동시에 支那人의 악덕(惡德)에 감염되어 부패라던가…"[6]라는 식으로 표현하고 있는데, 支那人은 악덕(惡德)의 소유자이며 이민족(異民族)은 그들의 악덕에 감염되었다는 식으로 발언하고 있다. 즉 支那는 나이토에 있어서 호의를 가질만한 他者가 아니었다. 그는 또 번역 문제를 언급하면서 일본의 번역 업적을 중국에서도 이용하고 있지 않느냐는 반문을 제기하면서 경제 문제에까지 논의를 전개하고 일본의 역할을 강조한다.

> 일본의 문화에 대하여 支那人의 시각에서 말해보면 일본에는 고유의 문화가 없고 모두 서양의 번역이라고 할지도 모르겠지만, 여하튼 일본인이 번역한 서양문화를 支那人이 중역(重譯)하여 채용하는 운동이 현재 일어나고 있지 않는가. 또 支那의 학자들이 이러한 것을 싫어하여 서양문화 가운데 번역해야 할 것은 자신들의 손으로 직접 번역해야만 한다고 하여 진력하고 있지만, 대세는 일본으로부터의 중역(重譯)의 세력에 압도되고 있지 않는가. 이것은 목전의 판단하기 쉬운 예를 들은 것뿐이며 실제로 일본이 支那文化의 발전, 즉 한편에서는 支那의 혁신에 관해 힘을 다해 주어야할 점은 결코 이 서양문화의 번역에만 의하는 것이 아니다. 일본은 5, 60년 동안의 노력에 의해 서양문화, 특히 그 경제기관(經濟機關)을 움직일 수 있는 훈련을 축적하고 가장 동양에 적합한 형태로 그것

5) 陶德民, 『明治の漢學者と中國－安繹·天囚·湖南の外交論策－』, 關西大學出版部, 2007, 265쪽.
6) 內藤湖南, 「新支那論」, 『支那論』, 創元社, 1938, 271쪽.

> 을 변형시켜 오고 있다. 따라서 때로는 서양문화의 대규모의 것을 소규모로 하거나 훌륭한 것을 보잘 것 없이 볼 수 있는 형태로 변형시키거나 하는 경향이 있지만, 동양에서의 신문화(新文化)는 동양문화의 근간을 완전히 잘라버리고 서양문화를 접목하는 데 있는 것이 아니다.[7]

이 문장에 보이는 나이토의 관점은 어떻게 보면 간단히 넘어갈 수 있는 것처럼 보이는 언설이다. 하지만 거기에는 심오한 뜻이 들어 있다. 여기에서 우선 눈에 띄는 부분은 당시의 중국이 서양문화의 수용에 있어서 뒤떨어져 있다는 것을 암시하고 있다는 것이다. 그 결과 일본의 번역문화가 중국을 압도하고 있음을 말하고 있다. 하지만 나이토는 단지 서양문화에 대한 번역이 중국보다 낫고 우월하다는 의미를 말하고자 하는 것이 아니며, 그 다음으로 이어지는 문장에서 경제기관(經濟機關)을 언급한 곳에 주의해야만 한다. 다시 말해 서양의 경제시스템을 일본이 가장 먼저 받아들였고 그 훈련을 축적하여 동양에 맞는 새로운 경제문화를 만들어냈다는 논리이다. 그래서 그의 문화적 사명은 이제 일본의 대륙 진출과 관련을 맺는다. 일본의 중국으로의 경제 진출은 중국의 경제기구(經濟機構)를 개혁하고 그것이 동시에 새로운 동양문화를 형성하는 것에 기여하는 것이라고 그는 생각하였다.[8] 그 논증으로서 나이토는 이 문장의 뒤에 놓인 부분에서 영국의 중국 진출에 있어서의 문제점을 지적하면서 일본과의 차이점을 언급한다. 이것은 결국 동양에서 일본은 문화는 물론이고 경제 분야에서도 가장 우수하다는 점을 부각시키고 있다는 것과 동일하다.

나이토는 『新支那論』의 제5장 「支那의 국민성과 그 경제적 변화」에서도 중국에서의 일본의 적극적 역할을 다음과 같이 말한다.

---

7) 內藤湖南, 「新支那論」, 『支那論』, 創元社, 1938, 267~268쪽.
8) 增淵龍夫, 「日本近代史學史における中國と日本(Ⅱ)－內藤湖南の場合」, 『歷史家の同時代史的考察について』, 岩波書店, 1983, 79쪽.

> 支那의 경제조직의 변화는 그 혁신을 촉진하고 또 그 통일을 촉진하여 경제상으로부터 생겨난 일본·支那의 밀접한 관계가 더욱 발전하고 정치·군사의 방면에까지 미쳐 일본인이 支那의 민중을 통솔하고 훈련시켜 구미 제 열강과 맞설 수 있게 된다면….[9]

나이토의 의식 속에서 일본의 존재는 중·일 관계를 염두에 두었을 때 앞에서 이끄는 지도자로서의 이미지밖에 없었다. 중국 민중을 통솔하고 훈련시키는 주체는 일본이며 서양 세력과 맞설 때에도 그 주체는 중국이 아니라 일본인 것이다. 이 문장은 가정(假定)의 형태로 되어 있지만, 그 가정의 의식 구조는 일본이 중국보다 우월하다는 의식을 암시한 것이며, 다른 한편으로 일본이 서양과 동등하다는 의식을 저변에 깔고 있었다 할 수 있다.

이와 같은 나이토의 중국 인식은 이제 일본의 반(半) 강제적 경제 진출이 중국에 이익을 가져다주었고 그들의 근대화를 도와주는 구원자로서의 위상까지 부여한다. 다음의 문장이 그것이다.

> 북청사변(北淸事變, 즉 의화단 운동)[10]처럼 실제로 병력을 움직인 후에도 그 결과는 항상 양국(중국과 일본)의 경제상의 관계를 개척하여 극히 평화로운 발전으로 향하고 있다. 하물며 러일전쟁에 의해 만주에 병력을 사용한 후의 결과 등은 일본의 경제력이 그 지방에 미쳤기 때문에 대련(大連)항을 支那 제2의 무역항으로 만들었던 것이 아닌가. 그것에 의해 만주의 부(富)를 증가시킨 일은 대단한 것이며 일시 병력의 관계를 보고 그것에 동반해 오는 경제상의 보다 큰 관계를 주의하지 않는다는 것은 고의로 일본의 진보를 방해하는 미국인의 의론이라면 모르겠지만, 일본인

---

9) 內藤湖南, 「新支那論」, 『支那論』, 創元社, 1938, 297쪽.

10) 중국 청나라 말기에 일어난 외세 배척 운동. 1900년 6월, 베이징에서 교회를 습격하고 외국인을 박해하는 따위의 일을 한 의화단을 청나라 정부가 지지하고 대외 선전 포고를 하였기 때문에, 미국을 비롯한 8개국의 연합군이 베이징을 점령·진압한 사건.

> 으로서 그러한 잘못된 견해를 주장하는 무리들은 실로 그 속마음을 알 수 가 없다. … 지금 일본의 국론(國論)은 자국의 역사와 그 장래에 나아가야할 길을 잊고 일시 응급의 수단으로 사용되었던 무력을 침략주의라든가 군국주의라든가 말하면서 스스로 이것을 폄하하고 있는 것이다. 게다가 더 나아가 생각해봐야 할 일은 支那의 혁신, 즉 支那의 사회조직에 새로운 생명을 부여해야할 운동은 일본 이외의 다른 나라에 이것을 요구해 얻을 수 있는가 어떤가라는 일이다 ….[11]

전쟁에서 승리한 오만한 태도가 이 글에서도 엿보인다. 러일전쟁 승리의 보상으로 얻어 낸 중국 북방의 항구 도시 대련(大連)을 자기들 일본이 발전시키고 중국의 제2대 항구로 만들었다는 것을 자부하면서 군사적 진출의 정당성까지 말하고 있는 것이다. 이때 열등한 他者의 중국은 나이토의 눈에 들어오지 않고 있으며, 중국은 단지 서국 열강과 군사적으로 승패를 다투면서 차지해야할 미개척지의 땅으로 전락해 버린다. 또 그 뒤에 이어지는 문장에서는 일본 국내 제국주의 전쟁에 대한 비판자들의 논리를 이해할 수 없다고 반박하면서 은연중에 일본 정부의 침략주의와 군국주의 노선을 지지하고 긍정하고 있다. 더 나아가 支那의 발전에 일본은 새로운 생명을 불러일으킬 수 있으며 이러한 과업은 일본 아닌 다른 서구 열강에 맡겨서는 안 될 일이라고까지 논리를 전개하고 있다.

더 나아가 나이토는 침략주의와 군국주의를 긍정하는 대담한 발언까지 주저하지 않는다. 그는 "… 이 커다란 사명으로부터 말하면 일본의 支那에 대한 침략주의 혹은 군국주의와 같은 의론은 전혀 문제되지 않는다 …."[12]고 말하고 있는데, 여기에서의 '커다란 사명'이란 支那의 혁신과 동양문화의 발전을 의미하며 그 혁신과 발전을 명목으로 중국에 진출하더라도 문제가 되지 않는다는 의미이다. 그것은 곧 침략의 정당성을 이야기하는 대목이라 할 수 있다. 이처럼 나이토의 눈에 중국은 열등한

11) 內藤湖南, 「新支那論」, 『支那論』, 創元社, 1938, 276~277쪽.
12) 內藤湖南, 「新支那論」, 『支那論』, 創元社, 1938, 274쪽.

他者로서 비치었고 그 열등한 他者를 우수한 일본이 이끌어줘야 한다는 우월의식을 품고 있었던 것이다. 이 오만한 他者認識은 어디에서 유래하는 것일까. 나이토 혼자만의 생각이었을까. 다음 소절에서는 그것이 나이토 개인만의 중국 인식이 아니었다는 점에서 출발하여 당시 일본 국내에 팽배했던 하나의 사조로서 '支那論' 열풍을 고찰해 보고자 한다.

2) 支那論 열풍

나이토가 활약하던 당시 동아시아 세계의 정치적 사건을 시야에 넣어보면 일본이 조선을 강제로 병합한 것이 1910년으로 이때부터 조선은 일본의 식민 지배하에 놓인다. 다음해인 1911년에는 중국에서 신해혁명(辛亥革命)이 발발하였다. 1912년에는 중화민국이 성립하지만 원세개(袁世凱)가 정치적 야심을 품고 등장하여 혁명 후의 정치제도를 해체시킴으로써 전제(專制)로 복귀하였다. 정권을 잡게 된 원세개는 1913년 11월 국민당을 해산시키고 이듬해에는 국회마저 폐지한다. 1914년은 또 제1차 세계대전이 일어난 해이고 1915년에는 일본이 21개조 요구를 중국에 제시하였다. 이와 같이 20세기 초엽은 동아시아 세계의 혼란기이자 격변기였는데, 이 무렵 일본에서는 '支那論' 열풍이 불기 시작한다. 하지만 그 支那論은 앞 소절에서도 언급했다시피 열등한 他者로서의 支那에 대한 의론이었고, 철저히 부정적으로 他者化된 '支那論'이었다. 또 그것은 동아시아 전근대 사회의 상징이라 할 수 있는 중화적인 보편질서에 대한 '해체'로서의 '支那論'이었다. 이러한 의론을 펼친 대표적 논객이 저널리스트로서 전반생을 보내고 후반생을 동양사학자로 명성을 떨친 나이토 고난이었다. 나이토는 이와 같은 격변의 시기에 『支那論』(1914)과 『新支那論』(1924)을 펴냈고 출간되자마자 세인들의 폭발적 관심을 얻게 되었다. 사실 일본 동양사학자들이 당시에 사용하던 이 '支

那'는 단지 멸시의 대상으로서의 他者인 중국만을 의미하지 않았다. 이 용어는 그들의 동아시아상(像) 혹은 세계상(像)이 깃들어 있다고 할 수 있다.

앞에서도 언급했다시피 나이토의 중국 정치와 중국인에 대한 폄하와 멸시는 사실 『支那論』의 본문에 들어가기 전부터 이 책의 내용이 어떠한 인식에 바탕을 두고 집필되었는지를 암시해 주고 있다. 『支那論』의 본론으로 들어가기 전에 그는 「서언(緒言)」 속에서 중국인을 노골적으로 폄하하고 무시하는 태도를 취한다.

> … 본래 支那人은 절제와 절개가 없고, 형편이 되는대로 세력에 부화뇌동하고 일정의 주장을 결여하면서 시종일관 마음이 흔들리고 부글부글 끓기만 하여 …. 지금 세력의 중심이 된 원세개(袁世凱) 그 사람에게도 특별히 일관된 정책이 없다.[13]

여기에서 우선 눈에 띄는 것은 열등한 他者인 중국과 중국인에 대한 평가절하이다. 나이토의 눈에 그들은 절조(節操)도 없고 하루살이마냥 그날그날을 살아가는 무지한 백성들일 뿐이다. 그들은 자기주장이 없고 항상 이리 쏠리고 저리 쏠리며 생명을 연장하는 가련한 존재인 것이다. 또 당시 집권하고 있던 원세개에 대해서는 정치가의 자질이 없다는 인식하에 정책의 결여를 지적한다. 마치 자기 자신이 영명하다는 자부심이 지나쳐 자만심으로 느낄 만큼의 표현이다. 오만과 독선, 그리고 편견과 선입견이 이 짧은 문장에서도 드러나고 있으며 他者를 열등하다고 하는 우월 의식을 이 문장은 여실히 보여주고 있다. 그리고 이러한 支那認識(=中國認識)은 그의 東洋史觀을 지배하는 이념이기도 하였다.

그런데 나이토의 이러한 支那認識은 그 한 사람만의 전유물이 아니었다. 당시 일본 국내에서는 이와 같은 支那認識이 넓게 퍼져있었고,

13) 內藤湖南, 「緒言」, 『支那論』, 創元社, 1938, 3쪽.

나이토의 『支那論』이 출간되기 이전에 이미 중국 폄하와 멸시의 언설들이 등장하였다. 즉 이 무렵 일본에서는 소위 '支那分割論'과 '支那論'이 유행하였고 그것과 관련된 단행본도 출간되어 있었다. 그 하나가 1912년(大正 元年)에 도쿄 세이쿄사(政教社)가 출판한 나카지마 단(中島端)의 『支那 분할의 운명(支那分割の運命)』이고, 또 하나는 다음 해인 1913년(大正 二年)에 도쿄 게이세이사(啓成社)가 간행한 사카마키 데이이치로(酒卷貞一郎)의 『支那 분할론(支那分割論)』이다. 그 대략적 논지를 살펴보면 『支那 분할의 운명』에서 나카지마 단이 전개하는 논지는 支那(=중국)를 20세기의 수수께끼이며 부패하고 타락한 더럽고 병든 국가로 단정하면서 철퇴를 가지고 이것을 부수지 않으면 타개할 길이 없다고 단정한다. 또 중국은 결국 분열의 시기가 올 것이고 그것이 바로 필연적 운명이라는 결론을 내리면서 일본의 중국에 대한 간섭도 용인하는 논리를 펼치고 있다. 이와 마찬가지로 『支那 분할론』에서 사카마키는 국가의 성쇠를 신체의 내과적 질환과 외과적 질환에 비유하여 지금 빈사(瀕死) 상태에 빠진 중국은 부패와 혼탁의 극에 달해있고, 그 원흉은 원세개(袁世凱)이며 새롭게 등장한 손문(孫文)도 신용할 수 없기 때문에 결국 공화정체(共和政體)로 극복한다는 것은 불가능하며 전제정치(專制政治)에 의한 길밖에 없다는 논지를 전개한다.

그런데 여기에서 사카마키가 말하는 전제정치는 그 일부를 외인(外人, 즉 외국인)의 손에 맡겨도 좋다는 의미에서이고 열강 세력이 중국을 점거한다면 그 가운데 일본이 가장 큰 힘을 써야한다는 주장을 펼치고 있다. 그 결론은 결국 중국 내의 분할과 서구 열강에 의한 분할이 있을 것이고 이때 일본도 支那 영토의 분할에 적극 참여해야 한다는 것이었다.[14] 이와 같이 보면 나이토의 『支那論』이 출간되기 2, 3년 전부터 이

14) 增井経, 「內藤湖南と山路愛山」, 夫竹內好外·橋川文三編, 『近代日本と中國(上)』, 朝日新聞社, 1974, 285～287쪽.

미 일본 내에서는 일반적으로 중국을 부패와 무능의 왕국으로 묘사하고 그러한 인식의 바탕 위에서 적극적으로 일본의 개입을 촉구하는 목소리가 높았다는 것을 알 수 있다. 그리고 이 두 저작의 중국 인식에 편승하여 중국을 폄하하고 멸시하는 나이토의 『支那論』이 출간된 것이다.[15] 그리고 2년 뒤인 1916년(大正 5년) 신문의 칼럼리스트이자 역사가였던 야마지 아이잔(山路愛山)도 이러한 支那論 열풍에 동반하여 『支那論』을 저술한다. 그는 나이토보다 2세 연상으로 나이토가 학계에 들어온 것과는 달리 전 생애를 저널리스트로서 필명을 날렸다.

야마지는 기존의 支那論을 비판하면서 자신 나름대로의 '支那論'을 전개하지만, 일본인이 중국인에게 가르쳐줄 것이 많으며, 중국인은 당연히 경청해야 한다는 사유 방식을 고수하고 있었다. 이 점에서 나이토나 나카지마 및 사카마키의 중국 인식과 별반 다를 게 없었다고 볼 수 있다. 야마지의 언설들을 살펴보면 대략 다음과 같다.

"(支那는) 겨우 담 하나를 사이에 둔 이웃집이다. 그러나 우리들의 마음으로 그들의 마음에 다가갈 수는 없다. 支那人의 시의심(猜疑心)은 병이다". "중국은 은혜를 모르는 어린아이였다. 중국은 타인들에게 의존하면서도 돌아서서는 상급자처럼 행동한다". "支那의 위치는 안됐지만 '백년의 고락, 타인에게 의지한다'고 하는 가련한 아낙네의 위치와 비슷하다고 말해야 한다". "支那의 외교는 독신 여성처럼 무력한 나라일 뿐 아니라, 창기(娼妓)처럼 무절조(無節操)한 나라이다".[16] 이렇게 보면 열

15) 나카지마 단(中島端)의 『支那 분할의 운명(支那分割の運命)』과 사카마키 데이이치로(酒卷貞一郞)의 『지나 분할론(支那分割論)』에 관한 기술은 2008년 동북아역사재단 공모사업(2008.3～10)의 일환인 『'한·일병합'을 전후로 한 일본 역사가들의 동아시아像』이라는 공동 주제 하에 진행한 필자의 개인 연구인 「內藤湖南의 '支那論'과 동아시아 인식」에 의한 것이다.

16) 山路愛山, 『支那論』, 東京, 民友社, 1916, 124·110·112쪽. 이 역문은 스테판 다나카의 『일본 동양학의 구조』, 문학과지성사, 2004, 306쪽에 있는 것을 재인용.

등한 他者로서의 中國像 혹은 中國人像이 야마지의 『支那論』에서도 여실히 드러나고 있다. 나이토의 견해처럼 중국인은 폄하와 멸시의 他者이자 열등한 국민으로 묘사된다. 의심병을 앓고 있는 중증 환자, 은혜도 모르는 어린아이, 가련한 아낙네, 독신 여성, 심지어 무절조한 창기(娼妓)라는 저급한 표현까지 써 가면서 중국을 폄하하고 멸시한다. 이러한 야마지의 중국 인식은 당시 일본 국내 지식인층 사이에서 보편적인 것으로 받아들여졌고, 학술적 담론의 일환이자 정치적 담론으로서 행해졌다고 볼 수 있다.

그리고 야마지는 "한인(漢人)은 나라의 가치를 이해하지 못한다"고까지 하여 일찍이 국가의 보호를 받은 적이 없는 민중이 자위의 도(道)를 배웠지만 국가를 신뢰하는 것을 모른다고 주장하였다. 게다가 "支那의 역사에 국가가 없다"고 하면서 지속적으로 그 사회가 세계였고 국가가 아니었다는 점을 지적한다. 그래서 야마지의 경우 중국의 개인주의는 자립정신이 아닌 냉담한 보신(保身)으로 이해되었고, 향당주의(鄕黨主義)는 공동정신으로 보이지 않고 이기적 배타주의로 이해되었다. 한편 그 결론으로서 강력한 중국정부와 일본이 제휴하여 백인에게 대항하지 않으면 안 된다는 논리를 내세우고 있기도 하다.[17] 이와 같이 보면 야마지의 『支那論』도 당시의 시대사조(時代思潮)와 맥을 같이 한다는 것을 알 수 있으며, 이 시대사조란 열등한 他者인 중국에 대한 인식이었다. 이제 제국주의 욕망의 분출구로서의 중국은 일본에게 가장 매력적인 他者로서 다가왔다.

나이토는 1916년 6월 원세개의 사망 직후에 교토(京都) 경제회(經濟會)에서 행해진 「支那問題」라고 제목이 붙은 강연에서 다음과 같이 말한 적이 있다.

---

17) 增井経, 「內藤湖南と山路愛山」, 夫竹內好外·橋川文三編, 『近代日本と中國(上)』, 朝日新聞社, 1974, 293~295쪽.

> 우리 모두가 支那의 일에 대해서 신문 나름대로 잡지 나름대로 의론을 쓰거나 합니다만, 때때로 그것에 관해 상당한 오해를 야기(惹起)시키는 일이 있습니다. 이번 봄 무렵에 나는 支那에 관한 의론을 썼는데, 支那人에게는 정치의 능력이 가장 결여되어 있기 때문에 정치를 외국인에게 맡기는 편이 좋다고 말했고 따라서 支那人 스스로가 해야 된다는 것은 불필요하다는 내용을 기술했습니다. 그러자 원세개의 기관신문 등으로부터 공격을 받았으며 아리가 나가오(有賀長雄, 원세개의 일본인 고문)가 그 신문을 보내 주었습니다. 또 이상한 일은 일본인으로 나에게 반대하여 공격한 사람도 있습니다. 하지만 나는 장래 30년, 50년 더 나아가 100년 후까지 그러한 의론을 행할지라도 약간의 틀림도 없다고 지금 이 순간에도 생각하고 있습니다.[18]

'정치의 능력'이 없음을 지적하는 나이토의 이 문장을 보더라도 그가 얼마나 중국을 열등한 他者로서 인식했는지를 알 수 있으며, 더불어 시간적 수치까지 제시하면서 그 의론의 정당성과 불변성까지 언급하고 있는 것을 보면 그의 支那認識이 어떠했는지를 쉽게 알 수 있다. 1914년의 『支那論』에서 시작된 나이토의 '支那人의 정치능력 결여'라든지 '외국인에 의한 지배가 支那人의 행복'이라든지 하는 극렬한 논의는 사실 民國 初期의 불안정한 중국의 정치정세와 연동하고 있었고 1924년의 『新支那論』에 이르러 하나의 정점에 도달하였다.[19]

한편 나이토의 경우 만주국 건설에 즈음하여 그 우려의 변까지 나타내는 신중함까지 보여준다. 일본 군대의 혁혁한 공을 치하하면서도 신중을 요할 것을 당부한 것이다. 즉 때는 1932년 1월이 되어 상해사변(上海事變)이 발발하고 3월에는 만주국이 성립하는데, 이 무렵 나이토는 『오사카 매일신문(大阪每日新聞)』에 「만주국 건설에 관하여」라는 논문을 연재하여 "오늘날 일본의 군인들이 만주에서 혁혁한 무훈(武勳)을 세우

18) 內藤湖南, 「支那問題」, 『內藤湖南全集』 第4卷, 東京, 筑摩書房, 582쪽.
19) 陶德民, 『明治の漢學者と中國－安繹·天囚·湖南の外交論策－』, 關西大學出版部, 2007, 247쪽.

고 있는 것은 부정할 수 없는 일이지만, 신국가(新國家)의 장래를 고려한다면 혁혁한 무훈의 결말을 더럽히지 않도록 철수(회군)의 때를 생각해 둘 필요가 있다. 군인들의 단순한 성질은 자칫하면 자기에게 도취하여 어떤 일도 무력으로 행하여 얻을 수 있을 것 같은 맹목적 믿음을 일으키는 일도 없지는 않기 때문에 그 점에서 일의 서막에서 고언을 드리는 바이다"고 하면서 만주국의 미래를 걱정하고 있다.[20] 당연히 나이토가 만주국 성립을 대환영했다는 것은 의심의 여지도 없다. 또 아무리 하찮고 미개한 중국이지만 일단 중국 진출에 성공했으면 그 이후에 반드시 신중함을 기울여야 한다는 논리인 것이다.

이처럼 '支那論'은 20세기 초엽부터 시작하여 일본의 知性界를 휩쓸고 지나갔는데, 마치 하나의 열풍처럼 유행했다고 볼 수 있다. 거기에는 침략주의와 군국주의를 옹호하고 일본의 제국주의를 정당화하는 형태로서의 '支那論'이 존재했을 뿐이고, 그 밖의 객관적이고 또한 세계사적 보편성을 지닌 '支那論'은 성립될 수 없었다는 것이다. 더 나아가 20세기 전반의 일본 '支那學'은 이와 같은 인식의 기반 위에서 성립되었다는 것을 잊어서는 안 될 것이다.

3. 文化史觀의 의미

1) '文化中心移動說'의 내재적 의미

나이토 고난의 『新支那論』을 보면 거기에는 일종의 독특한 文化史觀이 엿보인다. 즉 그의 대표적 사학 이론으로 평가받는 '文化中心移動說'이 그것이다. 이것은 일종의 문화지리학(cultural geography)에 근거한

20) 礪波護, 「內藤湖南」, 『20世紀の歷史家たち(2)』(日本編下), 1999, 46～47쪽.

이론 정립이었다고 볼 수 있다. 사전적 정의에 의하면 문화지리학은 인간 활동을 공간 지리적으로 다루는 인문지리학의 한 분야이다. 인간 활동은 크게 보아 정치적 활동, 경제적 활동, 사회적 활동, 그리고 문화적 활동으로 나뉜다. 문화적 활동을 공간 지리적으로 다루는 일이 바로 문화 지리학의 몫이다. 또 문화지리학의 주요주제를 언급해보면 문화지역(Culture Region), 문화전파(Cultural Diffusion), 문화생태(Cultural Ecology), 문화통합(Cultural Integration), 문화경관(Cultural Landscape) 등에 대한 탐구가 될 것이다. 나이토의 경우 그 자신의 文化史觀에 대하여 문화지리학이라고 규정하고 있지 않지만, 文化中心이 이동한다는 전제를 깔은 것을 보면 이것은 분명 문화지리학의 방법과 유사한 것이었다.

사실 나이토의 文化史觀은 이미 그의 최초의 저작이었던『近世文學史論』(明治 30년)에서 그 흔적을 찾아 볼 수 있다. 여기에서 그는 도쿠가와(德川)시대 학술의 발달을 간사이(關西)에서 간토(關東)로 文化中心이 이동했다는 견지에서 의론을 전개한다. 그 사론(史論)의 기초를 이루는 것은 다름 아닌 소위 '文化中心移動說'이며 개개의 민족적 차별이나 존망(存亡)을 초월하여 문화의 발전이라는 것을 생각하는 그의 文化中心移動說은 거대한 중화문명의 영역 안에서 민족적 대립을 해소하는 일종의 중화사상적 발상에 근거해 있다고 할 수 있다. 그리고 이와 같은 성격을 가진 그의 文化中心移動說은 그의 최초의 저작『근세문학사론』이래 시종일관 그의 중국사 연구, 일본문화 연구, 게다가 중·일 간의 국제관계에 관한 그의 인식을 지탱하는 기본적 관점의 하나로서 발전해 간다.[21] 그리고 그 구체적인 이론의 전개는 1924년 출간의『新支那論』에서 본격적으로 전개되었다. 그는 이 저작의 제3장「支那의

21) 增淵龍夫,「日本近代史學史における中國と日本(Ⅱ)－內藤湖南の場合」,『日本の近代史學史における中國と日本－津田左右吉と內藤湖南』, 岩波書店, 2001, 53～54쪽.

혁신과 일본」에서 「東洋文化中心의 移動」이라는 부제를 달고 '文化中心移動說'에 관하여 자신의 논지를 펼치고 있다. 그는 다음과 같이 말한다.

> … 그것들도 문화의 발전에서는 민족의 구별을 없애버리고 하나의 동양문화를 형성하는 경로를 걸어왔다. 그 문화가 발전하고 계속해서 이동하면서 진행해 온 것은 이미 支那의 상고(上古)로부터 일어났던 일이고, 이 때문에 개벽(開闢)으로부터 전국시대까지 동안에도 그 역사를 유지하고 있다. 진한(秦漢) 이후 支那가 하나로 통일된 이래에도 文化中心이 점차로 이동하였고 따라서 그 문화의 중심이던 곳이 점점 쇠약해졌고, 또 문화가 열리지 않았던 지방이 점차로 열려졌으며 혹은 지방이 그 중심이 되어갔다.[22]

이것은 나이토의 文化史觀이 어떠한 것임을 분명히 드러낸 문장이라고 할 수 있다. 즉 그의 文化史觀의 핵심은 바로 文化中心의 이동이다. 특히 "그 문화의 중심이던 곳이 점점 쇠약해졌고, … 지방이 그 중심이 되어갔다"고 하는 부분에서 예전의 文化中心이 그대로 영원하지 않으며 문화의 중심은 이동한다는 것, 지방도 문화의 중심이 될 수 있다는 것 등을 논하고 있는데, 이것은 동양문화(=支那文化)에도 적용할 수 있다는 암시를 내포한다. 그럼 다음의 문장을 보자.

> 支那 혹은 일본, 혹은 조선, 혹은 安南이라고 하는 각 국민이 있음은 각 국가에게는 상당히 중요한 문제일 것이다. 하지만 동양문화의 발전이라고 하는 전체 문제에서 생각하면, 그것들은 입에 올릴 필요가 없는 문제이며 동양문화의 발전은 국민의 구별을 무시하고 일정한 경로를 따라 진행하고 있다. 원래 오늘날 支那 본국에서도 옛날부터의 민족상의 관계 등을 음미해 보면 반드시 하나의 민족이라고 생각할 수 없으며 적어도 2, 3종 이상의 민족으로 이루어진 것이다. 하지만 그것들도 문화의 발전에서는 민족의 구별을 없애버리고 하나의 동양문화를 형성하는 경로를 더듬

22) 內藤湖南, 「新支那論」, 『支那論』, 創元社, 1938, 263~264쪽.

고 있다. … 동양문화의 진보·발전으로부터 말하면 국민의 구별이라는 것과 같은 일은 작은 문제이다.[23]

이와 같이 나이토는 일본을 포함하여 조선 및 베트남의 문화가 그 모체로서 동양문화라는 것을 전제로 하면서 일본문화 자체가 그 한 구성요소이기도 한 동양문화란 그 문화를 낳은 제 민족을 초월한 보편적 가치로서 생각하였다. 따라서 역사상에 흥성과 쇠락을 경험한 제 민족은 각각의 국면에서 문화의 발전을 담당하는데, 그러한 개개의 민족의 성쇠를 초월하여 생성되고 역사의 실체를 구성하는 것은 보편적 가치로서의 문화라는 것이며, 나이토의 歷史認識이 文化史로서 성립하는 것은 이러한 점에 있어서였다. 하지만 나이토의 보편성은 그 자신이 비록 동양문화가 支那文化라는 것을 전제로 하였지만 대개의 경우 중국의 주체성을 배제한 동양문화였으며, 이 동양문화는 중국과 여타 민족이 공동으로 만들어낸 역사적 산물이었다. 나이토의 '文化中心移動說'을 한 마디로 정리하면, 그것은 역사적으로 형성된 동양문화의 중심이 '동쪽'으로 이동했으며 이제 그 文化中心이 일본에 있다는 것으로 정리할 수 있다. 그리고 『新支那論』의 '文化中心移動說'을 주장하는 그의 문맥 속에서 보면 자주 사용하는 문장의 주된 핵심어는 文化中心, 국민의 구역, 동양문화의 중심, 훌륭한 강국, 일본의 융흥, 하나의 국가, 동양문화의 진보·발전 등등[24]이다.

이렇게 볼 때 유추할 수 있는 논리는 文化中心이 이제 동쪽으로 이동하여 동양문화의 중심이 일본에 있고, 일본은 이미 강대국으로서 융흥(隆興)의 기운을 맞이했으며 만일 중국과 하나의 국가를 형성한다고 해도 중국인은 전혀 개의치 않을 것이라는 이야기이다. 또 이렇게 해야지만 동

23) 內藤湖南, 「新支那論」, 『支那論』, 創元社, 1938, 263～266쪽.
24) 內藤湖南, 「新支那論」, 『支那論』, 創元社, 1938, 266쪽.

양문화의 진보·발전이 되는 것이며 이를 위해서는 국민 혹은 민족의 구별이 중요하지 않다는 논리인 것이다. 마치 태평양전쟁 때에 '대동아공영권'을 외치던 일본 제국주의의 망령이 이미 그 서막을 여는 듯하다.[25] 이제 나이토의 '文化史觀'에서는 거대한 他者로서의 중화질서가 그 중심을 잃고 다른 여타 지역에서도 놀림거리로 전학해 버리는 신세가 되었다. 그 대신 일본은 중화문화를 대체하는 문화의 주역으로서 역사의 무대에 등장하고, 우월 의식에 근거한 문화론을 전개하게 된다. 이것은 일종의 문화의 보편적 흐름을 망각한 文化史觀이었다고 볼 수 있다. 한편 나이토의 편협한 시각은 하니 고로(羽仁五郎)·이노우에 기요시(井上清)의 현대사 대담인 「역사에서 무엇을 배울까(歴史に何を學ぶか)」(現代評論社, 1973)에서도 잘 드러난다. 여기에서 이노우에(井上)는 나이토 고난의 일본문화의 본질론을 언급하면서 다음과 같이 지적한다.

> 나이토 고난의 설은 '두부(とうふ)'에 비유해서 말하면, 중국문화라는 대두(大豆)가 조선을 통과하여 그대로 일본에 전해져 오고 일본인이 '간수(ニガリ)'(두부 만드는데 쓰임)를 더했다는 것이 되는데, 그(나이토)는 조선인이 중국문화를 배워 자신의 문화를 가지고 그것을 일본에 전했다는 것에 대해서는 전혀 평가하지 않는다. 1910년 일본이 한국을 명실상부하게 깨버리고 식민지로 삼았을 때의 나이토 고난의 발언 등을 보면 너무하다 싶을 정도로 심하였다. 조선문화를 전혀 평가하지 않으며 마치 고대로부터 일본이 조선과는 관계가 없는 것처럼 말한다. 지금 일본역사는 조선으로부터 출발하지 않으면 안 된다.[26]

이노우에의 지적은 사실 타당하다고 볼 수 있다. 그것은 보편적 문화의 흐름에 입각하여 상호작용의 문화전파(Cultural Diffusion)를 말하고

---

25) 신현승, 「內藤湖南의 '支那論'과 동아시아 인식」, 『'한·일병합'을 전후로 한 일본 역사가들의 동아시아象』, 2008년도 하반기 고려대 동아시아문화교류연구소 학술발표회집, 2008.9, 34쪽.

26) 羽仁五郎·井上清, 「歴史に何を學ぶか」, 現代評論社, 1973, 31쪽.

있기 때문이다. 반면 나이토는 그 자신의 '文化中心移動說'에서 조선 혹은 한국에게는 어떠한 위치도 부여하지 않는다. 거기에는 '중국 대(對) 일본'이라는 구도만 있으며, 그것도 文化中心으로서의 일본만이 부각되고 정체되고 낡은 옛 문화대국 중국은 열등자로서만 위치한다. 그와 더불어 여타의 것은 배제될 수밖에 없었고 한국의 존재는 그의 文化史觀 속에서는 결코 찾아볼 수가 없다.

그런데 나이토의 '文化中心移動說'은 이와 같은 지역적 이동만이 있는 것이 아니다. 그는 문화의 계층 간의 이동도 주장한다. 그는『新支那論』의 제6장「支那의 문화 문제」에서「신인(新人)의 개혁론의 무가치」라는 부제를 달고 다음과 같이 문장을 시작한다.

> 앞에서 支那의 文化中心이 시대에 따라 점차 이동해 왔다고 말했지만, 이 이동은 단지 지방에서만 행해졌던 것은 아니며, 계급에 있어서도 행해졌다. 육조(六朝)에서 당(唐)까지 명족(名族)이 각종의 문화를 점유하고 있었던 시대부터 그 이후 점차 변화해 왔는데 당말오대(唐末五代)에는 고래의 명족이 대개 멸망한 것과 동시에 문화의 중심이 독서인(讀書人) 계급으로 옮겨졌다. 물론 이 독서인 계급의 대부분은 사관자(仕官者)였는데, 원조(元朝)에서는 사관자의 대부분을 몽고·색목인(色目人) 등이 점유하였다. 이때부터 문화의 중심이 처사(處士)로 옮겨온 시대가 되었기 때문에 원말(元末)부터 명(明) 중엽까지는 문학·예술이 대량의 처사들 사이에서 이루어졌다. 그러나 명청(明淸) 2대에는 역시 사관자가 문화계급으로서 최대의 것이었는데, 청조(淸朝)가 되어 특별한 현상은 상인계급의 발달이었고 주로 그것은 양주(楊州) 지방을 중심으로 한 염상(鹽商)의 일단(一團)이다. 이것은 역시 앞에서 말한 지방에서 아직 문화의 혜택을 받지 못한 곳이 점차로 옛 지방의 문화를 이어받은 것처럼, 그리고 또한 새로운 문화를 낳았던 것과 마찬가지로 종래 문화의 혜택을 받지 못했던 계급이 점차로 앞의 문화계급으로부터 받은 바의 문화를 더욱 새롭게 문화로 화성(化成)하여 생면(生面)을 열고 있는 것이다.[27]

27) 內藤湖南,「新支那論」,『支那論』, 創元社, 1938, 312~313쪽.

이 문장에 근거하여 나이토의 계층 간의 문화이동을 정리하면, 대략 "명족(육조－당) → 독서인(당말－송) → 처사(원말－명 중엽) → 독서인으로서의 사관자(명청) → 상인계급(청조)"의 흐름이 될 것이다. 여기에서 주목해야 할 것은 청조의 특별한 현상으로서의 상인계급의 발달에 관한 언급이다. 이 상인계급은 곧 경제력 혹은 선진적 경제문화를 의미한다. 이는 곧 당시의 상황에서 볼 때 일본의 경제문화가 중국에 앞선다는 의미이기도 하다.

그래서 나이토의 文化史觀 혹은 文化中心移動說을 그 자신의 시각에서 보면, 지역적으로 볼 때 현재의 文化中心은 동쪽으로 옮겨와 일본이 文化中心이 되었고, 계층적으로 보면 상인계급이 최종적으로는 文化中心이 된 것인데, 현재 경제문화가 가장 발달한 곳은 일본이고 일본의 상인계급에게 文化中心이 옮겨왔다는 논리로 해석할 수도 있다. 이와 같이 나이토의 '文化中心移動說'은 지역과 계층이라는 두 측면에서 文化中心이 이동했다는 이론에 바탕을 두고 성립된 것이었다. 결국 그의 文化史觀은 일본에 중심을 두고 아시아의 리더로서 내지는 탈(脫)아시아의 '優等生' 일본으로서의 자부심에 근거한 一國 중심의 史觀이었다고 말할 수 있을 것이다. 그 一國은 다름 아닌 자국 일본이었다.

3) 時代區分論과 文化中心으로서의 일본

나이토는 '文化中心移動說'과 함께 중국사 '時代區分論'을 새롭게 정립한 학자로서도 유명하다. 당연히 이 '時代區分論'에 있어서도 그 구분의 기준은 비록 정치·경제의 개념도 중요한 위치를 차지하지만 핵심은 역시 '문화'라는 코드였다. 그는 『支那上古史』에서 중국사 시대구분을 다음과 같이 도식화한다. 이것을 표로 나타내면 다음과 같다.

<table>
<tr><th>시 기</th><th>중국사</th><th>비 고</th></tr>
<tr><td rowspan="2">제1기(上古)</td><td rowspan="2">개벽(開闢)에서 후한(後漢) 중엽까지</td><td>전기: 支那(중국)의 문화가 형성되는 시기</td></tr>
<tr><td>후기: 支那의 문화가 외부로 발전하여 동양사로 변형되는 시기</td></tr>
<tr><td>제1과도기</td><td>후한의 후반에서 서진(西晉)까지</td><td>제1기에서 제2기로 넘어가는 과도기로서 支那文化의 외부 발전이 일시 정지된 상태의 시대</td></tr>
<tr><td>제2기(중세)</td><td>5호16국(五胡十六國)에서 당(唐) 중엽까지</td><td>외부 종족의 자각으로 인해 그 세력이 반동적으로 支那의 내부에까지 미쳤던 시기</td></tr>
<tr><td>제2과도기</td><td>당(唐)에서 오대(五代)까지</td><td>제2기 상태의 연장선상에서의 과도기</td></tr>
<tr><td>제3기
(근세 전기)</td><td>송원시대(宋元時代)</td><td rowspan="2">외부로부터 들어온 세력이 支那에서 정점에 이르는 시대</td></tr>
<tr><td>제4기
(근세 후기)</td><td>명청시대(明淸時代)</td></tr>
</table>

이 '時代區分論'은 중국문화가 내부에서 외부로 발전해 가는 방향과 그렇게 함으로써 중국문화의 영향을 받은 외부의 힘이 반작용적으로 내부에 미친 방향, 이 두 방향의 상호작용에 착안하여 구상된 것이다.[28] 그와 같이 볼 경우, 이 '時代區分論'은 '문화'라는 코드에 의해 구분이 확정되었음을 알 수 있다. 또 이것은 그의 '文化中心移動說'과 연동하고 있음도 쉽게 짐작이 된다. 즉 그의 '文化中心移動說'에서 보면 문화의 중심이 발생지점의 내부에서 외부로 향하는 형태인데, 지역적으로는 '동쪽'으로 이동했다는 것이다. 이 밖에 '외부 세력'의 문화적 영향을 매우 중시했다는 점도 일치하는데, 동양문화란 '원(原) 중국문화+외부에서 영향 받은 중국문화'라는 식이다. 이 때문에 그가 時代區分論을 구상했을

28) 谷川道雄 編著, 鄭台燮·朴鍾玄사 外譯, 『日本의 中國史論爭』, 신서원, 1996, 22～23쪽.

때 고려하지 않을 수 없었던 것은 내부와 외부와의 관계였고 외부의 영향 때문에 중국에서 변화가 일어났음을 전제로 하면서 문화적 변용에 초점을 맞추었던 것이다.

그리고 나이토의 시대구분의 특색은 '과도기'라는 시기를 설정한 데에 있었다. 개벽으로부터 후한의 중엽까지를 '상고', 후한의 후반부터 서진까지를 '제1과도기', 5호16국에서 당 중엽까지가 '중세', 당말부터 오대까지가 '제2과도기'라는 것이다.[29] 이 과도기는 대체로 외부 세력(=이민족)과의 관계 속에서 성립된 시기였고, 근세기도 또한 외부세력의 역량이 정점에 달한 시기로서 규정한다. 이와 같이 나이토의 時代區分論은 문화사로서의 時代區分論이었고, 특색 있는 시대구분법으로서 학술적 가치를 지닌다고 평가할 수 있다. 하지만 문제는 '文化中心移動說'과 연동되고 있다는 점에 있는 것이다. 외부 세력의 중요성 강조와 '文化中心移動'의 추이가 은연중에 일본으로 옮겨왔다는 암시를 깔고 있는 것이다. 거기에는 인정하기 싫은 늙고 거대한 他者 '支那'가 자리하고 있었다. 즉 한 편의 영화로 비유하자면 나이토의 '文化中心移動說'에서 주인공은 당연히 일본이었다. 옛 무성영화의 시대에 주인공이 중국이었다면 이제 새로운 시대와 환경을 맞이하여 주인공은 다름 아닌 자신들의 일본이었던 것이다.

비록 동양문화의 중심을 이루는 중국문화에 대한 그의 높은 평가가 있었다고는 하지만, 그것은 옛날의 부귀와 명성일 뿐이었다. 가장 중요한 현재적 시점에서 문화대국은 바로 자신들의 일본이라는 논리가 나이토의 머릿속에는 들어 있었다. 그럼 이제 문화대국으로 자리매김한 일본이 동아시아 세계에서 완수해야할 의무는 무엇일까. 나이토는 물론이고 당시 일본 지식인층들은 이러한 문제에 관심을 기울였다. 그리고 이러한

29) 礪波護, 「東洋史學－內藤湖南」, 礪波護·藤井讓治編, 『京大東洋學の百年』, 京都大學學術出版會, 2002, 95쪽.

문제를 고심한 결과 나이토의 경우 동양사학자의 길을 걷게 된 시점에서 '文化中心移動說'의 결론으로서 일본인의 우월성에 바탕을 둔 가련한 '중국 구제하기'라는 형태로 나타난다.

메이지(明治) 20년대, 특히 청일전쟁(1894~1895)을 전후로 하여 국민적 자각이 고양되어 가는 분위기와 동반하여 소위 '일본인의 천직(天職)', '일본인의 사명'이라는 말이 자주 일본의 논단을 휩쓰는 테마가 되었는데, 당시 유력한 사조의 하나는 예를 들면 후쿠자와 유키치(福澤諭吉)의 언설 속에서 볼 수 있는 바와 같이 일본은 동양에서 신문명(新文明)－서양문명－의 유일한 대표자이며 그 진취적 신문명을 가지고 아시아에서 수구의 대표자인 중국을 각성시켜 진보의 길로 나아가게 하는 것이 '일본의 천직'이라는 것이었다. 소위 이와 같은 계몽주의적 사조의 계보는 다이쇼(大正)·쇼와(昭和)기에 접어들면 쓰다 소키치(津田左右吉)의 대(對) 중국 인식과도 연관되어 가는데, 나이토는 메이지(明治) 27년에 쓴 「소위 일본의 천직(所謂日本の天職)」[30]에서 그와 같은 견해를 논박한다.

그는 여기에서 "支那가 과연 守舊의 대표가 될 수 있는지 어떤지는 아직 판단하기 어려운 것이다"고 하여 중국문화에도 진보·발전이 있음을 서술하고 "이 서인(西人, 서양인)들의 소위 진보라고 하면 支那에서도 일찍이 진보가 없었던 것이 아니다"고 논하면서 한편에서는 서양사상의 일면적 폐해를 지적하고 그 맹목적 믿음의 해로움까지 지적한다. 다른 한편으로는 중국문화에서 궁구해야할 여지가 큼을 서술하고 일본의 천직은 서양문명을 아시아에 알리는 소개자에 있는 것이 아니라, 동서의 양쪽 문화를 충분히 이해하고 융합하여 새로운 동방 학술의 신생면(新生面)을

---

30) 『內藤湖南全集』, 東京, 筑摩書房, 1969~1976의 총 14권 가운데 제2권에 들어있는 『연사초수(燕山楚水)』에 수록되어 있다. 이 『연사초수(燕山楚水)』는 1899년의 중국여행 기행문이다.

창조하는 것에 있다고 주장하였다.[31] 이처럼 중국문화를 옹호하는 것처럼 발언하고 있지만, 실제로 그것은 서양문화에 대항하기 위한 하나의 수단으로서 사용한 미사어구일 뿐이었다. 마치 어려운 스턴트 연기를 주인공 대신 담당하는 스턴트맨과 같은 역할이 중국에게 부여된 것과 마찬가지의 일이었다. 다시 말해 일본은 아시아에서 유일하게 西洋文化와 東洋文化 양쪽을 이해하고 융합할 수 있는 능력을 지닌 文化大國이라는 자부심이 깔려 있고, 또 그러한 역할을 담당해야 비로소 東洋文化가 새로운 발전을 이룩할 수 있다는 논리가 그의 언설에서 엿보인다.

그런데 그는 다이쇼(大正) 13년(1924), 『新支那論』의 간행과 시기를 같이하여 『일본문화사연구(日本文化史研究)』를 세상에 내놓는데, 여기에서 '文化中心移動說'의 핵심 근거를 제시하고 있다. 이 보다 앞서 다이쇼(大正) 10년(1921)에 집필한 「일본문화란 무엇인가(日本文化は何ぞや)」에서는 "일본문화의 기원이 支那라고 해도 결코 그것 때문에 일본문화가 무가치하다는 것은 아니다. 전체로부터 보면 이것은 동양문화의 부분적 발달이라고 하겠지만, 그 부분적 발달이 역시 동양 전체에 일본문화로서 크게 영향을 끼쳤기 때문에 그 일본문화라는 것의 계통은 전체로부터 말하면 동양문화에 속하는 것이라고 나는 생각하고 있다"[32] 라고 말한다.

게다가 『日本文化史研究』에 실린 「일본문화의 독립(日本文化の獨立)」이라는 논문에서는 남북조(南北朝) 내란의 과정에서 일본문화가 독립할 수 있는 새로운 기운이 있었다고 기술하고 있다. 하가 노보루(芳賀登)는 "이와 같은 나이토 사학(史學)은 결코 중국의 민족운동 등을 용

31) 增淵龍夫, 「日本近代史學史における中國と日本(Ⅱ)－內藤湖南の場合」 日本の近代史學史における中國と日本－津田左右吉と內藤湖南』, 岩波書店, 2001, 54～56쪽.

32) 內藤湖南(虎次郎), 「日本文化史研究」, 『內藤湖南全集』 第9卷, 東京, 筑摩書房, 1969, 20쪽.

납할 수 없는 것이었다"고 말하면서 나이토가 만주국(滿洲國) 건설에 협력하는 인물이었고 중국혁명이라든가 5·30사건에 대해서도 단호한 민족운동 탄압의 태도를 취했다고 평가하고 있다.[33] 하가 노보루의 평가가 아니더라도 나이토는 확실히 그의 여러 논고에서 드러내고 있듯이 '일본 중심주의'적 정치적 담론을 주로 한 대외강경론자였다. 그것은 그가 저널리스트로서 출발한 자신의 경력에 기인하는 바도 컸을 것이다. 그렇다고 그 시대에 나이토 고난만이 일본 중심주의를 표방한 대외강경론자였던 것은 아니다. 예를 들면 일본에서 근대기 최고의 지성인으로 평가받는 쓰다 소키치(津田左右吉)도 일본 우월주의를 바탕으로 한 대외강경론자였다. 이처럼 당시의 사조는 제국주의 팽창으로 나아가는 단계에서 그 정당성을 확보하기 위한 지식인들의 '자국 우등주의'로 표출되었던 것이다.

마치 독일 철학자 헤겔의 歷史認識이 중국을 유치하고 정체된 이미지이자 그것이 지속되는 국가로 묘사했듯이 나이토 고난의 경우에도 그와 같은 당시의 일련의 사조(思潮) 속에서 '중국 열등(劣等)', '일본 우등(優等)'이라는 편협한 歷史認識이 자연스럽게 전개되었다고 할 수 있다. 그리하여 나이토의 생각 속에서는 우등생 일본이 이제 열등한 他者인 중국을 이끌어 주어야 한다는 논리가 성립되었고, 정치·경제적 중국 진출은 일본인의 천직이라는 논리까지 내세우기에 이르렀던 것이다. 또 이러한 대외팽창에 대한 주장의 배경에는 그의 주전론(主戰論)도 존재하였고, 열렬한 주전론의 제창자로서 잔혹할 정도의 면모까지 보이고 있다. 다음은 몽고의 칭기즈칸에 비유한 언설이다.

> 근래 (支那의) 논자들은 외종족(外種族)의 침략을 어떻든지 支那人의 불행처럼 생각하고 있지만, 실질적으로 支那가 기나긴 민족생활을 유지

33) 芳賀登, 『批判: 近代日本史學思想史』, 柏書房, 1974, 130~131쪽.

> 할 수 있었던 것은 전적으로 이렇게 누차에 걸쳐 행해진 외종족의 침입에 의한 것이다. 그러한 견해로부터 생각해보면 칭기즈칸이 "支那 인민은 우리나라에 전혀 도움이 되지 않는데, 그들(支那 인민)을 때려죽이고 그 지방을 커다란 목장으로 삼는다면 몽고인의 나라에 도움이 될 것이다"라고 말했다는 것은 상당히 의미가 있는 말이며 ….[34)]

중국은 외종족(=이민족)의 침략에 의해 유지되었다는 것이며, 그들을 타살하더라도 무방하다는 논리가 이 문장에 선명히 드러나 있다. 놀라운 사실은 칭기즈칸의 말을 인용한 대목인데, 이 말이 어디에 출전을 두고 있는지 명확하지 않지만, 이것은 나이토 자신이 진정으로 하고 싶었던 말인지도 모르겠다. 과연 중국인을 죽여 목장으로 삼는다고 하는 표현이 동양사학자로서 발언할 수 있는 말일까. 이렇게 그의 文化史觀에는 인류의 보편적 가치인 '평화'가 결여된 언설로 가득 채워져 있다. 나이토가 내세운 文化中心으로서의 일본, 일본의 천직이 이와 같은 양상이라면 그것은 철저히 비판받아야 마땅하다. 아카데미즘(academism)을 몸소 체현해야할 동양사학자가 국수적 저널리즘(journalism)에 치우친 의론을 전개하는 것은 자기기만이 아닐까. 그의 文化史觀의 내재적 의미는 바로 이러한 점에 있었다고 볼 수 있다.

4. 맺음말

본고는 근대기 일본의 한 동양사학자의 歷史認識이라는 주제 하에서 일본의 東洋史學을 개창한 주역의 한 사람이었던 나이토 고난(內藤湖南)에 주목하고 그의 支那認識과 文化史觀으로서의 '文化中心移動說' 및 '時代區分論'을 분석하기 위해 기획된 것이다. 그래서 맺음말에

34) 內藤湖南, 「新支那論」, 『支那論』, 創元社, 1938, 273쪽.

대신하여 그 간략한 내용을 정리하면 다음과 같다.

본문의 첫 번째에서는 「支那認識의 양상」이라는 소제목을 달고 당시 나이토의 중국에 대한 대체적인 인식의 양상이 어떠했는지를 다루었는데, 거기에는 열등한 他者로서의 支那像이 각인되어 있었고 철저하게 중국인들을 폄하하고 무시하는 언설로 채워져 있다는 사실을 논증하였다. 그의 이와 같은 인식의 배경에는 당시 일본의 知性界를 휩쓴 支那論 열풍이 있었다. 그것도 대외팽창을 목표로 한 정부의 견해와 완전히 일치하는 열등한 他者로서의 支那(=중국)에 대한 의론이었고, 中華的 보편질서를 해체하려는 철저히 부정적 이미지로 他者化된 '支那論'이었다. 그 결과 他者化된 중국은 침략주의, 군국주의의 대상으로 인식되었다. 나이토 고난의 경우도 이러한 思潮에 동반하여 그 자신의 支那認識을 형성했다고 볼 수 있다. 본문의 두 번째에서는 나이토의 文化史觀을 『新支那論』에서 그 자신이 제기한 '文化中心移動說'에 근거하여 분석하였다. 또 아직도 동아시아 삼국의 동양사학계에서 영향을 미치고 있는 그의 '時代區分論'을 '文化中心移動說'과 연동하는 이론으로서 고찰하였다. 특히 그의 文化史觀이 '文化中心으로서의 일본'을 전제로 하고 있다는 사실을 언급하고 경제대국·문화대국을 자부하는 그의 언설을 살펴보았다. 그가 말하는 동양문화는 중국문화만을 일컫는 개념이 아니었으며, 중국은 이 개념 속에서 他者化된 助演의 역할이 부여되었다. 그 대신 중국의 역사를 유지시킨 공로자이자 동양문화의 主演은 이종족에게 부여될 수밖에 없었다. 그것은 자연히 당시의 시점에서 볼 때 일본이 동양문화의 중심이라는 관념으로 연결될 수 있는 논리적 정당성을 확보해 주는 근거이기도 하였다.

이와 같이 나이토의 支那認識과 文化史觀은 한 마디로 말하면 '자국 우월주의'에 바탕을 둔 '일본 중심주의적' 歷史認識이자 文化史觀이었다고 할 수 있다. 그것은 당시 침략주의와 군국주의 노선을 걷기 시작하던 일본 정부와 맥을 같이하던 언설이었고, 그의 저널리스트로서의 경력에 기인한 편협한 歷史認識이었다. 그런데도 아직까지 동아시아 삼국의 동양사학계에서 나이토 史學이 위력을 떨치고 있다는 것은 아이러니라 하지 않을 수 없다.

參考文獻

內藤湖南(虎次郎), 『內藤湖南全集』 第1卷～14卷, 東京, 筑摩書房, 1969～1976.

內藤湖南(虎次郎), 『支那論』, 創元社, 1938, 1～378쪽.

內藤湖南(虎次郎), 『東洋文化史』, 東京, 弘文堂, 1950, 1～359쪽.

內藤湖南(虎次郎), 『近世文學史論』(朝日文庫), 朝日新聞社, 1949, 1～156쪽.

內藤湖南(虎次郎), 『新支那論』, 東京, 博文堂, 1924, 1～196쪽.

芳賀登, 『批判: 近代日本史學思想史』, 柏書房, 1974, 1～485쪽.

山路愛山, 『支那論』, 東京, 民友社, 1916, 1～327쪽.

增淵龍夫, 『歷史家の同時代史的考察について』, 岩波書店, 1983, 1～172쪽.

增淵龍夫, 『日本の近代史學史における中國と日本－津田左右吉と內藤湖南』, 岩波書店, 2001, 1～91쪽.

加賀榮治, 『內藤湖南ノート』, 東方書店, 1988, 1～160쪽.

礪波護·藤井讓治 編, 『京大東洋學の百年』, 京都大學學術出版會, 2002, 1～296쪽.

三田村泰助, 『內藤湖南』, 東京, 中央公論社, 1972, 1～228쪽.

竹內好外·橋川文三 編, 『近代日本と中國(上)』, 朝日新聞社, 1974, 1～310쪽.

谷川道雄 編著, 鄭台燮·朴鍾玄外譯, 『日本의 中國史論爭』, 신서원, 1996, 1～304쪽.

陶德民, 『明治の漢學者と中國－安繹·天囚·湖南の外交論策－』, 關西大學出版部, 2007, 1～320쪽.

스테판 다나카 저, 박영재·함동주 역, 『일본 동양학의 구조』, 문학과지성사, 2004, 1～428쪽.
고야스 노부쿠니 저, 김석근 역, 『일본근대사상비판』, 역사비평사, 2007, 1～334쪽.
礪波護, 「東洋史學－內藤湖南」, 『京大東洋學の百年』, 京都大學學術出版會, 2002, 1～296쪽.
礪波護, 「內藤湖南」, 『20世紀の歷史家たち(2)』(日本編下), 1999, 1～379쪽.
溝上瑛, 「內藤湖南」, 『東洋學の系譜』, 大修館書店, 1992, 1～301쪽.
谷澤永, 「內藤湖南參考文獻目錄」, 『內藤湖南著書展』, いづみ書店, 1969, 1～257쪽.
박찬흥, 「白鳥庫吉와 '滿鮮史學'의 성립」, 『'한·일병합'을 전후로 한 일본 역사가들의 동아시아象』, 2008년도 하반기 고려대 동아시아문화교류연구소 학술발표회집, 2008.9.3, 1～40쪽.

‘샤먼’ 개념을 통한 아이덴티티의 재편 논리
－도리이 류조(鳥居龍藏), 최남선, 이하 후유(伊波普猷)를 중심으로－

전 성 곤*

1. 들어가면서

필자는 식민지 지배라는 시대적 배경을 고려하면서도 지배자 피지배자의 이분법적 인식 틀을 벗어나 당시의 ‘샤먼’에 관한 연구가 어떻게 의미화 되어가는 지에 초점을 맞춘다. 다시 말하면 샤먼연구 그 자체를 분석하는 것이 아니라 그러한 연구가 형성되기 시작하는 조건이 무엇이었으며, 그것이 적합한 ‘전통’으로 재형성되는지 그 과정을 검토하려는 것이다.

이를 위해 먼저 일본 인류학의 리더였던 도리이 류조(鳥居龍藏)를 살펴본다. 도리이는 서구에서 생성된 ‘인종’ 해석을 수용하여 ‘일본인종’의 기원을 찾아내어 일본인종의 경계를 설정한 인물이다.[1] 선행연

* 고려대학교 일본연구센터 연구교수

1) 小熊英二,『<日本人>の境界』, 新曜社, 2005, 3～5쪽.

구에서 지적하듯이 일본인종의 경계는 식민지배의 확장과 더불어 새롭게 일본제국의 영역으로 편입되는 외부를 동심원적으로 확장하면서 이중개념을 적용하게 된다.[2] 이중개념이란 일본인종과 타인종 간의 차이성을 부각시키면서 일본인종 안에서의 열등성을 배제하는 논리의 활용이었다. 이때 도리이가 중심적으로 활용한 것은 일본 주변민족들과의 '샤먼' 비교였다. 이를 통해 도리이는 '일본인종'에서 '일본민족'의 정체성을 재발견이었다.[3] 구체적으로 도리이는 조선반도, 오키나와(沖縄) 조사를 통해 '동아시아'개념 속의 '문화적 동원성'을 발견해 냈다. 그 중심축에는 '샤먼'이 존재했고, '샤먼'을 통해 일본인종의 우월성을 증명하기 위해 열등성을 시간적 추이에 따라 소거해가는 방식을 제시한다.

특히 도리이 류조는 조선반도 조사를 실시하며, '인류학'이라는 학문적 지(知)를 유입시켰다. 식민지로 전락한 조선은 일본제국의 영토였고 일본인이 제시하는 학문적 상황과 연동하지 않을 수 없는 현실에 놓이게 된 것이다. 바로 이점은 도리이 류조에 의해 조선의 토착 종교로 샤먼이 규정되었을 때 조선인의 입장에서는 어떻게 그것을 받아들이고 있었는지를 살펴보아야 할 것이다. 이를 위해 조선인 최남선[4]의 '샤먼' 수용방

---

2) 子安宣邦, 『日本ナショナリズムの解讀』, 白澤社, 2007, 147쪽.

3) 김현철, 「20세기 초기 무속조사의 의의와 한계 연구－鮎貝房之進, 鳥居龍藏, 李能和를 중심으로」, 『한국민속학』 제42집, 한국민속학회, 149～194쪽.

4) 任敦姬·Roger L. Janelli, 「한국민속학사의 재조명: 최남선의 초기 민속연구를 중심으로」, 『비교민속학』 제2호, 비교민속학회, 1989, 3～42쪽 ; 丁曝淑, 「<稽古箚存>을 통해 본 崔南善의 古代史論」, 『奎章閣』 6, 서울대학교도서관, 1982, 161～203쪽 ; 崔錫榮, 『일제의 동화이데올로기의 창출』, 書景文化社, 1997 ; 川村湊, 『「大東亞民俗學」の虚實』, 講談社, 1996 ; 南根祐, 「「朝鮮民俗學」と植民地主義－今村鞆と村山智順の場合」, 『心意と信仰の民俗』, 吉川弘文館, 2001, 32～54쪽 ; 青野正明, 『朝鮮農村の民族宗教』, 社會評論社, 2001 ; 崔吉城, 『「親日」と「反日」の文化人類學』, 明石書店,

식을 살펴본다. 이것은 일본과 조선이라는 둘만의 관계에서 뿐만 아니라 당시의 식민지지배를 받았던 오키나와도[5] 함께 구도 안에 넣어서 살펴본다. 다시 말하면 도리이 류조의 학지(學知)의 자장 아래에서 조선인 최남선, 오키나와의 이하 후유(伊波普猷)가[6] 토착인 샤먼을 재증명해 내는 방식의 공통점과 차이점도 동시에 살펴보려는 것이다. 이러한 작업은 결론적으로 도리이 류조, 최남선, 이하 후유가 학문적 지식의 공유 속에서 어떻게 자신의 '내적 문화로서의 전통'을 창출해 내는지 그 방식이 드러날 것이다.

달리 표현하자면 도리이 류조의 이론을 모방한다는 의미에서 "혼성의 영역"[7]인 각각의 샤먼 담론이 무엇을 의미하고 있으며, 그것이 역사관과 어떻게 연동되고, 하나의 관념으로 어떻게 구성되어 가는지 과정을 밝혀 내려는 것이다. 동아시아라는 하나의 보편 담론 속에서 각각의 특수한 '내부'를 형성하는 담론 경쟁의 내실을 통해 보편과 특수의 교차를 읽어 내는 작업으로 연결될 것이다.

2002, 182～192쪽.

5) 근대의 오키나와현(沖縄縣)을 가령 '원식민지(元植民地)'라고 부르며 내국식민지(內國植民地)라고는 부르지 않는다는 무라이 오사무(村井紀)의 논리를 활용한다. 村井紀, 『南島イデオロギーの發生』, 岩波書店, 2004, 271쪽.

6) 小熊英二, 『<日本人>の境界』, 新曜社, 2005, 280～319쪽. 이하 후유를 오키나와 내셔널리즘의 창출자로 간주하는 평가를 내린다.

7) Bhaba, Homi, 나병철 역, 『문화의 위치』, 소명, 2005, 178～179쪽. 식민지적 모방은 거의 동일하지만 아주 똑같지는 않은 차이의 주체로서 개명된(reformed) 인식 가능한 타자를 지향하는 열망이다. 모방(Mimicry)라고 부르는 식민지적 담론 양식의 전거는 불확정성에 의해 발견된다. 모방은 한편으로 개명과 규칙, 규율의 복합적 전략의 기호이며, 이때의 전략은 권력을 가시적으로 드러내면서 타자를 전유한다는 의미로 정리했다.

2. 도리이 류조의 '샤먼' 인식

1) 도리이 류조의 조선 조사와 '샤먼'론

도리이는 1910년 여름 조선반도에 예비조사를 마친 후 1911년부터 1916년까지 총 6회, 그리고 1932년에 다시 재조사하는 방식으로 조사를 마쳤다. 첫 번째 조사에서는 1911년 8월 29일에 동경(東京)을 출발하여 함경남도에서 함경북도로 북상하면서 조사하고, 북쪽으로 올라가 두만강 유역을 조사한 후 1912년 3월 6일 서울로 돌아온 일정이었다.[8)]

그러니까 도리이는 예비조사까지 포함하여 총 7번(8번째는 1932년임)의 조선반도 조사였으며, 특히 조선인의 생체측정,[9)] 석기시대의 유적, 샤먼에 초점을 맞추고 있었다.[10)] 샤먼은 제1회 함경도 조사에서부터 관심을 갖고 조사를 실시했다.[11)] 도리이는 조선에서의 무녀(巫女)에 대한 풍습을 『일본주의 민족의 원시종교(日本周囲民族の原始宗教)』[12)]로 정리했고 다시 『인류학상으로 본 우리나라 상대의 문화(1)(人類學上より

8) 朝倉敏夫, 「鳥居龍藏の朝鮮半島調査」, 『鳥居龍藏の見たアジア』, 德島縣立博物館, 1993, 68～72쪽.

9) 박순영, 「일제식민주의와 조선인의 몸에 대한 "인류학적" 시선: 조선인 신체에 대한 일제체질인류학자들의 작업을 중심으로」, 『비교문화연구』 제12집 2호, 서울대학교사회과학연구원비교문화연구소, 2006, 57～92쪽.

10) 末成道男, 「鳥居龍藏の朝鮮調査」, 『乾板に刻まれた世界－鳥居龍藏の見たアジア』, 東京大學總合研究資料館, 1991, 179쪽.

11) 朝倉敏夫, 「鳥居龍藏の朝鮮半島調査」, 『鳥居龍藏の見たアジア』, 德島縣立博物館, 1993, 72쪽.

12) 鳥居龍藏, 『日本周囲民族の原始宗教』, 岡書院, 1924, 1～308쪽. 최석영, 앞의 책, 163～167쪽. 도리이의 논고에 앞서 조선 무속에 관한 논고로 아유카이 후사노신(鮎貝房之進)의 「한국에 있어서의 살만교풍속(韓國に於ける薩滿敎習俗)」도 다루고 있다. 또한 김현철, 앞의 책, 167～176쪽도 있다.

見たる上代の文化(1))』[13]를 집필한다.

그런데 문제는 도리이가 일본과 조선이 고대에는 '공통적 특성'을 가지고 있었다[14]는 '선험적' 시점을 갖고 있었다. 도리이는 "필자는 이 무(巫)를 통해 조선의 옛 풍속 및 습관을 보고 싶다. 오늘날에는 조선이라든가 일본이라고 말하지만 원래는 모두 동일한 민족이었으며, 이것이 서로 나누어졌지만 일본과 조선은 동일한 조상에서 나왔다"[15]라는 시선이었다.

도리이는 조선과 일본은 동일한 조상이라는 '일선동조론'에 빠져있었다. 동시에 조선 무속이 가지고 있던 역사성과 그 형식을 조사하는 이유도 "동북아시아에서 행해지는 샤먼은 우리나라 원시신도에 직접적으로 깊은 관계를 가지고 있으며, 실로 우리나라의 고대에는 원시종교상 샤먼 분포권내에 속하는 것 이었다"[16]로 보고 '인류학' 개념과 주위 민족의 '잔존'형태와 연결시켜야 한다고 주장한다.

도리이에게 중요한 것은 일본의 주위민족에게서 발견되는 옛 잔존물[17]의 비교 방법론을 통해 '일본인'의 상대·고대를 심리학적 의미에서 '민족'을 이해할 수 있다고 보았다. 잔존 개념을 중시하면서도 주위민족과 비교를 통해서 일본의 '원형'을 발견할 수 있는 것이라고 보고, 그 주위민족을 조사한 것이다. 도리이는 주위민족이란 결국 조선을 비롯한 주위지방을 '동북아시아'로 상정했으며, 그 조사를 통해 동북아시아를 재해석한다는 의미에서 동북아시아를 재구성의 시도였던 것이다. 그것은

13) 鳥居龍藏, 『人類學上より見たる我が上代の文化』(1), 叢文閣, 1925, 1～423쪽(도리이 류조 전집 제1권 13～166쪽에도 게재되어 있으나, 단행본을 참조하였다).
14) 鳥居龍藏, 「朝鮮の巫に就いて」, 『朝鮮文化の硏究』, 仏教朝鮮協會, 1922, 70쪽.
15) 鳥居龍藏, 위의 책, 56쪽.
16) 鳥居龍藏, 『人類學上より見たる我が上代の文化』(1), 叢文閣, 1925, 3쪽.
17) 鳥居龍藏, 위의 책, 4쪽.

당시의 문화전파론의 거장인 니시무라 신지(西村眞二)의 동북아시아 논리와 맥을[18] 같이하고 있었으며, 도리이가 제시하는 동북아시아 속의 일본의 '원형'을 그려내는 작업이었던 것이다.

2) 우주관과 일본 신화 재구성

도리이는 일본 주위민족에 대한 조사를 실시하면서 '민족'에 대해서 구시베리아민족과 신시베리아민족이라는 두 민족으로 크게 구분했다.[19] 그것은 도리이가 사회진화론에 바탕을 두어 '발달정도'라는 척도로 구분한 것인데, 도리이는 조선을 신시베리아민족 범주에 넣었다. 즉 조선을 우수한 민족, 진화된 민족이라고 인정한 것이다. 물론 구시베리아민족과 신시베리아민족이 하나의 커다란 북방민족으로 묶어지고, 공통 문화로서 샤먼이 존재했다고 설정하였고, 그것이 발달 정도에 따라 구분된다는 논리였다.

그 중에서도 도리이는 특별히 조선의 샤먼에 집중적으로 조사한다. 도리이는 길흉(吉凶)을 점치고, 신에게 기도하여 인간의 병을 치유하고, 바람과 비를 조절하여 곡식의 풍요에 관여하며, 특히 신과 인간 사이에 존재하는 것이 샤먼이며, 조선에서는 이를 무인(巫人)이라고 호칭한다[20]고 제시했다. 이 무인 즉 샤먼에 대해 "조선인의 고유 종교는 샤먼이며, 이것이야 말로 그들의 고대시대부터의 종교라고 말할 수 있다"[21]고 주장하고 조선의 샤먼을 '고유 종교'로 확정해 갔다.[22]

이처럼 샤먼이 조선의 고유 토착 '종교'로 확정하면서 다시 진화론적

18) 西村眞次, 『日本の神話と宗教思想』, 春秋社, 1924, 1쪽.
19) 鳥居龍藏, 위의 책, 2쪽.
20) 鳥居龍藏, 『日本周囲民族の原始宗教神話』, 岡書院, 1924, 6쪽.
21) 鳥居龍藏, 앞의 책, 24쪽.
22) 鳥居龍藏, 위의 책, 26쪽.

시선을 통해 샤먼을 가족적 샤먼과 직업적 샤먼으로 구분하고,[23] 시간의 추이에 의해 결과적으로 직업적 샤먼의 '형태가 완성되었다'고 논한다.

이것은 당시의 샤머니즘을 해석하는 하나의 이론으로서 샤먼을 두 종류로 나누게 되었고, 특히 구시베리아민족에는 가족적 샤먼이 많고 신시베리아민족에는 직업적 샤먼이 많다는 것이 의심의 여지가 없는 '정설'로 등장했다.[24] 그리고 도리이는 신시베리아로 분류했던 민족들의 '샤먼'과 신시베리아민족에게 나타나는 우주관을 설명한다.

즉 신시베리아 민족들은 우주를 구분하기를 삼단으로 나눈다는 '우주삼단론'이었다. 특히 신시베리아 민족인 코리야크, 야쿠트인을 그 분석대상으로 제시하고 있었다. 야쿠트 지역에 살고 있는 야쿠트인은 토루코 종족으로, 지금도 옛날처럼 고유종교인 샤먼을 믿고 있다는 것이다. 도리이는 '코리야크인'에 초점을 맞추어 "코리야크인들에 의하면 우주를 삼단으로 나누는데, 지하에 있는 나라가 요미노쿠니에 해당하고 천상은 최고의 신이 있는 장소이다. 이곳에 사는 신은 천신이다"[25]라고 기술한다. 이러한 코리야크인의 '우주삼단구분'을 원용하여 다시 일본 신화에 대하여 다음과 같이 언급한다.

> 다카마가하라(高天原)에 신들이 살고 그 아래는 나카쓰쿠니(中津國) 즉 인간과 일체 모든 것이 살고 있는 나라이다. (중략) 그리고 나카쓰쿠니 아래에는 또 하나의 세계가 존재한다. 인간이 죽으면 가는 곳으로 (중략) 이곳은 일본의 네노쿠니(根の國), 소코쓰쿠니(底津國), 요미노쿠니(夜見國)에 해당한다. 또 우주를 상중하의 삼단으로 나누는 것은 일본의 고대 사상 중에서 다카마가하라, 나카쓰쿠니, 요미노쿠니와 매우 흡사하다. (중략) 다카마가하라의 신은 나카쓰쿠니의 신과 다른 것인데 고대 일본인의 생각과 비슷하다.[26]

---

23) 鳥居龍藏, 위의 책, 97쪽.
24) 西村眞次, 앞의 책, 45쪽.
25) 鳥居龍藏, 앞의 책, 9～10쪽.
26) 鳥居龍藏, 앞의 책, 11쪽.

도리이는 신시베리아민족이 우주를 세 개의 세계로 구분하는 논리가 일본 신화에 등장하는 다카마가하라, 나카쓰쿠니, 요미노쿠니와 매우 흡사하다고 본 것이다. 특히 야쿠트인의 샤머니즘을 이론을 통해 신시베리아민족의 우주관과 일본의 우주관을 해석한 것이다. 동시에 야쿠트인들이 믿고 있는 주신인 '백(白)의 신'에 초점을 맞춘다.[27] 당시 이러한 도리이 류조와 동일선상에서 니시무라도 야쿠트인이 아이(Aiy)라 부르는 신과 "태양 여신의 호칭인 (일본의) 아마테라스는 백의 신"[28]이라고 주장했다. 니시무라의 주장에 힘입어 도리이는 야쿠트인들이 믿고 있는 주신인 '백(白)의 신'이 곧 해의 신임을 밝히면서 이 해의 신이 일본의 아마테라스 오미카미와 연관이 깊다는 것을 제시한다.

특히 천상계를 광명의 세계로 인식한 것은 동북아시아의 고신앙에서 찾아볼 수 있었던 것처럼 일본에서도 나타난다는 것이다. 야쿠트인이 최고의 신을 광명의 신(태양을 비추는 신)과 일본의 아마테라스 오미카미는 관념상으로 동일한 것이라고 여겼다.

이러한 도리이의 북방민족 연결논리에 대해 호리오카 분키치(堀岡文吉)는 "근래 도리이 박사는 열심히 우리나라에도 샤먼교의 분포구역이라고 역설하고 신도와 연결하여 고찰하고 있는데 내가 보면 그것은 단순한 문화의 접촉으로 (중략) 적어도 북쪽은 아니다"[29]는 반발에도 불구하고, 당시의 문화전파론의 리더였던 니시무라 신지가 일본민족이 북방적 요소를 받아들였다는 것을 부정할 수 없다는 이론적 지원을 받았다.

결론적으로 신과의 매개자 역할을 담당하는 샤먼의 존재를 조선반도에서 확인하고, 신시베리아인의 우주관을 확인하면서 천 관념을 증명할 수 있게 된 것이다. 이를 통해 동북아시아에 존재하는 '샤먼, 우주관, 백

27) 鳥居龍藏, 『人類學上より見たる我が上代の文化(1)』, 앞의 책, 10쪽.
28) 西村眞次, 앞의 책, 52쪽.
29) 堀岡文吉, 『日本及汎太平洋民族の硏究』, 富山書房, 1927, 441쪽.

의 신'이 종합적 내러티브로서 일본의 '아마테라스 오미카미'가 재구성되고 실증적 '개념'으로 권위를 재구성 하게 된 것이다.

3. 최남선의 '샤먼' 인식

최남선은 「살만교차기」라는 샤먼에 대한 논고를 1927년 『계명(啓明)』 잡지에 게재한다. 최남선은 서문에 조선 종교를 '인류학적' 방법을 통해 토속학적으로 할 것인데 그것이 '주위(민족)의 영향관계'를 고려할 것이라고 주장했다.[30] 이것은 도리이가 "자신의 조상이 외부의 다른 것과 섞이기 전의 순수한 원시신도 연구는 (중략) 일본주의의 아시아대륙 및 남방의 섬들에 있어서의 고유한 원시종교와의 비교를 통해서 이루어져야 한다"[31]고 주장하는 논리와 동일선상에 있었다. 이처럼 도리이 류조와 최남선은 동일한 방법, 즉 주위민족과 비교를 실시한다는 인식으로 원시종교를 논하고 인류학적인 견지에서 원시문화를 해석하려고 시도했다. 다시 말하면 방법론과 그 방법론의 활용이라는 인식에 유사성을 띠고 있었다.

최남선은 일본, 류큐(琉球), 조선, 만주, 몽고를 '우랄 알타이' 종족으로 보았으며, 이들 인종사이에 무(巫)가 중요한 원시적 종교, 고신앙(古信仰)이었다고 상정했다. 이것이 바로 샤먼인데 이 샤먼은 "성자(聖者) 혹은 제사와 같은 것이며 조선어의 '무당'에 해당한다"[32]고 주장했다.

---

30) 崔南善, 「薩滿敎箚記」, 『啓明』, 啓明俱樂部, 1927, 1쪽(전집에 실린 「薩滿敎箚記」에는 서문이 없어 『啓明』 잡지를 참조하였다. 이하 전집).
31) 鳥居龍藏, 『日本周囲民族の原始宗教神話』, 岡書院, 1924, 1쪽.
32) 崔南善, 「薩滿敎箚記」, 『육당최남선전집 2』, 현암사, 1973, 490쪽.

최남선 또한 도리이와 마찬가지로 동북아시아 인종을 구시베리아와 신시베리아로 나누어 구분했다.[33] 물론 진화 관계에 의해 구시베리아민족과 신시베리아민족을 구분하여 나누지만 공통적인 종교로서는 샤먼이 존재했다고 보았다.[34] 일본과 함께 신시베리아아 범주 조선을 설정한 후 샤먼을 두 종류로 나눈 도리이와 마찬가지로 최남선도 가족샤먼과 전문직 샤먼 즉 직업적 샤먼을 확실히 구분했다.[35] 전자는 때로는 무인과 같이 신에게 종사하는 전문적인 것이 아니고 각자의 집안에서 기도를 하기도 하며, 병을 치유하기도 하는 것으로 이를 가족적 샤먼이라고 정의했다. 그리고 후자의 직업적 샤먼은 이 가족적 샤먼 보다 한발 더 나아간 것으로 전문적 무인으로 신과 관계하는 일을 담당한 것이라고[36] 주장했다.

1) '샤먼'의 특징과 '단군'

이처럼 최남선도 도리이의 '샤먼' 논리를 모방하면서, 일본문화를 남방기원으로 주장하는 호리오카 분키치는 인정하지 않았다.[37] 또한 최남선은 샤먼이 대륙의 만몽지방의 신앙중 하나임을 인정하고 샤머니즘을 대륙 신도와 연관됨을 인정하고 있었다.[38] 그리고 샤머니즘의 특징 중 중요한 개념이 우주를 삼단으로 구분한다는 점에 두었다.

> 여기에 샤먼교의 내용을 개설하면 이 세계는 상중하의 三界로 나뉘어

---

33) 崔南善, 「薩滿教箚記」, 앞의 책, 492～493쪽.
34) 崔南善, 「滿蒙文化」, 위의 책, 343쪽.
35) 崔南善, 「薩滿教箚記」, 위의 책, 494쪽.
36) 鳥居龍藏, 『日本周囲民族の原始宗教神話·宗教の人種學的研究』, 앞의 책, 6쪽.
37) 崔南善, 「滿蒙文化」, 위의 책, 343쪽.
38) 崔南善, 「滿蒙文化」, 위의 책, 348쪽.

> 거기에 신과 인간과 만물이 住居하고 있다. 즉 천상세계는 光明의 나라 선과 미의 나라이매 최고신을 비롯하여 여러 선신이 여기에 거주하고 (중략) 신의 세계와 교통하여 (중략) 신과 인간과의 仲介역할을 하는 것이 샤먼 즉 巫堂이다.[39]

최남선은 샤먼이 인간세계와 신들의 세계를 연결하는 매개역할을 하고 있음을 강조했다. 이렇게 샤먼을 분류하는 것은 도리이의 논리를 그대로 활용하거나 원용하고 있었다. 그러면서 최남선은 샤먼의 구분을 통해 제정일치사회의 고유 신앙의 편린임을 각성시키고 있었다. 무엇보다도 중요한 것은, 조선반도에 나타난 샤먼이 몽고지방의 샤먼과 닮았다고 상정하고, 동아시아의 공통적 종교현상인 하나의 공통 '문화'로 해석하면서 인종해석과 연결해 간점이다.

최남선은 『삼국지위지』의 「동이전(東夷伝)」을 인용하며 부여족에는 '제천'이라고 부르는 제사 행사가 있었고, 이 제사는 매우 성대하게 이루어졌었다고 설명했다. 바로 이 제천 행사가 커다란 정치적 의미를 가지고 있었고, 이것이 바로 천신 신앙이었다는 것이다.[40] 최남선은 동북아시아에서 배천 사상의 특징을 부여인의 백색(白色) 사상과 연결하여 만몽의 종족들에게 나타났던 것으로 설명한다. 제천 행사가 "태양숭배 위에 세워진 신앙생활이었다는 것이 차차 명백해지는 것이다. 그와 동시에 주권자의 계통도 천제(天帝)인 태양으로부터 나온 것이 되고, 이처럼 조천일치(祖天一致)의 관계는 그 신앙을 더욱더 강화시켜 그에 대한 제전은 사회결속의 구심력으로서 매우 중대성을 띠었으리라는 것[41]이라고 단정한다.

최남선은 도리이의 이론적 틀을 원용하면서 자신의 입장을 새로이 정

39) 崔南善, 「滿蒙文化」, 앞의 책, 343~344쪽.
40) 崔南善, 「滿蒙文化」, 위의 책, 352쪽.
41) 崔南善, 「滿蒙文化」, 위의 책, 353쪽.

리하고 있었다. 다시 말하면 도리이가 제시한 백의 신과 태양숭배와 천관념의 '동일성 및 일치성'을 내세우면서, 샤먼의 역할과 조선의 신화를 연결했다. 이것은 언어학을 통해서 탄탄하게 증명할 수 있게 되는데, 이 방법론은 호리 요시모치(堀喜望)도 강조하듯이, 당시의 트렌드로서 가치를 존중받은 방법론이었던 것이다.[42]

물론 이러한 방법론은 또 하나 흉노를 토루코인으로 상정했던 종래의 서구인의 논리를 배척하고, 흉노를 몽골 종족으로 재구성한 시라토리 구라키치(白鳥庫吉)의 논리를 활용하고 있었다.[43] 시라토리는 흉노의 언어 속에서 천을 나타내는 언어를 찾아내고 그를 설명하며 몽고어와의 관련성을 제시했다. 몽고어의 천(天)은 탱리(撐犁)인데 이 탱리가 천을 의미하며 '탱그리(Tangri)'라고 보았다. 그것을 최남선은 다시 조선어와 비교하고 있었다.

> 흉노의 왕호로 천의 아들을 의미하는 원어를 『한서(漢書)』에 '撐梨', 『史記』의 索隱에 '撐黎', 『後漢書』의 주석에 '撐梨'로 된 것으로 보아 분명하다. '撐'의 음은 지금 'cheng'으로 변하고 있으나 고음은 朝鮮音 't'aing' 安南音 'donh'에 그 모습을 남겨놓고 있듯이 아마도 t'ang이었다고 생각된다. Tangri의 변형(變形)인 tegeri 또는 tagri의 表音으로서 바로 上天을 가리킨다.[44]

최남선은 탱리(탱그리)가 천을 의미한다는 것에 관심을 집중시켰다. 탱리(탱그리)가 천상을 가리키고, 그것이 부여와 연결되었었다는 것도 역사화의 한 과정으로 설명했다. 최남선은 탱그리라는 언어를 시라토리가 제시하는 흉노어와의 관련을 통해 그 증거를 확보하기에 이른다. 특히 "몽골어, 토루코어의 Tegri·Tenggeri·Tangri는 (중략) 한어의 천(Ten·

42) 堀喜望, 『文化人類學－人間と文化の理論』, 法律出版社, 1954, 43쪽.
43) 白鳥庫吉, 「東胡民族考」, 『白鳥庫吉全集』 第4卷, 岩波書店, 1970, 63쪽.
44) 崔南善, 「滿蒙文化」, 앞의 책, 357쪽.

Tien)과 동일하다. (중략) 우랄 알타이 민족의 천(Ten)도 텡그리(Tangri)와 관계가 깊다"[45]고 주장한다.

최남선은 천이라는 어휘가 탱그리와 연관되어 있다는 시라토리의 설명을 충분히 활용했다. 그것은 곧 우랄 알타이민족이라는 동일한 동아시아의 범주 안에서 공통된 의미를 가진 '잔존물'이었다. 특히 이 '탱그리'라는 언어의 언어학적해석을 통해 결국 고조선의 건국신화인 '단군'을 재해석하게 된 것이다.

> 단군왕검이란 무엇을 뜻하는가를 간단히 결론만을 말하여 두고자 한다. 단군이란 조선 고어의 Tankul의 寫音이며, (중략) Tankul은 匈奴어의 '撑梨', 現代몽고 및 土耳其어의 Tangri와 어원을 같이하는 고대 동방에 있어서의 신성표현의 하나로서, 구체적으로는 '천' 그 인격화한 '신' 또는 '신을 섬기는 사람'을 뜻한다. 현대 조선어에 무당의 애칭을 Tankul이라 하고 현대 몽고어에 Tengri가 天, 神과 巫를 뜻함은 모두 오랜 淵源에서 흘러내려온 것이다. 왕검은 위대한 尊長이라는 정도의 뜻이며 현대 조선어의 尊長者또는 老人을 뜻하는 영감은 이에 連絡이 있는 것으로 인정된다. Kom 또는 Kam이 동북 여러 민족 사이에서 널리 '수령', '尊長' 또는 '神靈'을 일컫는 表象임을 잘 알려져 있는 바와 같다. 이로써 생각하건데, 단군왕검이란 '天으로부터 내려오신 귀한 분' 말하자면 '天出大君' 이라고도 역하여야 할 말이며 神政社會에서 祭司長으로서의 君主의 地位에 알맞은 称号임이 認定되는 바이다.

이처럼 단군을 호명하는 논리로서 최남선은 도리이와 시라토리의 논법을 활용했으며 새로운 '문화' 내셔널리즘의 생성에 관여하게 된 것이다. 근대적 학문에 내재되었다고 상정한 '근대적 학지=실증론'을 도입하면서 단군을 재구성, 새로이 호명하고 있었던 것이다. 다시 말하면 도리이의 초기 '인류학'이라는 성과가 남긴 '실증'으로서의 '자료'를 근거로 하여 그와 단군을 연결시킨 것은 의심할 여지가 없이 근대적 단군의 재구성이

45) 白鳥庫吉, 「蒙古民族の起原」, 『白鳥庫吉全集』 第4卷, 岩波書店, 1970, 32~33쪽. 白鳥庫吉, 「東胡民族考」, 앞의 책, 130~131쪽.

었던 것이다. 그 배양원으로 토대를 만들었던 도리이 류조의 '이론'을 감안하면, 피식민자가 지배자측 입장으로 보이는 도리이의 논고를 참조하여 복합적인 방법으로 피식민자의 주체를 재구성한 것으로 볼 수 있다.

동아시아의 개념을 문화론으로 묶어 동아시아의 정체성을 찾아낸 도리이의 샤먼이라는 '형식'을 최남선은 그것을 활용했고 조선적인 것으로 치환시켰던 것이다.

4. 이하 후유의 샤먼 인식

1) 오키나와의 샤먼의 위상과 신화

이하 후유가 언어학을 전공한 이유도 있었지만, '언어 비교' 방법을 통해 신화의 형식과 논리를 해석하는데 활용했다. 특히 오키나와의 '오모로(オモロ)'46)를 연구하면서 고대를 해석해내는 방식이었다. 오모로는 보통 신가(神歌)라고 쓰고, 신의 노래라고 해석한다. 오늘날로 말하면 샤먼에 해당하는 신직(神職)인 노로(祝女)가 신전(神殿)에서 부르는 노래를 오모리라고 칭하는 것이다. 그리고 언어학상으로 오모로는 오모리(オモリ)라고도 불렸다.

> 옛날에는 제식(祭式)을 행할 때 신사(祉)에서 부르는 노래를 「오모리구와이냐(オモリクワイニャ)」(신사의 노래라는 의미)라고 말하고 있었기 때문에 오모리는 그것을 축양한 형태인지도 모른다. 그 어원은 자세하게 규명하기어렵지만 제정일치시대의 산물로서 대부분이 신에 관한 일

46) 伊波普猷, 「琉球人の祖先に就て」, 『古琉球』, 岩波書店, 2000, 50쪽. 이하 후유는 『오모로사우시(おもろおさうし)』가 22권, 노래 수는 총 1552수이다. 서기 13세기 초엽부터 17세기 중엽까지 거의 400년간의 오모로를 정리한 것으로 류큐의 『만엽집(万葉集)』이라고 보았다.

을[47] 가리키며 신 혹은 신이라고 호칭되는 남성이나 노로, 그 외의 신직에 사용되었던 것을 보면 어원은 제쳐두고라도 신가라고 번역해도 지장이 없을 것 같다. (중략) 제정일치시대의 국민 최고의 신관인 기코에오호키미오돈(聞得大君御殿)은 국왕의 자매가 임명되었는데 이것은 국왕을 수호하는 살아있는 영혼으로서 오나리카미라고도 했다.[48]

물론 이하 후유가 주장하는 류큐의 국왕과 기코에오호키미(聞得大君, 최고위의 신녀직)의 관계에 있어서 여군(女君)은 제1차 주권자인고, 국왕이 제2차주권자라고 하는 논리는 사키 마코에(佐喜眞興英)에게 비판을 받았다.[49] 그렇지만 이하 후유는 국왕과 신직자의 '위치'를 둘러싼 문제보다는 신직자의 역할에서 나타나는 특징이 일본신도와 관련이 깊다는 쪽에 무게중심을 두었다.[50]

이하 후유는 일본신도와 관련성을 논하면서 노로의 역할을 국가적 차원의 행사로서 '종교'를 설명한다. 고대사회의 특징인 제정일치성을 강조하고[51] 이러한 제정일치의 사회는 오키나와에만 존재하는 것이 아니라 조선, 중국, 구라파의 고대에서 존재했다고 보았다. 이하 후유는 제정일치 사회에서 특히 우랄 알타이족들 사이에 공통적으로 성행했던 것이 샤먼이 있었다는 것을[52] 주장하고[53] 여자가 제사에 관여했던 것[54]을 중요한 특징으로 보았다.

옛날에는 신지(神祗)에 봉사하고 제사에 종사하는 자는 미혼의 왕녀였다. 이 신관이 기코에오호키미(聞得大君)인 것이다. 『여관오사우시(女官

47) 伊波普猷, 『琉球古今記』, 刀江書院, 1926, 294쪽.
48) 伊波普猷, 앞의 책, 295쪽.
49) 坪井清足, 『古代の日本③(九州·沖縄)』, 角川書店, 1991, 438쪽.
50) 伊波普猷, 「琉球人の祖先に就て」, 『古琉球』, 岩波書店, 2000, 48쪽.
51) 伊波普猷, 『沖縄女性史』, 小澤書店, 1919, 4쪽.
52) 伊波普猷, 『古琉球の政治』, 郷土研究社, 1927, 93쪽.
53) 伊波普猷, 『沖縄女性史』, 小澤書店, 1919, 64쪽.
54) 伊波普猷, 위의 책, 21~22쪽.

> 御双紙)』에 '오호키미는 33군(君)의 최상위이며, 옛날에는 여성의 최고자리에 있었고'라고 적고 있는 것에서 그녀는 국민최고의 신관이었으며 신 앞에서 그 국민을 대표하는 자이었음을 알 수 있다.[55]

현재의 신도에서 제사는 남성이지만 고대에는 여성이 그 역할을 수행했다고 주장한 것이다. 특히 샤먼은 오늘날 남자도 있지만 원래는 여성이었다고[56] 규정한다. 이를 근거로 하여 고대에 여성이 신관으로서 혹은 무녀로서 사회를 지배하는 논리인 여치(女治)를 소개하여 원시사회의 여성의 위상을[57] 제시하고, 중요한 역할자로서 '노로'를 전면에 내세우게 된다.

즉 노로는 "축(祝)이라는 한자를 쓰는데 이것에는 이노루 히토(祈る人) 즉 신에게 제사지내는 사람"[58]이라고 단정한다. 이러한 노로는 제정일치 시대에 신관으로서 정치에 관여했으며, 당시의 행사관리를 좌우했는데 그것을 증명해주는 근거로 오키나와의 '오모로'[59]를 들었다.

이하 후유는 오키나와의 노로를 도리이가 주장한 것처럼 구시베리아, 신시베리아중 신시베리아의 몽고의 샤먼과 연결시켜 해석한다. 몽고의 무녀, 샤먼의 역할이 오키나와의 노로 즉 유타와 동일함을 주장한다.

> 무녀(유타, ゆた)는 때로는 길흉을 점치기도 하고, 사람의 운명을 점치기도 하여 일명 박식한 사람라고도 말한다. (중략) 유타라는 말은 국어의 미코(ミコ) 또는 간나기에 해당하므로 무(巫)라는 한자를 써도 괜찮을

---

55) 伊波普猷, 『古琉球の政治』, 郷土研究社, 1927, 32쪽.
56) 西村眞次, 『日本の神話と宗教思想』, 春秋社, 1924, 48쪽.
57) 石門寺博, 『上代日本と女性』, 文松堂, 1944, 9쪽.
58) 伊波普猷, 『沖縄女性史』, 小澤書店, 1919, 26쪽.
59) 池宮正治, 「祭祀(神歌·儀礼·のろ制度)と文學のなかの女性」, 『琉球·沖縄史の世界』, 吉川弘文館, 2003, 198쪽. 신녀(神女)는 제사 때의 사제(司祭), 기미(君), 오호키미(大君), 기코에오호키미(聞得大君)라고 불리던 신녀도 근본은 '노로'라는 신녀이다. 신의 자격을 의미하는 말로 사용하던 고어의 '노루(ノル)'와 어근이 동일하다.

> 것이다. 이 유타라는 말은 『오모로사우시』에서도 볼 수가 있는데 오모로 중에는 무현이라고 표현하고 있다.[60]

제정일치 시대의 류큐 정부는 새로운 신녀를 임명할 때 사령(辭令)을 교부하면서 동시에 신직의 증거로서 곡옥(曲玉)을 주었는데 이러한 점으로 미루어보아 제정일치시대에는 노로가 '국가 제식'에 크게 관여했음을 알 수 있다고 하였다.[61] 이하 후유는 노로의 역할의 중대성을 설명하고 나아가서 『오모로사우시』를 근거로 오키나와의 신화의 특징을 설명한다.

> 옛날에 천제(天帝)가 아마미쿠(阿摩美久)라는 신을 불러 '하계에 신들이 살만한 곳이 있는데 아직 섬이 만들어지지 않았다. 너희가 이를 만들어라'라고 명령했기 때문에 아마미쿠는 이 칙서를 받아 강림하여 이를 시찰하였다. (중략) 남자는 국군(國君)의 시초, 차남은 안사(按司)의 시초, 삼남은 백성(百姓)의 시초, 장녀는 군군(君々)의 시초, 차녀는 축축(祝々)의 시초가 되었다. 그 후에 신들이 차례차례 나타났다.[62]

오키나와의 신화를 보면 천제가 명령하여 하계에 인간세상을 만들었다고 주장했다. 신화 속에 나타난 노로의 시조들을 제시하며, 그를 통해 일본신화와 오키나와신화의 구조적 일치성을 발견하고 동일성을 주장한다.

첫째 이하 후유는 "'다이치로쿠(てだいちろく)', '데다하치로쿠(てだはちろく)'는 해의 신의 다른 호칭이다. '아마미야', '시네리야'는 류큐 민족의 고향, 즉 다카마가하라와 같은 장소"[63]라고 주장하게 된다. 물론 이것이 류큐의 신화를 해석하는 결론이기도 했다. 다시 말하면 신들이 사는 천상계에서 하계에 신들과 마찬가지의 백성들의 세계를 만들었다는 것이다. 이것은 "'니라이 소코'는 『기기』에 나오는 네노쿠니·소

---

60) 伊波普猷, 『古琉球の政治』, 鄕土研究社, 1927, 88쪽.
61) 伊波普猷, 『をなり神の島』, 樂浪書院, 1938, 185·275쪽.
62) 伊波普猷, 「琉球の神話」, 『古琉球』, 岩波書店, 2000, 389쪽.
63) 伊波普猷, 「オモロ七種」, 『古琉球』, 岩波書店, 2000, 221쪽.

코쓰쿠니와 관련된다"[64]고 보았다. 류큐어의 "'니라이'는 '소코노쿠니'라는 의미로 바다의 저편에 존재한 낙토의 의미를 가진다고 보고"[65] 결과적으로 이하 후유는 오리구치 시노부(折口信夫)의 주장을 빌려, 요미노쿠니가[66] 지하의 어둠의 나라라는 의미인데, '니라이 소코'가 '니라이'만 남아 '바다의 저편'이라는 제3의 의미로 전용되었을 뿐[67]이라고 주장했다.

이하 후유는 동시에 오키나와 신화에 등장하는 해의 신을 언어학적으로 증명해낸다. 『오모로사우시』의 10권인 「아리키에토노오로오사우시(ありきゑとのおおろおさうし)」의 두 번째에 있는 류큐 개벽의 오모로에 등장하는 '데다코', '세노미'는 모두 해 신(日神)의 의미로 '오누시'는 신의 존칭[68]이라고 주장한다.

> 고대 류큐어에 '데다코'라는 말이 있는데 이는 신 또는 왕을 가리킨다. 데다코란 해의 아들(日子) 즉 태양의 아들이라는 의미로 고대 일본어의 히코(彦 혹은 日子)에 해당하는 말이다. 류큐의 개벽을 노래한 오모로에 있는 '데다코우라키레데(てだこうらきれて)'의 데다코는 신의 의미로 오모로에 있는데 (중략) 데다코는 왕의 의미였다. (중략) 이를 보면 태양의 자식인 왕은 언젠가 아버지 신 태양과 동격이 되었다.[69]

이하 후유는 특히 1904년 여름 도리이 류조와 함께 오키나와를 일주하면서 논도노치(祝女御殿)를 방문했는데, 이때 노로 들의 이야기를 채집하여 제신으로 '불의 신'을 모신다는 것[70]을 알아냈다. 이 불의 신을

64) 伊波普猷, 『日本文化の南漸』, 樂浪書院, 1939, 818~819쪽.
65) 伊波普猷, 위의 책, 456쪽.
66) 伊波普猷, 앞의 책, 820쪽.
67) 伊波普猷, 위의 책, 820쪽.
68) 伊波普猷, 「オモロ七種」, 앞의 책, 220쪽.
69) 伊波普猷, 『古琉球の政治』, 郷土研究社, 1927, 57쪽.
70) 伊波普猷, 『日本文化の南漸』, 樂浪書院, 1939, 454쪽.

중시하는 논리에서 이하 후유는 오키나와와 일본과의 동일성에 확신을 갖게 된다. 이하 후유는 "해와 불이 동일한 히(ひ)라는 점과 아마테라스 오미카미가 해의 신(日神)에 해당한다는 생각을 본다면 우리 고대일본에서도 불과 태양 숭배가 결합했다"[71]는 논리를 제시하게 되는 것이다.

이하 후유는 류큐의 역사가 일본 역사의 축소판이라고 제창한다. 이하 후유는 일본과 조상이 동일하다는 '일류동조론'을 제창하게 되는데, 그것은 '오키나와 신화와 일본 신화'의 동일성을 증명했던 것이다. 그것은 다시 일본과 오키나와의 '동화'의 길을 제시한 것이었다. 그러나 이 주장에는 일면적으로 해석할 수 없는 딜레마가 있었다.

이하 후유는 오키나와인의 '적응 능력'을 믿었고, 오키나와의 재생의 길을 주창하려는 의도가 감추어져 있었기 때문이다.[72] 그러나 결과적으로 이하 후유는 일본과의 동일성과 차이성이라는 이중적인 자세를 견지하면서 오키나와의 신화와 노로의 해석, 해의 신 사상을 제창하는 '오키나와의 과거'를 재생산했던 것이다.

5. 나오면서

일본의 인류학자 도리이 류조는 '인류학'이라는 '서구'의 학지를 받아들이면서 일본 인종·민족의 루트 발견에 활용한다. 이것은 당시 일본제국주의의 피억압민족으로 전락된 조선에도 전파된 하나의 이론이었다. 조선도 일본인 도리이가 가지고 들어오는 '근대적 학지'의 자장에서 자유로울 수 없었다. 특히 도리이는 직접적으로 인류학적 조사라는 입장에서 조선의 샤먼을 조사하면서, 동북아시아에서의 샤먼이 가진 의미를 찾

71) 佐喜眞興英, 『女人政治考』, 岡書院, 1926, 81쪽.
72) 伊波普猷, 「進化論より見たる沖縄の廢蕃置縣」, 岩波書店, 2000, 93~95쪽.

아내었다. 동아시아 문화 공동체에서 공통적인 잔존물로서 신과 소통하는 '샤먼'이 존재함을 제시하면서, 천의 신 상징에 나타나는 '백'의 관념이 일본의 아마테라스 오미카미와 연결된다는 것을 증명했다. 이러한 담론에서 자유로울 수 없었던 최남선은 '샤먼'을 하나의 '전통'으로 수용한다. 즉 도리이가 활용한 '서구이론=근대적 지(知)'의 시점을 모방하고 있다는 점이다. 도리이와 마찬가지로 '일본국가' 체제 안에서의 '국민'이라는 위치에서 최남선은 샤먼이라는 전통을 하나의 아이콘으로 활용한다. 실증적인 '사실'로서 눈앞에 존재하는 것을 증명함과 동시에, 하나의 지적 담론으로 나타난 '아이콘'으로 '샤먼'을 본 것이다. 이를 통해 최남선은 도리이 류조가 제시하는 동북아시아의 샤먼 및 천 관념을 수용하여 조선의 단군을 증명해 내는 '도구'로 활용했다. 일본인이 주장하는 아마테라스와 마찬가지로 단군의 위상이 전면적으로 부상되었고, 동아시아 공동체 속에서의 단군을 가시화시키고 있었다. 그것은 타자인 도리이가 발견한 내부의 샤먼을 통해 내부의 내부를 체현하면서 새로이 창출해낸 담론이었다.

이러한 논리는 동시대적으로 식민지지배체제에 편입된 오키나와의 지식인인 이하 후유에게도 나타났다. 단 이하 후유는 '비교언어학'이라는 '과학'을 동원했고, 진화론적인 시점을 통해 오키나와의 '인종'과 민족을 해석해냈다. 그러나 이하 후유는 '오모로소우시'라는 노래집 분석을 통해 '일본신화'와의 동일성을 강조하고, 오키나와의 조상이 일본에서 이주한 자들이라는 '일류동조론'을 철저하게 주장한다. 그것은 오키나와의 신화적 구조와 신관인 기코에오호키미를 제시하면서 노로라는 샤먼의 역할과 사용 '도구'를 나열하며 동일성을 증명했다. 이처럼 도리이 류조와 최남선, 이하 후유는 '국가의 신화 담론'을 창출해내는 '공식화된 공간'에 관여했다는 점에서는 동일했다. 그것은 일본인=제국주의자, 조선인, 오키나와인=피지배자라는 구분법이아니라. 이들이 전도하려는 것은

'국민'신화 만들기 작업에서 '국민의 정체성 확립'의 창출자였던 것이다. 바로 이점이 근대국민국가가 만들어내려는 인식의 '폭력'에 가담했다는 점에서 비판적이다. 그러나 중요한 것은 도리이 류조가 만들어내는 내러티브와 이를 모방한 최남선과 이하 후유에게는 '인류학'이라는 학문적 지식을 수용한다는 점에서 공통적이지만 그들이 다시 재현해 낸 결과는 달랐다. 최남선은 조선의 단군을 재창출했고, 이하 후유는 일본인과의 동조론을 강조했다는 점이다. 이 문제는 역사 속에서 민족의 신화를 둘러싼 '특수'와 '보편'의 헤게모니 경쟁 속에서 서로가 보편적 근대민족의 아이덴티티를 창출하기 위한 모색의 일환으로 나타난 중층(重層)적 양상이 드러난 것이다.

參考文獻

최남선, 「薩滿敎箚記」, 『육당최남선전집 2』, 玄岩社, 1974.
최남선, 「滿蒙文化」, 『육당최남선전집 10』, 玄岩社, 1974.

伊佐眞一, 『伊波普猷批判序說』, 東京, 影書房, 2007.
伊波普猷, 『琉球古今記』, 東京, 刀江書院, 1926.
伊波普猷, 『日本文化の南漸』, 東京, 樂浪書院, 1939.
小熊英二, 『<日本人>の境界』, 新曜社, 2005.
白鳥庫吉, 「東胡民族考」, 『白鳥庫吉全集』 第4卷, 東京, 岩波書店, 1970.
鳥居龍藏, 『人類學上より見たる我が上代の文化』(1), 東京, 叢文閣, 1925.
鳥居龍藏, 『日本周囲民族の原始宗教神話』, 東京, 岡書院, 1924.
堀喜望, 『文化人類學－人間と文化の理論』, 東京, 法律出版社, 1954.

정치사상적 위기와 민족적 성공 기억의 조형으로서의 '역사'
-모토오리 노리나가를 중심으로-

고 희 탁*

1. 들어가며

본 논문에서는 국학(國學)의 체계를 집대성하여 일본의 근대적 민족의식의 원형을 설계한 모토오리 노리나가(本居宣長, 1730~1801)의 역사인식에 대하여 검토하고자 한다. 주로 그가 역사에 착목하게 되는 계기는 어떠한 것이었는지, 그 역사의 발견 속에서 무엇을 이끌어내고자 하였는지, 그리고 그 과정에서 국학의 성전(聖典)으로 간주하는『고사기(古事記)』『일본서기(日本書紀)』, 이상향으로서의 고대 일본상(像)이 그에게 어떤 사상적 의미를 지니는지 등을 분석하여, 그의 '역사' 발견이 지니는 사상사적, 동시대적 함의를 고찰하고자 한다.

노리나가의 언설에 보이는 카미(神)[1] 중심의 세계관의 황당함, 민족적

* 연세대학교 연구교수

1) 여기서 초월자를 지칭하는 '神'을 '카미'라고 표현하는 것은 서양사상사에서 핵

배타성의 문제점 등에 대한 비판은 오늘날 우리에게 그리 어려운 일은 아니다. 특히 그 황당함에 대해서는 굳이 현대를 거론할 것도 없이 노리나가가 그 언설을 주창하던 동시대의 국학자에게서도 이미 그 문제가 제기되었을 정도이니까 말이다[2].

그러나 문제는 그리 간단하지 않다. 그처럼 황당하게 보이는 주장을 담은 그의 언설이 적어도 일본의 동시대인들에게 진지하게 받아들여져 내면화해갔다는 사실을 어떻게 설명해야 하는 것일까. 본질론적인 명제 한 두 마디로 일축해서는, 혹은 '계몽' 이전의 일로 치부해서는 문제의 정곡을 파고들 수 없다. 고야스 노부쿠니가 근대에도 끊임없이 재생되는 '노리나가 문제'를 지적하고 있을 정도이지 않은가[3].

그런 만큼 노리나가의 결론적 주장만을 대상으로 비판하는 것은 단순히 외재적 비판에 머물기 쉽다. 전체구조에 대한 내재적 파악과 더불어

심적 비중을 점하는 'God'의 번역어로서의 '신(神)'과 구별하기 위해서다. 이 두 개념은 둘 다 똑같이 '신(神)'이라는 문자로 표현되고 있지만, 함축하는 의미에 있어서 공통성보다는 차이가 두드러지는 개념인 만큼 개념사용에 신중함을 강조하는 의미에서 굳이 일본적 용례에 따라 '카미'라고 표현한다. 어떤 개념이 타문화권으로 전파되어 번역되는 과정에서 발생하는 괴리나 뒤틀림 등을 전형적으로 반영하는 문제이기도 하다. 이런 맥락에서 야나부 아키라가 '사회', '개인', '근대', '존재', '자연', '권리', '자유' 등을 대상으로 '번역'의 과정을 검토한 연구는 참고할 필요가 있다. 柳父章『翻譯語成立事情』岩波新書, 1982, 참조.

2) 노구치 타케히코는 노리나가와 동시대의 국학자 우에다 아키나리(上田秋成, 1734~1809)가 『淺間の煙』에서 노리나가 주장의 시대착오적 황당함에 대해 비난하고 있음을 지적하고 있다. 野口武彦「古道信仰と古代幻想」(『秋成幻戲』, 青土社, 1989.)

3) 그는 『하이데거와 나치즘』의 일본내 출판을 계기로 논의된 '하이데거 문제'나 '노리나가 문제'에 대한 접근시각의 불철저성의 문제를 제기한다. 양자에게 내포된 근대적 과학성 혹은 실증성과 비합리주의 혹은 신비주의라는 양면의 이율배반성이라는 시점 그 자체를 문제시한다. 전자는 후자에 동원된 설득수단이라는 그의 지적에는 공감하지만, 왜 '노리나가 문제'가 재생되어왔는가라는 문제에 대해 동시대적 맥락과 내재적 분석이라는 측면에서는 미흡함을 느낀다. 子安宣邦『「宣長問題」とは何か』, 青土社, 1995, 참조.

동시대적 파악도 불가결하다. 그의 결론적 주장이 동시대적 맥락을 비롯하여 인간이해, 사회관계의 형성, 정치와의 관계 등 여러 분야의 사상요소로 구성된 유기적 체계의 일부분이라는 시각을 견지하지 않으면 안된다. 그 결론에 이르는 언설의 회로와 하부구조를 내재적으로 파악해야만이 비로소 어떻게 노리나가의 언설이 공시적, 통시적으로 일본사회에 설득력을 갖게 되었는지를 이해할 수 있는 단초를 마련하게 되는 것이다. 게다가 이러한 구조적 파악이 결여되어 생기는 불필요한 오해나 편견 또한 예방할 수 있을지도 모른다.

2. 문학적 정서와 '역사'의 발견

쉽게 예상하는 것과는 달리, 노리나가는 애초부터 일본의 고유한 전통과 역사에 그리 큰 관심을 갖고 있지는 않았던 듯하다. 그가 그 가능성에 착목하기 시작한 계기는 일반적으로는 생계를 위한 의학공부와 그 사이사이의 주자학 학습을 겸한 그의 5년간의 쿄토(京都) 유학생활이 거의 끝나갈 무렵이었던 것으로 추측한다. 본격적인 최초 저술인 가론서(歌論書) 『아시와케 오부네(排蘆小船)』가 집필된 무렵부터 그의 국학적 언설에서 커다란 비중을 차지하는 전통과 역사, 인간과 사회 등을 둘러싼 인식론적 전환의 계기가 발견되기 때문이다.

첫째로, 5년간의 교토 유학생할은 그의 사상적 지반의 중요부분과 관련이 깊다. 쿄토에서의 귀족문화 및 지식인사회의 체험, 주자학을 중심으로 한 유학 학습의 경험은 노리나가의 노래(歌=우타)와 이야기물(모노가타리) 등의 문학작품에 대한 새로운 발견에 대한 일종의 반면교사적 역할이라는 측면에서 중요하다.

그가 노래(우타)나 이야기물(物語=모노가타리) 등의 문학작품에 함축

된 '섬세하고 품위 있는 교감의 세계(모노노 아와레와 그에 대한 인식)'에 접하여 그 가치를 실감하고 그러한 문학적 정취를 그의 국학적 언설의 중심적 표상으로 삼고 있기 때문이다. 노리나가가 문학작품에 함축된 사람들 간의 교감의 세계에 착목하는 것은 해체의 위기에 처한 공동성의 감각을 회복하는 통로로서의 의미부여와 관련이 깊다[4]. 그리고 그 배경에는 인간 및 사회를 둘러싼 동시대의 일반적인 가치평가에 대한 역전적 발상이 숨겨져 있는 것이다.

우선, 그는 문학작품을 매개로 그는 어떤 꾸밈도 없는 자연스런 인정(人情)의 양태를 '덧없으며 어리석고 칠칠치 못한 것, 어린애·여자와 같은 것'으로 표상한다. 그와 정반대로 남의 이목을 의식하여 자연스런 마음을 숨기고 언제나 '올바르고 확실한 듯이' 겉모습을 꾸미는 '무사(武士)풍·중국(中國)풍의 남자다움'을 허위의 상징으로 부각시켜 인정의 순박함과 선명하게 대조시킨다[5]. 그에 의하면, "도(道)와 어긋나는 마음을 인간의 욕망이라 하여 싫어하는 것을 도무지 이해하지 못하겠다. … 인간의 욕망 역시 천리(天理)가 아니겠는가"[6]라고 하는 것처럼 인간은 본래 욕망에 사로잡히기 쉬운 존재다. 그때까지 부정적으로만 취급되어 관념상 봉쇄되어왔지만 실제적으로는 무시하기 어려운 '욕망'의 문제를 종래와는 다른 시점에서 다룰 것을 요구한다.

동시에 다른 한편으로는 문학작품을 통한 '섬세하고 품위 있는 교감의 세계'의 강조를 통해 존재의 '우아한 품위'라는 미학적 측면을 거기서 읽

---

4) 노리나가가 그 문학적 가치를 높이 선양하기 전까지는 일본고전문학의 정수로 세계에도 널리 알려진 『겐지 이야기(源氏物語)』는 이른바 음란퇴폐서적으로 분류되어 경원되고 있었다.

5) 本居宣長 『あしわけをぶね(排蘆小船)』(『本居宣長全集』 제2권, 35~36쪽). 이하 노리나가의 인용에 대해서는, 大野晋·大久保正編 『本居宣長全集』, 筑摩書房에 의거하여 간략하게 표기하였다.

6) 本居宣長, 『直毘靈』(『本居宣長全集』 제9권, 60쪽)

어내게 하고 있다. 그에게 인간은 자신의 유한성을 알고 타자와 쉽게 어울리며 감동하는 존재인 것이다. 그가 노래나 이야기 등에서의 가치를 발견하는 것은 바로 이런 소박·순박함의 측면에 존재한다.

다음으로, 그런 만큼 인간 심리 및 행위의 양태에 대해 일원론적 가치평가를 유보하고 복합적 측면을 의식하게 하는 것이기도 하다. 인간의 자연스런 모습('自然')에 대한 진솔한 대면을 통해 자타관계에 대한 새로운 인식론적 전환을 촉구하고 있는 것이다. 그에 의하면, '올바르고 확실한 듯이'겉모습을 꾸미는 '무사풍·중국풍의 남자다움'을 동시대의 가치로 여기는 것에 대한 역전적 발상을 강조한다. 바로 '무사풍·중국풍의 남자다움'이야말로 그에게는 자타관계에 있어서, "논리와 논의를 즐겨하고, 싸워 이기는 것을 자랑하거나 사람을 무시하는 태도"[7]의 표상을 동반하는 것이었다. 그러한 '잘난 체 함·똑똑한 체 함'은, "사람의 행위를 너무도 세세한 데까지 따져 숨 막히게 하는 것으로 그런 만큼 마음이 편협해지고 건방지게 되어 대개는 성격이 나쁘게 될 뿐"[8]이라는 자기중심주의와 타자에 대한 엄격주의적 태도를 낳는 '자기도취·자기집착'[9]에 지나지 않는다. 소박함의 대극에는 오직 자기 자신만의 주장이나 이해만이 활보하여 타자와의 관계가 단절된 독아(獨我)만이 있을 뿐이다.

그는 이러한 소박함의 인간관계론이라는 인식론적 전환의 지평에 설 때 비로소 해체의 위기에 처한 공동성의 감각을 회복할 실마리를 찾을 수 있다고 본다. 그러나 허위에 물들게 되면 진정으로 인간 및 사회를 이해할 수 없을 뿐만 아니라 타자와 인간적 교감을 나눌 수 없게 된다. 허위는 위선을 낳고 그 위선은 또 다시 허위를 낳는 악순환이 사회를 지배하게 된다는 것이다. 이처럼 유학생활에서의 체험과 노래 및 이야기 등

7) 앞의 책, 『あしわけをぶね』(『本居宣長全集』 제2권, 13쪽)
8) 本居宣長, 『玉くしげ』(『本居宣長全集』 제8권, 323쪽)
9) 本居宣長, 『紫文要領』下(『本居宣長全集』 제4권, 94쪽)

을 비롯한 문학작품에 대한 인간학적 시점에서의 발견은 동시대의 허위, 위선에 대한 그의 예민한 후각과 동전의 양면과 같은 것이다.

둘째로, 이러한 문학작품, 특히 노래의 가능성에 대한 발견은 노래를 읊은 작자들의 지속적 배출과 그것을 가능하게 한 시대적 조건에 그의 눈을 돌리게 한다. 거기서 이상향으로서의 고대 일본상(像)의 발견, 국학의 성전(聖典)으로서의 『고사기』『일본서기』의 조형의 계기가 마련되는 것이다. 그리고 거기에는 당대의 사상사적 조류에 의한 영향이 작지 않다. 노리나가의 쿄토 유학생활의 대부분의 의식을 지배하고 있었던 것은 국학적 의식이라기보다는 동시대의 보편문명으로 기능하고 있던 주자학을 비롯한 유학 학습과 지식인사회와의 접촉이었다. 그의 유학노트라고 할 수 있는 기록들에 필사되어 있는 내용은 직접 가르침을 받은 주자학자 호리 케이잔(堀景山, 1669-1757)을 비롯하여, 주자학을 비판하고 유학의 원래의 모습으로 돌아가자(古學)고 주장한 이토 진사이(伊藤仁齋, 1627-1705) 및 오규 소라이(荻生徂徠, 1666-1725)와 그 학파의 주장들이 대부분을 차지한다. 그 가운데에서도 종래 그다지 주목되지 않았던 호리 케이잔의 영향은 노리나가의 국학적 언설 형성에 지대한 영향을 미치고 있다.

이토 진사이는 주자학의 도덕적 엄격주의를 비판하면서 활물(活物)로서의 인간에 대한 동태적이고 상황적 파악을 강조하여, 주자학이 상대적으로 경시해온 시(詩)와 일종의 대중문학에 내포된 인정(人情)의 동태에 대한 포착을 주문한다. 그 해석학적 전형이, "생각에 사특함이 없다는 것은 솔직하다(속이지 않고 꾸미지도 않은 채 느낀 그대로를 표현하였다)는 것이다"는 '시(『詩經』)'의 해석이었다[10]. 그리고 "민간에서 편집한 역사서(野史)나 민간의 소설류(稗說)를 보면 거기에도 모두 지당한 이치

10) 伊藤仁齋, 『論語古義(林本)』, 爲政篇 제2장.

가 있다. 민간의 가요(詞曲)나 통속적인 연극(雜劇) 또한 도(道)와 통하지 않겠는가" 라고 하는 것처럼 대중적 문학 및 예능에 대한 주목이었다[11]. 그것은 '인정'을 새로이 이해할 계기를 포착하고 있었다는 점에서 획기적이었다.

그러한 흐름은 오규 소라이의 "옛사람들이 근심이나 기쁨에 겨워 탄식하며 내는 소리의 말"이라는 파악으로 이어져, '시'는 위정자의 입장에서 보통사람들(民)의 심정(인정)을 알기 위한 매체로서 주목되고 있었다[12]. 그 뿐만이 아니라 그러한 조류는 노리나가에게 고대 일본상의 조형에 집중하게 하는 국학자 가모노 마부치(賀茂眞淵, 1697-1769)가 "생각에 사특함이 없다는 것은 솔직하다는 것이다"고 하는 것처럼, 유학자뿐만 아니라 국학자 등에게도 폭넓게 영향을 끼쳤다고 할 수 있다.

그렇기는 하지만, 단지 일본에서만 읊어지는 노래와 그때까지는 유학경전의 지위를 갖는 '시(『詩經』)'와는 동일선상에서 같이 논의될 성질의 것은 아니었다. 격이 다른 것이었다. 소라이가, "우리나라의 와카(和歌) 등도 똑같은 정취를 노래하는 것이지만, 어딘지 모르게 세간의 여자와 같은 느낌이 드는 것은 성인(聖人)이 없었던 나라이기 때문이라고 생각합니다"라고 비교하는 것처럼[13], 노래는 보편적 유학의 세계에서는 그 정취에 있어서 '시'와 비교되기는 하면서도, 그 보편적 학문성이라는 차원에서는 동일한 지위가 명확히 부정되고 있었던 것이다. 이러한 지식인 사회의 상황을 염두에 둔다면, '공자가 편집한 『시(詩)』' "3백 편의 정취도 오늘날에 읊어지는 노래의 정취와 조금도 다른 것이 아니다"고 하면서[14], 노리나가가 노래를 언제나 '시'와 비교하면서 그 동질성을 확인하

11) 伊藤仁齋, 『童子問』 下, 제5장(『近世思想家文集』 日本古典文學大系 97, 岩波書店. 157쪽)

12) 荻生徂徠, 『徂徠先生答問書』 中(島田虔次編 『荻生徂徠全集』 みすず書房. 제1권, 460쪽)

13) 위의 책, 461쪽.

려고 하는 것은 단순한 비유에 머무는 것이 아니다. 상당한 유학적 교양을 쌓은 것으로도 알려진 노리나가로서는 보편적 학문으로서의 지위를 지니는 유학의 언설을 한편으로는 의식하면서, 소라이에게 있어서 '세간의 여자와 같은 느낌이 드는 것'으로서 표상되어 웃음거리로 되고 있던 '노래'에 '시'와 똑같은 동질의 보편성을 부여하고자 하는 것이었다.

그 다음으로 주목해야 할 것은, 보편성과 특수성, 문명과 비(非)문명, 전파·교화(敎化)와 흡수·체득이라는 중국(중심)에서 일본(주변)으로 라는 일방적 경로를 당연시하는 동시대 지식인사회의 분위기 속에서, 그 흐름의 반전의 계기를 제공한 이가 바로 그의 쿄토 유학시절의 유학스승이기도 했던 주자학자 호리 케이잔이었다는 점이다. 케이잔은 "나의 경학(經學)이 주자학을 중심으로 하기는 하지만, 『시경(詩經)』에 대한 주자의 해석은 그 뜻을 얻지 못한 것이다"고 하면서, "사람의 마음이 편안해져 자기도 생각하지 못하는 사이에 돌연 내뱉어진 말로 사람의 실정(實情)이 드러나는 것이다. … 사람이 생각지도 않게 자기도 모르는 사이에 돌연 실정을 드러낸 것이다. 이것이 시(詩)가 된 것으로 사람의 마음 깊은 곳에서 불쑥 나온 것이다. 그런 만큼 그 말을 통해 세상 인정(人情)의 쓴 맛 단 맛을 알게 되는 것이다"고 한다[15]. 진사이로부터 발원하여 소라이 등에게까지 흘러간 '시' 중시 해석의 흐름이 그에게도 이어지고 있었다.

그런데 케이잔은 거기서 한 발 더 나아가, 노래에 부착해 있던 일본적 특수성의 한계라는 딱지를 떼어내버리고, 노래에 '시'와 똑같은 동질의 보편성을 부여한다. "와카(和歌=노래)라는 것은 원래는 『시경(詩經)』의 '시'와 똑같은 것으로 … 사람의 마음 깊은 곳에 생긴 울적함이 어떤

14) 앞의 책, 『あしわけをぶね』(『本居宣長全集』 제2권, 55쪽)
15) 堀景山, 『不盡言』(『仁齋日札·たはれ草·不盡言·無可有鄕』新日本古典文學大系 99, 岩波書店, 205~206쪽)

것을 보거나 듣거나 하는 중에 아무 궁리도 없이 생각지도 않게 자기도 모르는 사이에 불쑥 튀어나온 말인 만큼 그대로 정취의 빛깔을 드러내는 것이다"[16]. 케이잔은 노래와 '시'를 '똑같이 하나인 것'으로 위상을 재설정하고 있는 것이다. 게다가 그 뿐만이 아니라, "와카(和歌)의 도(道)는 우리나라의 대도(大道)"라고 하면서, 노래의 규범성을 일본 고유의 전통으로 연결시켜 부각시키고 있는 것이다. 케이잔의 이러한 노래의 재정위가 노리나가에게 이어지고 있다는 점은 명확하다[17].

여기서 노래에 대한 보편성 부여라는 논의가 몰고 올 파장에 주의하지 않으면 안된다. 바로 거기에 노리나가의 '유학에서 국학으로'의 관심이동이라는 하나의 계기가 숨겨져 있기 때문이다. 비록 노래가 '시'와 똑같이 인정이 있는 그대로 읊어진 것이라고 하더라도 그것은 본래 '경(經)'으로서의 '시'와 비교될 수 있는 것은 아니었다. 그런데 케이잔은 인정의 창(窓)이라는 효용적 관점에서 노래에도 '시'와 똑같은 지위를 부여하였다. 그것은 한편으로는 '시'의 경전성(經典性)이 그 효용적 관점에 의해 상대화되었다는 것을 의미한다. 고유명사로서의 '시'가 이제는 보통·일반명사화하여 '시'의 경전으로서의 절대성이 여기서 해체되고 있는 것이다. 또한 다른 한편으로는 인정의 창이라는 역할을 갖는 것이라면 그것이 시든 노래든 이야기든 간에 거기에 큰 차이는 없는 것으로 된다. 노래나 이야기물이 상대적인 지위 향상을 이루고 있음을 감지할 수 있다.

노리나가의 가론(歌論)은 종래 케이츄(契沖, 1640-1701)로부터의 영향이 크다고 지적되어 왔다. 그렇기는 하지만 여기서 본 것처럼 케이잔에게 합류한 진사이, 소라이 등의 유학적 혁신운동에 있어서의 '시'론이

16) 위의 책, 212~218쪽.

17) 본고와 접근시각은 조금 다르지만, 노리나가 사상형성과정에 호리 케이잔이 중요한 역할을 수행했다는 점을 강조하는 히노 타츠오(日野達夫)의 『不盡言』 해석은 참고할 만하다. 日野達夫, 「解說」(앞의 책 『仁齋日札·たはれ草·不盡言·無可有鄕』岩波書店, 2000)

중심적 계기를 이루고 있음도 부정하기 어렵다. 노리나가의 가론이 언제나 '시'론과 비교·의식되고 있을 뿐만 아니라, 진사이의 인간론에 대해 높이 평가하고 있다는 점은 그 점을 웅변적으로 잘 드러내고 있는 것이다[18]. 그로 해서 노리나가는 소라이가 비판적으로 지적하는 와카의 '세간의 여자와 같은 느낌이 드는 것'이라는 점을 오히려 장점으로써 뒤집어, 인간 및 사회·정치 이해를 둘러싼 그의 역전적 발상을 강조해 갈 수 있었던 것이다.

3. 역사와 가치상대주의

여기까지의 과정에 이르게 되면, 그의 소박함의 인간관계론은 노래의 보편적 지위 향상과 더불어 '무사풍·중국풍의 남자다움'을 가치로 여기는 현재와 소박함을 노래한 과거의 전통과의 대조에 귀결되지 않을 수 없다. 그의 역사와 일본 고대로 향한 시선은 이러한 경로를 밟고 있는 것이다.

노리나가는 노래 등을 통한 인정(人情)의 이해와 상호교감의 공동성을 강조하면서도, 다른 한편으로는 시대의 변화에 따른 인정의 변화를 지적한다. "옛날에서 현재로의 세상의 변화에 따라 사람의 마음도 언사(言辭)도 행위도 다 같이 변하는 것이 많다"[19]. "인정이라고 하는 것은

18) 교토(京都) 유학(遊學)시에 기록된 노리나가의 『蕣庵隨筆』에 "이토(伊藤)씨가 말하는 성(性)은 타고난 것이다 라는 주장은 꽤 흥미로운 대목이다. 인성에 대한 정의로써 이보다 더 나은 것은 없다"(위의 책 『本居宣長全集』제13권, 598쪽)고 명기하면서, 그는 진사이와 그의 뒤를 이은 장남 이토 토가이(伊藤東涯, 1670~1736)의 학문(仁齋學)의 인성론을 가장 높이 평가하고 있다.

19) 本居宣長 『石上私淑言』(『本居宣長全集』제2권, 174쪽). 한편, 노리나가의 역사적인 언사의 변화에 대한 언급은 오규 소라이의 '시대의 변화에 따라 실제

시간과 공간을 떠나 변하지 않는 것이기는 하지만, 대체로는 그렇다고는 해도 점차로 세상이 변해감에 따라 인정도 조금씩 변해가는 것이라는 점 또한 대다수의 사람들이 익히 아는 바다. 무엇보다도 아주 오랜 옛날의 선인들은 순수하고 소박하여 꾸며 속이는 일이 많지 않지만, 후대의 사람들은 화려하게 장식하는 바가 많고 꾸며 속이는 일이 많다"고 한다[20]. 여기서는 인정의 시간적 변화를 지적하면서, 더욱이 '순수하고 소박함'에서 '화려하게 장식하는 바가 많고 꾸며 속이는 일이 많다'는 상태로의 변화, 또한 '아름답고 우아함'에서 '더럽고 비천함'으로의 변화('自然')를 부각시키고 있다. '요즘의 너저분하고 저속한 마음'과 '아름답고 우아한 옛 선인의 마음'이 날카롭게 대조되고 있는 것이다[21].

그와 동시에 강조되는 것이 '시'의 단절=현재의 타락과 노래의 지속이라는 상반적 대조장면이다. 노리나가는 동료 의사인 나가이 겐쥰(長井元恂)에게 보낸 서간에서, "나도 한때는 시를 즐겨하였다"고 명기하고 있는 것처럼[22], 처음부터 시를 배제하고 있었던 것은 아니었다. 그러나 쿄토 유학시절에 나눈 문인들과의 교류체험이 그로 하여금 시의 가능성에 회의를 품게 한 듯하다. "요즘 성행하는 시와 문장의 학문을 즐겨하는 사람들은 도학(道學)을 티끌처럼 쓸어버리고 그저 견식을 높여 행세하는 것만을 최고로 삼기 때문에 학문하면 할수록 마침내는 행실이 올바르지 않게 된다. 그런 것이야말로 중국인의 기풍이자 시인의 기상이라고 제멋대로 뽐내는 사람들이 많다. 그런 사람들은 견식만 있을 뿐 사람이나 일에 대해 조금도 알지 못하고 수신제가(修身齊家)에도 도움이 되지 않는다. 이 또한 부모나 어른들이 꾸짖는 이유이기도 하다"[23]. 노리나가

와 그것을 지칭하는 언어의 괴리·뒤틀림이 발생한다'는 언어학적 통찰의 영향을 강하게 받은 흔적이기도 하다.

20) 앞의 책, 『あしわけをぶね』(『本居宣長全集』 제2권, 32쪽)

21) 앞의 책, 『石上私淑言』(『本居宣長全集』 제2권, 87쪽)

22) 앞의 책, 『本居宣長全集』 제17권, 29쪽.

는 인간의 '정(情)'을 함양하고 인격을 도야하리라고 예상한 시(詩)의 세계에 있어서 사적인 공명심에(私事)에 매몰되어 가족, 타자 및 세상을 되돌아보지 않는 퇴폐성을 보고 있었다. 주자학적 리골리즘에 있어서의 독아(獨我)·독선(獨善)과는 또 다른 의미에서의 독아·독선이 자리잡고 있다는 것을 느끼고 있지는 않았을까. 노리나가는 거기에 '시'의 '고(古)'와 '금(今)'의 단절과 그에 따른 시의 한계를 절감하고 있었던 것이다.

그에 반해, 노래는 시대의 변화에 따른 몇 가지 문제에도 불구하고 소박함의 마음을 지속시키는 매체로서 높이 평가된다. 노리나가는 '옛 선인들의 우아한 정취'를 존경하여 "노래의 도(道)만이 신대(神代)의 마음을 잃지 않았다"고 한다. 또한 "나라(奈良)가 도읍(平城京)이었던 무렵이 되면 마침내 모든 일들이 모두 중국과 같이 되어버렸다. … 그렇지만 노래만은 그 당시에도 역시 모든 일들과는 달리 뜻도 가사(歌詞)도 우리나라의 자연스러운 신대(神代)의 마음가짐 그대로였다"고도 말한다.[24] 단지 노래에만 '신대(神代)의 마음가짐'=소박함이 남겨져 있다는 것이다. 그리고 그 소박함의 지속에 절대적 가치를 찾고자 하는 것이다.

시대의 변화와 그에 따른 인정의 변화의 물결, 한편에는 그 물결에 삼켜져버린 시의 타락(고대와의 단절)과, 다른 한편에는 그 변화의 물결에도 불구하고 소박함을 바탕에 둔 노래의 지속이라는 대조. '삼백 편'이라는 한정된 분량의 '시(『詩經』)'에 대해, 어디까지나 '신대(神代=古代)'와 같은 성질의 소박함이 끊임없이 지속적으로 생산되는 '노래'와의 차이. 그 차이는 그에게는 그 차이를 낳는 '중국'과 '일본'과의 차이로서 전이된다. 그 지속을 지켜온 노래의 현재야말로 시대와 인정의 역사적 변화에도 불구하고 꿈쩍도 하지 않는 유일한, 그런 의미에서 일본 고유의 특수한 것이면서도 '시'의 보편적인 소박함의 계기를 현재에 이르기

23) 앞의 책, 『舜菴隨筆』(『本居宣長全集』 제13권, 619~620쪽)
24) 앞의 책, 『石上私淑言』(『本居宣長全集』 제2권, 68쪽)

까지 지속시켜온 움직일 수 없는 증거였던 것이다. 이는 그가 '중국'을 평가절하하고 '일본'을 평가절상하는 일대 사상사적, 문명사적 대반전을 시도하면서, 중국의 타락과 일본의 예외적 중심성을 주장하게 되는 결정적 계기를 손에 넣게 된 것을 의미하는 것이었다.

이러한 시대의 변화에 따른 지속과 단절의 역사적 대조는 17세기 후반부터 본격화한 일본적 유학의 전개와 그에 동반한 가치상대주의적 경향에서 파생된 것이었다. 진사이의 출현을 전후로 한 시기부터 18세기 초반의 소라이 및 소라이학파에 이르기까지 본격적으로 수용된 지 그리 오래되지 않은 주자학의 정통성 문제를 둘러싸고 새로운 모색을 위한 논쟁이 일기 시작한다. 그 중심에 무엇을 기본 경전·근거로 할 것인가와 관련된 텍스트의 문제가 개재되어 있었는데, 사서(四書)중심주의에서 논맹(論孟)중심주의로, 다시 오경(五經)중심주의로, 더 나아가서 물리학적 자연(自然)에 이르기까지 텍스트 중심의 다변화는 텍스트 그 자체의 가치에 대한 동요를 초래한다. 이것이 가치판단의 절대적 근거가 상대화되는 가치상대주의의 경향을 배양한다. 그와 동시에 노리나가에게 직접, 간접으로 사상적 영향을 끼친 진사이와 소라이에게 있어서 주자학적 본성(本性)론에 입각한 인간적 동질성이 해체되어가는 양상 또한 이 경향을 부채질한다. 이러한 사태는 노리나가의 눈에는 더 이상 군림하는 절대적 가치는 없고 오로지 각각의 인간이 저마다의 존재기반에 의거하여 상대적으로 주장할 수밖에 없는 제 가치의 '백가쟁명'의 사태로밖에 비치지 않는 것이었다.

종래의 가치기준이 흔들리고 새로운 기준이 마련되지 않은 상황에서는 새로운 가치들이 숨 쉴 수 있는 공간이 펼쳐진다. 내가 소중하듯 남도 소중하다. 종래의 동질적 인간관에서는 인식될 수 없었던 함부로 예단할 수 없는'타자'가 등장한다. 그리고 중국이 소중하듯 일본도 소중한 것이다. 중화와 이적의 구분이 혼란스러워지면서 무엇이 중화인지, 중요한지,

가치 있는지 역시 알기 어렵게 되었다. 이러한 가치상대주의의 경향은 그에게는 종래의 권위적 언설의 합리화 기반을 무너뜨리면서 민족적 자의식을 끌어내는 절호의 기회를 제공하게 된다.

그 하나가, 주자학 등의 주로 중국 발원의 언설에 자기중심주의와 타자에 대한 엄격주의적 태도를 낳는 '자기도취·자기집착'의 표상을 덧씌움으로 해서 생겨나는 상대주의적 언설공간이다. "이른바 인의(仁義)·예양(禮讓)·효제(孝悌)·충신(忠信) 등의 태도는 모두 사람에게 꼭 갖추어진 것으로 그것이 갖추어진 한에는 가르침을 빌리지 않아도 저절로 잘 알게 되는 것이다. 그런데도 그 성인(聖人)의 도(道)란 것은 원래 다스리기 어려운 나라를 억지로 다스리기 위해 만든 것으로 사람에게 꼭 갖추어야할 수준을 넘어 한층 더 엄하게 가르치려고 하는 강제적인 것인 만큼 진실된 도(道)에는 이르지 못한다"는 것이다[25]. 이 공간에서 그는 '중국풍'이 일반화한 동시대의 가치의식에 대해서 뿐만 아니라, 동시대적 보편문명으로서의 의미를 지니고 있었던 중화주의 그 자체에 대한 부정의 논리를 만들어간다. 그 근거가 '잘난 체 함·똑똑한 체 함'의 허위와 위선, 그리고 '우아한 품위'를 결여한 '야만적이고 비속한' 자기중심주의와 타자에 대한 엄격주의의 표상임은 다시 거론할 것도 없다.

또 하나는, 그 바탕 위에서 허위와 위선에 대한 감각 및 표상과 실제, 언어와 실제 사이의 괴리나 이율배반의 문제에 대한 이데올로기 비판을 본격화한다는 점이다. 왕조의 교체를 합리화하는 유학적 '천명(天命)'에 대한 이데올로기 비판은 그런 의미에서 상징적이다. 그는 "원래 천명(天命)이라 하는 것은 중국 고대에 주군을 죽이고 나라를 빼앗은 성인(聖人)이 자신의 죄를 모면하려고 미리 꾸며 내놓은 구실에 다름없다"[26]. "성인들이 만들고 정한 것을 이른바 도(道)라고 한다. 그런데 중국에서

25) 앞의 책, 『直毘靈』(『本居宣長全集』제9권, 59~60쪽)
26) 위의 책, 54쪽.

도라고 하는 것도 그 취지를 깊이 파들어가보면 다른 사람의 나라를 빼앗기 위해서, 그리고 다른 사람에게 빼앗기지 않도록 한다는 두 가지에 지나지 않는다"고 하여[27], 그것이 단순히 '사실'과 부합하는가 아닌가라는 허위로서만이 아니라 권력찬탈자의 이데올로기로서 부정되어 배척되고 있다. 그 정도로 그의 관심의 초점은 가치상대주의의 기반 위에서 예외주의적인 공동체 에토스로의 이행을 명확하게 보여주는 것이었다.

그 뿐만이 아니다. 노리나가가 가치상대주의에 기반한 민족적 자의식의 강조라는 패러다임의 전환에는 동아시아 국제사회의 변동 및 서양과의 접촉도 중요한 계기를 형성한다. 그리고 그러한 민족적 아이덴티티에 대한 의식은 가치상대주의가 초래할 수도 있는 허무주의로의 퇴폐를 예방하는 사상적 장치이기도 하다는 점이다.

18세기 초엽 서민극의 대본작가로 도시민에게서 인기와 명성을 얻고 있던 치카마츠 몬자에몬(近松門左衛門, 1653-1725)의 『국성야합전(國姓爺合戰)』에는 명(明)나라의 멸망과 타이완에서의 명조(明朝) 부흥운동에 관여한 일본인의 활약상이 묘사되고 있는데, 대중적으로도 명청 교체라는 동아시아 국제사회의 대변동은 인지되고 있었다. 게다가 16세기 중엽 전국(戰國)시대 이래 지속되어온 서양문명과의 접촉도 동아시아의 범위를 넘어선 세계판도에 대한 이해를 증진시켜왔다. 비록 토쿠가와 막부(幕府)가 들어선 이래 나가사키(長崎)에서의 네덜란드와 중국에 한정된 무역밖에 허용되지 않았다고 하더라도, 당대의 권력에 대한 도전을 기도하는 성격의 것이 아닌 한 무역 루트를 통해 세계의 산물 및 정보 등은 지속적으로 공급되었다. 네덜란드 풍설서(風說書)를 통해 동시대의 루이 14세의 처형 사실이 알려지고, 당인(唐人) 풍설서를 통해 명과 청의 교체라는 정치적 변동이 기록된 『화이변태(華夷變態)』가 저술되

27) 위의 책, 51쪽.

었다는 사실이 이를 반증한다[28]. 18세기 중반에는 지동설(地動說)을 담은 천문학 서적이 번역되어, 미우라 바이엔(三浦梅園, 1723～1789)이 자신의 저술『현어(玄語)』에 지구가 둥글다는 사실을 기록하고 있을 정도였다[29]. 이러한 인식은 그때까지의 지리적 '중화'를 상대화하여, 누구의 시점인가에 따라 지구 어디라도 중심일 수 있다는 인식의 새 지평을 여는 것이었다.

이러한 환경은 그에게 두 가지 면에서 의미를 갖는 것이었다. 하나는, 가치상대주의적 경향에서 더 나아가 자국중심주의를 확고하게 하는 것이었고, 또 하나는, 자국의 현실을'동아시아 차원에서의 태평(泰平)'으로 인식하게 하고[30], 그것을 가능하게 한 요인으로서의 자국'역사'의 환기다. 노리나가가 비교적 늦게『고사기(古事記)』에 착목하게 된 것은 이러한 경로를 거치기 때문이다. 그렇다고는 해도 오히려 이러한 경로를 거쳐 재인식한 것이었던 만큼『고사기』에 대한 그의 자세는 신앙적 숭배와 다름없는 것이었다. 그의 국학적 언설의 결정적인 근간이 마련된 것이다.

4. 지속의 가치와 '만세일계(萬世一系)'의 황통(皇統)

그런데 단지 소박함의 지속만으로 어떻게 그는 일본의 예외적 중심성을 주장할 수 있었던 것일까. 또한 그렇게 주장되었다고 하더라도 누가 그것을 납득하여 받아들일 수 있다는 말일까.

---

28) 大庭脩『徳川吉宗と康熙帝-鎖國下における日中交流』, 大修館書店, 1999 참조.
29) 高橋正和『三浦梅園の思想』, ぺりかん社, 1981 참조.
30) 와타나베 히로시가 생활실감과 결합한 '황국(皇國)'의식의 양상에 주목한 저변에는 이러한 측면이 존재할 것이다, 渡辺浩「｢泰平」と「皇國」」(『東アジアの王權と思想』, 東京大學出版會, 1997참조)

여기에도 당대 유학계의 거성이자 노리나가 동시대에 이르기까지 지식인사회에 큰 영향력을 발휘하고 있었던 오규 소라이가 던진 문제의식과 그것을 일본적 상황에 변용시켜간 호리 케이잔의 역사문제를 둘러싼 사상사적 문제가 개재된다.

첫째로, 바로 소라이가 내세우는 성인=개국 군주(開國君主)의 탁월성과 왕조의 수명과의 상관관계라는 역사철학적 문제다. 소라이는 "이른바 성인(聖人)이란 미래를 잘 살펴 예악(禮樂) 및 제도를 폐해가 크지 않게 잘 궁리하여 나라를 세운 개국 군주를 말한다. … 하(夏)나라는 6백년, 은(殷)나라는 7백년, 주(周)나라는 8백년. 모두 세상을 오래도록 보전한 것은 성인이 세운 나라인 징표다. 한당(漢唐) 이후 예악의 제작이 없었다. 어느 나라이든 3백년을 넘기지 못한 것은 제도가 적절하지 않았기 때문이다. 그로 해서 세상은 일찍 노쇠하여 빨리 어지러워진 것이다"고 주장한다[31]. 그의 주장은 왕조의 수명과 성인의 존재를 결부시켜 왕조교체의 역사를 설명하여, 토쿠가와 막부정권의 최고통치자인 쇼군(將軍)에게 근본적 제도개혁의 동시대적 절박성을 강조하고자 한 것이었다.

그러나 케이잔은 한편으로는 소라이의 왕조의 수명과 성인의 존재를 결부시켜 왕조교체의 역사를 설명하는 역사론에 의거하면서도, 다른 한편으로는 그것을 중국에만 한정된 이론으로서가 아니라 보편적인 역사법칙으로서 재정위하여 그것을 중국만이 아니라 일본에도 적용시킨다. 더욱이 아무리 장구(長久)하다고 해도 결국 왕조교체의 결말에 이른 중국의 어느 왕조보다도 '만세일계(萬歲一系)'인 황통(皇統)의 지속은 그 성인의 위대함을 반증하는 것이라고 그 논리를 반전시켜 주장해간다. "일본은 무사의 나라라고 자랑하지만 (그렇지 않다). 원래 일본은 성인(聖人)의 나라이다. (그 점을 알지 못하는 것은) 그렇지 않다고 부정하지

31) 荻生徂徠, 『太平策』(『荻生徂徠』 日本思想大系 36, 岩波書店, 459쪽)

못할 정도의 비근한 증거가 있는데도 단시 사람들이 눈치채지 못할 뿐이다. … 그저 아마테라스 오오미카미(天照太神)의 성신(聖神)의 덕(德)이 수천 년을 지나 오늘날과 같은 말세가 되어도 일본 사람들의 마음에 널리 퍼져 지금까지도 없어지지 않았다. … 아마테라스 오오미카미의 성덕(聖德)의 향기는 수천 년을 지나도 사람의 마음에서 없어지지 않으니 아마테라스 오오미카미는 지극한 덕을 갖춘 성인임이 분명하다"[32]. 케이잔은 '아마테라스 오오미카미의 성신(聖神)의 덕(德)'이 당대에도 지속되고 있는 것을 근거로 하여 아마테라스 오오미카미를 성인으로 규정하고, 그의 창건에 의한 '일본국'을 성인의 나라로 칭하고 있다. 그것도 그 지속의 장구함에 의해 성인 중에서도 가장 '지덕(至德)'한 것으로서 아마테라스 오오미카미 를 중심화하고 있는 것이다.

케이잔은 '시'를 보편성의 관점에서 일반화하여 그 논리에 의해 노래의 보편성도 부각시키고 있었는데, 결과적으로 그것이 노리나가의 노래의 보편성과 그 지속에 따른 일본의 예외적 중심성에 대한 신념화에 이어지게 하고 있었다. 그 케이잔이 여기서도 왕조교체와 개국 성인의 덕의 상관관계를 일반화·보편화함에 따라 아마테라스 오오미카미의 절대화라는 '유학에서 국학으로'의 계기를 배양시키고 있었던 것이다. 이 부분이 실제로 노리나가에게 이어지고 있다는 것은 "카미(神)와 성인(聖人)을 비교해서 논한다면 주나라 문무(文武)의 덕치(德治)에 의한 감화는 8백년에 이르러 끊어졌지만 우리 아마테라스 오오미카미(天照大神)에 의한 감화는 무궁하여 끊기는 일이 없었다. 이로 하여 그 덕(德)의 한 없음을 알겠다"는 기록을 보더라도 명확하다[33].

그렇다고 하더라도 케이잔의 논리가 그대로 노리나가에게 이어진 것은 아니었다. 노리나가에게서 케이잔의 논리는 약간씩 뒤틀려 간다. 케

---

32) 앞의 책, 『不盡言』(『仁齋日札·たはれ草·不盡言·無可有鄕』, 194～197쪽)
33) 앞의 책, 『舜菴隨筆』(『本居宣長全集』 제13권, 602쪽)

이잔이 그 지속의 근거를 개국성인의 '덕'의 규모와 관련지어 아마테라스 오오미카미를 '지덕의 성인'으로 하고 있었던 것에 비해, 노리나가는 그 근거로서 한편으로는 '덕'의 규모에 의거하면서도, 다른 한편으로는 그것을 가능하게 한 조건에 관심을 집중시킨다. 시기는 불명확하지만, 그의 『수필』에서는 "오랜 기간에 걸쳐 누대의 왕들의 성(姓)이 하나인 것은 무엇보다도 평범한 이치는 아니다. 그 평범한 이치를 넘어선 영묘(靈妙)함이야말로 우리나라의 신도(神道)의 축하해야 할 점으로 다른 나라에 비해 뛰어난 것"라고 하는 것처럼[34], 그 최종적인 근거를 '영묘(靈妙)한' '신도(神道)의 축하해야 할 점'에 환원하는 것이다. 그 뒤틀림은 어디까지나 '주자학'에 그 학문적 관심을 가지고 있었던 케이잔과 케이잔과의 만남 이전부터 신도에 친숙했던 노리나가와의 차이라고 말 할 수 있을지 모른다. 게다가 '마쯔자카(松阪)의 하룻밤(一夜)'이라는 유명한 일화가 있는 것처럼 일본 고대인의 정신을 탐구해간 가모노 마부치(賀茂眞淵)와의 해후 속에서 그 경향은 가속되었을지 모른다.

둘째로, 그러나 쿄오토 유학 이전부터 신도에 관심을 갖고 있었다고는 해도 케이잔에 의해 우선 신도의 의미내용의 재발견이 촉발되었다는 점이야말로 주목할 만한 것이다. 늦게 잡아서 가론(歌論) 『아시와케 오부네(排蘆小船)』의 단계까지는 그 속에 '자연스레 생겨난(自然) 신도'라는 언급이 있기는 하지만, 아직 황통의 지속 및 황조신으로서의 아마테라스 오오미카미가 충분한 의미를 띠고 있었다고는 하기 어렵다. 그런데 케이잔의 아마테라스 오오미카미에 대한 평가를 받아들이고 나서부터는 그 '덕'의 보편적 계기에 대한 환기와 함께 노리나가에게 있어서의 아마테라스 오오미카미의 사상적 의미는 변화해간다. 그런 의미에서 아마테라스 오오미카미는 노리나가에게 있어서 케이잔과의 만

34) 위의 책, 601쪽.

남에 의해 재발견되었다고 할 수 있는 것이다.

그럼에도 불구하고 노리나가가 아마테라스 오오미카미의 '지덕'을 케이잔의 맥락에서가 아니라 '신도'의 맥락에서 재검토하려고 하고 있었던 것은, 거기에 케이잔을 경유한 소라이의 고신도(古神道)론이 섞여 있기 때문이다. 소라이는 "우리나라 고대의 서적을 보면 우리나라의 도(道)라 하는 것은 아무것도 없는 것임은 굳이 논하지 않아도 분명할 것이다. 그저 우리나라의 신도(神道)라 하는 것은 선조를 제사지내고 그것을 하늘로 삼아 하늘과 선조를 하나로 여겨 무엇이든지 간에 귀신(鬼神)의 명령에 따라 행하는 풍습으로 그것은 문자가 전해지기 이전부터 있었던 것인데 이것 역시 당우삼대(唐虞三代)의 고도(古道)다"고 한다[35]. 이러한 소라이의 논리에 따르면, 그 언급의 취지가 성인의 문명제작이라는 동기에 그 중심이 두어져 있었다고는 하더라도, 제정일치를 중심으로 한 황통의 신도가 중국문명의 가장 이상적인 시대의 고도(古道)의 일종이었고, 게다가 그것이 단절된 중국과는 달리 일본에만 남겨져 있는 것으로 후대에 포착될 가능성을 남기는 것이었다. 그 가능성에 주목하여 사상적 자원으로 삼은 이가 바로 노리나가였던 것이다.

이 단계에 이르면, 노리나가에 의한 '신도(神道)'의 재발견이 단순한 특수주의적, 예외주의적 주장만은 아니라는 점이 확연해진다. "진실된 도(道)는 천지간에 퍼져 어느 나라를 가리지 않고 똑같이 하나의 흐름이었거늘, 이 도가 오로지 천황의 나라(皇國)인 우리나라에만 올바르게 전해졌고, 다른 나라에서는 모두 오래된 고대로부터 그 전래를 잃어버렸다. 그로 해서 다른 나라에서는 역시 별도의 여러 도(道)를 펴내어 각각의 도를 정도(正道)라고 주장하게 되었지만, 다른 나라의 도는 모두 샛길에 지나지 않고 본래의 진실되고 올바른 도는 아닌 것이다"고 주장하게 된

35) 앞의 책, 『太平策』(『荻生徂徠』, 452쪽)

다[36]. '백왕일성(百王一姓)'이라는 만세일계의 황통이 '본래의 진실되고 올바른 도'로서 가장 보편적이면서 가장 뛰어난 것이라는 재인식에 이어지고 있는 것이다.

셋째로, 거기서 신도=고도(古道)라는 보편적 계기가 기록된 것으로서의 『고사기(古事記)』『일본서기(日本書紀)』 등의 '신도(神道)의 성전(聖典)'의 절대화 및 그 근거로서의 카미(神) 그 자체의 존재가 그의 의식의 중심에 부상하게 되는 것이다. 그것은 노리나가의 『고사기전(古事記傳)』에 보이는, 거기에 적힌 것은 모두가 '사실'이고 그것을 절대적으로 믿지 않으면 안된다는 '신도 성전'에 대한 절대적 신앙의 자세로 이어지고 있는 것이다.

그 『고사기』『일본서기』에 대한 절대화의 정치사상적 문제는 굳이 재론하지 않아도 익히 아는 바이다. "아마테라스 오오미카미(天照大御神)라는 존재는 고귀하게 지금도 이 세상을 밝게 비추는 태양신입니다. 이 아마테라스 오오미카미의 손자(니니기노미코토)에게 일본땅을 다스려라라는 분부가 있었고, 천상에서 이 땅에 내려오실 때 아마테라스 오오미카미의 칙명(勅命)에 '나의 자손들의 번성함이 천지와 함께 영원하리라' 고 기록되어 있습니다. 이 칙명이야말로 도(道)의 근원이자 근본입니다" 라고 하는 것처럼[37], 『일본서기』의 '천손무궁(天孫無窮)의 신칙(神勅)'을 '신전(神典)'의 가장 중요한 의미로서 발견해간다. 그것에 의해 황통지속의 사실이 환기됨과 동시에 황실의 현재적 지속의 정치적 의미가 재정위되어 황통지속이 단순한 역사적 사실로서의 의미만이 아니라 '오늘날'의 사람들에게도 가장 근본적인 정치적 책무로서 부과된다는 것을 의미하는 것으로 전환해 들어간다. 그리고 카미와 사람과의 관계를 인형극의 인형조종자와 인형의 관계에 대비하면서도, "무엇이든지 그저 카미

36) 앞의 책, 『玉くしげ』(『本居宣長全集』 제8권, 309쪽)
37) 위의 책, 310쪽.

(神)의 처분에 따라 좋든 싫든 되는 대로 맡겨버리고 조금도 집착하지 말아야 하는가 라고 생각하는 사람도 없겠는가. 이 또한 크게 잘못된 일이다. … 바로 행해야 할 것조차 하지 않고 그저 되는 대로 맡겨버리는 것은 사람의 길(人道)에 어긋나는 일이다"고 하는 것처럼[38], '사람이 해야하는 바(人爲)'로서 '천신(天神)의 칙명(勅命)에 귀순(歸順)'할 것이 강조되어 간다. 황통의 지속 그 자체가 역사적 가치로서만이 아니라 정치적 가치로서 절대화해 가는 것이다.

넷째로, 그런데 고대 일본의 천황가 지배를 묘사한 역사서 가운데 고대 일본어로 기술된 『고사기(古事記)』는 노리나가 이전에는 한문체로 기술된 『일본서기(日本書紀)』에 비해 낮게 평가되고 있었다. 그러나 노리나가에 의해 그 평가는 역전되었다. "윤색이 심한 일본기(日本紀＝日本書紀)"에 비해, 『고사기』가 "문장에 관계없이 고어(古語)를 주로 하여"[39] 기술되었다는 점이 그 역전을 초래한 것이었다. 그 이유는 자국 '고유어'에 의한 기술이라는 점이 "신대(神代)로부터 전해진 그대로를 기록하여 조금도 사람의 잔꾀가 덧붙혀지지 않은"[40] 것으로 고대 일본인 및 일본사회의 실제에 보다 가까운 언어적 표상으로 간주되었기 때문이다. 이 부분에서도 소라이의 '시대의 변화에 따라 실제와 그것을 지칭하는 언어의 괴리·뒤틀림이 발생한다'는 언어학적 통찰의 영향을 강하게 받은 흔적이 드러나는데, 『고사기』를 중심화하는 데에는 '잘난 체 함·똑똑한 체 함'의 '중국풍'이 일상화한 동시대의 사회적 분위기를 반전시키는 데에 필요한 구원장치를 제공한다.

특히 『고사기』에서 읽어내는 신의론(神義論)적 관점이야말로 그의 동시대적 위기의식을 구원할 장치로서 기능하여, 당대의 일본사회의 패

---

38) 위의 책, 320쪽.
39) 앞의 책 『石上私淑言』(『本居宣長全集』 제2권, 41쪽)
40) 앞의 책 『直毘靈』(『本居宣長全集』 제9권, 58쪽)

러다임의 전환에 결정적인 역할을 수행하게 된다. "카미(神)의 마음은 좋은 것이든 싫은 것이든 사람 마음으로는 알 수 없는 것으로 이 천지간의 모든 일들은 모두 카미의 마음속에서 나와 카미가 행하는 것인 만큼 사람이 생각하는 것과는 다르다. 이른바 중국서적에서 말하는 도리(道理)와는 심히 다른 것이 많다"고 한다[41]. 자연 질서뿐만이 아니라 인간에 의한 모든 영위까지가 일절 '카미(神)의 행위'로 간주되고 있다. 게다가 "세상의 모든 흉악한 일이나 사악한 일 등은 모두 원래는 이 마가츠히노 카미(禍津日神)의 신령에서 생겨난다". "세상에는 기쁘고 좋은 일만이 아니라 흉악한 일도 없어서는 안되는 이치"[42]가 있다고 하여, "무슨 일이든지 모두 신의 행위다. 세상의 나쁜 일들이 생기는 것도 모두 악신(惡神)의 행위인 만큼 유교·불교·도교 등으로 칭해지는 도(道)가 생기는 것도 카미의 행위이고 천하의 사람들이 이것들에 현혹되는 것도 또한 카미의 행위인 것입니다"라고[43], 악신의 존재를 명확히 의식하면서 그러한 세계관을 성립시키고 있다는 점이 특징적이다.

노리나가는 이러한 악신을 등장시킴으로 해서 초기의 노리나가를 고민하게 한 인간 및 역사가 지닌 모순·혼란이라는 문제에 대해 '합리'적으로 이해·납득할 수 있는 실마리를 얻어 그 갈등 속에서도 '지속'된 황통의 의미를 재발견할 수 있었다. 쿄토유학 시에 작성된 서간 속에서 노리나가는 "중세에 이르러 풍속이 점차로 변하여 사람들의 거짓과 속임수가 많아지고 간신 및 역적이 나라를 어지럽히고 망쳤다. 이 때문인지 다른 나라의 성인(聖人)의 도(道)를 빌려와 그것을 다스리고 바로잡았다. 역시 어쩔 수 없는 추세였던 것이다"고 언급하는 것처럼, '중세'에 있어서의 풍속 및 인심, 그리고 나라의 혼란을 의식하고 있었다. 게다가 그

41) 앞의 책 『石上私淑言』(『本居宣長全集』 제2권, 175쪽)
42) 本居宣長 『古事記傳』六(『本居宣長全集』 제9권, 241쪽)
43) 本居宣長 『鈴屋答問錄』(『本居宣長全集』 제1권, 527쪽)

혼란에 대해 이 단계에서는 '이국성인(異國聖人)의 도(道)'의 조력으로 다스려졌다고 인정하고 있었다.

그와 함께 "세상의 모습은 모두 선악(善惡)의 카미(神)에 의한 행위인 만큼 좋든 싫든 핵심적인 것에는 인력(人力)이 미치는 것이 아니다"라고 하는 것처럼[44], 초월자로서의 카미와 유한적 존재로서의 인간과의 차이가 절대화함과 동시에 단지 카미의 섭리라고 할 수 있는 '그때그때의 신도'에 '다른 생각할 것 없이' 절대적으로 순종하지 않을 수 없다고 하는 주장이 되어간다. "선악(善惡)·사정(邪正)의 다름은 있다고 하더라도 유교도 불교도 도교도 모두 넓게 말하면 그때그때의 신도(神道)다. 그런데도 그저 오로지 아주 오래된 옛날의 방식으로 후세도 다스려져야 하는 것으로 생각하는 것은 인력(人力)으로 신력(神力)을 넘으려는 사고인 만큼 가능하지도 않을 뿐만 아니라 오히려 그때그때의 신도(神道)에 어긋나는 일이다. … 다른 생각할 것 없이 시의적절한 것에 따라야 하는 것이다"[45]. 역사 및 현실에 있어서의 '혼란·모순'의 문제성은 이러한 악신의 존재에 의해 '그때그때의 신도'로 모두 환원되게 되는데 그것은 역설적인 형태로 노리나가 자신에게 '합리'적 이해·납득을 가능하게 하는 인식론적 구조가 확보된 것을 의미하는 것이었다. 그와 함께 절대적 주재자로서의 카미와 그 절대성에 대해 인간에게는 '인력(人力)으로 신력(神力)을 넘으려는' 것이 불가능한 근본적 유한자(有限者)로서의 한계가 덧씌워지게 된 것이다. 게다가 그것이 이 세상의 '사악함'조차 '카미의 행위'라는 신의론적 제약을 받게 되어서는 인간의 근본적인 유한성은 보다 선명해질 수밖에 없게 된 것이다. 그가 강조하는 '안심(安心)'이 실은 체념을 의미하는 이유는 여기에 있다고 할 수 있다.

44) 앞의 책 『玉くしげ』(『本居宣長全集』 제8권, 320쪽)
45) 앞의 책 『鈴屋答問錄』(『本居宣長全集』 제1권, 527쪽)

5. 동시대적 정치지형과 정치사상적 도전

노리나가의 국학적 언설의 뒷면에는 실은 동시대적 상황에 대한 그의 위기감이 짙게 깔려 있다. 그 배경에는 사회정치적 질서의 동요와 그 동요를 조장하는 정치적, 사상사적 상황이 전제되어 있다. 당시의 학문사상적 조류의 동향과 그에 따른 일본사회에 있어서의 사회정치적 의식의 변동이라는 측면이다. 그런 상황 속에서 그는 역전적 발상에 의한 정치사상적 패러다임의 전환을 통해 새로운 전망으로 시대 흐름의 물줄기를 바꾸려 하고 있는 것이다.

첫째로, 그의 시대는 도시부를 중심으로 이른바 유학적 교양이 대중화한 시대이기도 하였다. 노리나가는 동시대의 풍속에 대해, "중국의 풍속을 우러러 배우는 일이 성행해 감에 따라 결국에는 천하를 다스리기 위한 정치도 오로지 중국풍으로 바뀌었고 일반 백성들의 마음까지도 그 기풍으로 변해갔다"고 진단하는데, 그에게서 보이는 '중국풍(=똑똑한 체함, 도덕적인 체 함, 이치에 밝은 체 함 등의 독선, 위선)'의 만연에 대한 비판적 강조는 그 대중화의 표상이었다. 노리나가가 유학했던 쿄토(京都)를 중심으로 이시다 바이간(石田梅岩, 1685-1744)의 민중적 심학(心學) 출현 및 그 확산에 상징되는 것처럼 도덕적 규범 및 도덕적 주체, 그리고 그것을 가능하게 하는 조건의 문제에 대한 관심 등이 대중적으로 고양되어간 시대였다.

게다가 그에게 직간접적으로 사상적 영향을 미친 이토 진사이의 유학에는 노리나가의 정치관에서 볼 때 위험한 것으로 느낄 수밖에 없는 잠재적 시한폭탄이 내장되어 있었다. 진사이야말로 유학적 언설의 틀에서 '천하공공(天下公共)의 도(道)'라는 논리를 전개하는데, 공동목표의 실현 및 그 실현주체(公)의 형성에 '모두 함께(共)'라는 의미를 지닌 부사가 덧붙여진 단어의 의미로 '공공(公共)'을 처음으로 사용하고 있다는 점에서 중요하다. 그리고 그 뿐만이 아니라 그 핵심적 내용도 지배, 피지배층의 상하를 가리지 않고 모든 사람들의 참가에 의한 '공(公)'적 질서 형성의 모색에 있었다는 점에서 획기적이었다. 진사이의 구상은 그 연장선상에서 '德'에 의해 왕조교체를 해결하는 유학의 전통적인 논의를 기탄없이 확대해석하여,'위로부터'만이 아니라 '아래로부터의' 역성혁명조차 적극적으로 긍정하는 대담한 구상을 갖는 것이었다[46].

더욱이 노리나가에 비해 한 세대 빠른 안도 쇼에키(安藤昌益, 1703-1762)의 경우를 보게 되면, 당시의 정치경제적 상황이 얼마나 급진적인 체제부정의 정치사상까지 배출했을 정도로 얼마나 급박했었는지를 미루어 짐작할 수 있다. 쇼에키의 동시대적 영향력은 기근의 피해가 막심했던 토호쿠(東北) 지방을 중심으로 한 소수의 인사에게 한정된 것이었지만, 그의 이데올로기 비판은 실로 충격적이라고 할 만한 것이었다[47]. 쇼에키에 의하면 "성인(聖人)이 출현하여 그 자신은 경작하지 않고 그저 아무 일도 하지 않으면서 천도(轉道=天道)·인도(人道)의 직경(直耕)의 결실을 탐하여 훔쳐 먹고 사적 욕심으로 날조한 법도(私法)를 세워 세금을 엄하게 재촉하며 왕(王)과 민(民), 상(上)과 하(下), 오륜(五倫)·사민(四民)의 법도를 세우고 상벌(賞罰)의 정법(政法)을 시행하여 자기 자신은 위에 서서 사치스러운 생활과 위엄을 내세운다"고 한다[48].

46) 伊藤仁齋 『語孟字義』權(『伊藤仁齋·伊藤東涯』 日本思想大系 33, 岩波書店. 78～79쪽). 이 부분에 대해서는 졸고「伊藤仁齋の「王道」論」(『倫理學年報』 No.47, 1998)에서 중심적으로 다루고 있다.

47) 안도 쇼에키는 한때 일본의 이른바 좌익적 지식인에 의해 '잊혀졌던 동양의 마르크스'라고 현창되어 널리 소개되기도 했었지만, 일부 지방사 연구자를 제외하면 마르크스주의에 대한 관심의 퇴락과 더불어 다시 잊혀질 듯한 운명에 놓여 있다.

48) 安藤昌益 『自然眞營道』(『安藤昌益·佐藤信淵』 日本思想大系 45, 岩波書店, 55～57쪽)

그에 의하면 '성인(聖人)'은 '천하를 폭력으로 빼앗은 강도'와 다름 없고, 유학, 불교 등은 지배계급의 이데올로기이며, 현재의 정치적 질서는 생산자로서의 농민에 대한 계급적 착취를 위한 지배기구에 지나지 않는 것으로 전면 부정되지 않으면 안되는 것이었다[49]. 그런 급진적 사상가를 배출한 때가 바로 노리나가의 한 세대 앞이었다는 점을 기억해둘 필요가 있는 것이다.

진사이와 바이간이 도시민을 중심으로 한 도시세계의 동향에 대해 긍정적 역할을 이론화하려 했던 것에 비해, 쇼에키는 몰락한 농촌세계의 농민의 울분을 이론화하는 작업이었다. 이런한 상황을 위기로 파악한 노리나가는 그의 비판에도 불구하고 소라이의 이론적 작업을 새로운 차원에서 전개한 성격의 것이었다.

둘째로, 노리나가를 둘러싼 시대상황과 그에 따른 위기감, 그리고 그에 대한 대책은 당시 기슈(紀州)번의 번주에게 바쳐진 일련의 정치론서인 『다마쿠시게(玉くしげ)』와 『비본 다마쿠시게(秘本玉くしげ)』에 전형적으로 잘 드러나 있다. 거기서는 상품경제화의 심화에 따른 '사치'화와 그에 동반된 곤궁의 동시대적 현실에 대해 언급하고 있는데, 무엇보다도 중심적인 테마는 '난(亂)의 근본'에 대한 각성과 그 대책에 있다.

우선, 그는 거기서 곤궁에서 비롯된 농민들의 잇키(一揆) 및 도시 서민들의 우치코와시(打壞) 등의 '소동(騷動)'을 문제시하는데, 그 소동들이 결국 '하민(下民)이 위(上)를 두려워하지 않게 된 현상'의 전형이라는 점에 대한 강조가 그의 문제의식의 중심에 있는 것이다. 이 점이야말로 엘리트에 의한 지배의 옹호와 대중참여적 민주주의에 대한 우려를 그 특징으로 하는 보수주의와의 친화성이 잘 드러나는 부분이다[50].

---

49) 위의 책, 203～205쪽.

50) 서구정치사상에 있어서의 정치적 보수주의에 대해서는, "영국의 대표적인 보수주의 철학자 버크(E. Burke) 이래 보수주의 사상의 민주주의관의 핵심에는 중우정치

그런데 실제로 노리나가가 저술에 몰두한 18세기 중반부터 후반에 걸쳐 냉해, 가뭄, 지진 등의 자연재해가 빈발하였고 그에 따른 크고 작은 기근이 서민생활을 엄습하고 있었다. 수많은 아사자의 속출은 물론 특히 토호쿠(東北) 지방을 중심으로는 농민의 이탈이 가속화되어, 농촌의 황폐화와 동시에 도시부로 몰려든 상당수의 이산민이 두터운 도시빈민층을 형성하게 된다. 이러한 사회구조적인 변동은 기근을 계기로 한 농촌에서의 잇키 및 도시부에 있어서의 우치코와시의 발생의 근원적 배경이 되고 있었다. 노리나가의 관찰에 의하면, "백성·도시민들이 여럿이 모여 무리를 지어 몰려가 위정자에게 호소하거나 난폭한 짓을 하는 것은 옛날 잘 다스려지던 때에는 전혀 받아들여지지 않던 일이었으며 근세(近世=토쿠가와시대)에 들어서도 이전에는 꽤 드문 일이었는데, 근년에 이르러 해마다 곳곳에서 이러한 현상이 발생하여 더 이상 드문 일이라 할 수 없게 되어버렸다"고 한다[51]. 민생문제를 계기로 분출한 '아랫사람'들의 사회정치적 행동화가 당시의 주요한 사회정치문제로 대두되기 시작한 때였던 것이다.

그런 가운데에서도 노리나가의 후각은 그러한 사회정치문제 그 자체보다는 그 문제의 정치사상적 여파에 대해 더 민감한 것이었다. "나라의 다스려짐과 어지러워짐의 차이는 아래가 위를 공경하고 두려워하는가 그렇지 않은가에 달려 있다. 윗사람이 그 윗사람을 깊이 공경하고 두려워하게 되면 아랫사람도 이를 본받아 그 윗사람을 깊이 공경하고 두려워하게 되어 나라는 저절로 잘 다스려지게 되는 것이다"[52]고 하는 지적은

로서 민주적 전제(專制)에 대한 강한 우려가 자리 잡고 있다"고 하면서, "<중우정치>라는 민주주의에 대한 가장 오래된 비판과 엘리트에 의한 지배의 옹호로 특징지워진다"고 지적한다. 강정인·김현아, "민주화 이후 한국의 보수주의: 자유민주주로의 수렴?", 서강대 사회과학연구소『사회과학연구』 제14집 2호, 2006, 13쪽.

51) 本居宣長,『秘本 玉くしげ』(『本居宣長全集』 제8권, 341쪽)

52) 앞의 책,『玉くしげ』(『本居宣長全集』 제8권, 319쪽)

그의 발상이 보수주의와 친화적이라는 측면에서 상징적이다. '아랫사람'들의 사회정치적 행동화는 당시의 사회정치적 질서의 동요를 의미하는 것이었지만, 그에게 있어서는 특히 '하민(下民)이 위(上)를 두려워하지 않게 된 현상'이야말로 그가 강조하는 '난(亂)의 근본'과 직결되는 우려할만한 사태였던 것이다.

다음으로, 기존 지배층의 안이한 상황인식과 무책임한 대응의 문제다. 그는 '아랫사람'들의 사회정치적 행동화를 '불순'한 반역만으로 몰아칠 정도로 단순하지는 않다. 그는 번주에게 바칠 목적으로 작성된 상기의 정치론서에서 일련의 '소동'의 원인에 대해, "이러한 일의 시말을 생각해 보면 원래 어떤 경우든지 간에 아랫사람의 잘못이 아니라 모두 윗사람의 잘못으로부터 발생하였다. … 참으로 견디기 어려운 경우가 아니면 이러한 일은 일어나지 않는 것이다"라고 한다[53]. 정치경제학적 인식뿐만 아니라 정치적 행위의 역학적 상관관계에 대한 냉철한 시선이 그의 사고의 바탕을 이루고 있다. 그런 만큼 기존 지배층의 정치적 무책임에 대한 비판은 날카롭다. "상층부도 하위의 관리들도 백성을 응대하는데 있어서 조금도 은혜를 베풀고 아끼는 마음은 없"다고 비판한다. 그에게 있어서 문제의 근원적 해결은 "이치에 맞지 않는 대책을 그만두고 백성을 아끼는 마음"에 있는 것이다[54].

그 맥락에서 황통(皇統)의 시원으로서의 아마테라스 오오미카미(天照大御神)의 나라와 백성에 대한 현 지배층의 정치적 책임이 강조되어, 토쿠가와가문 혹은 각 영주에 의한 지배의 근거가 사적 지배를 허용하지 않는, 일본 전체의 지배적 권위인 황통의 '위임' 하에 있다는 논리를 만들어내고 있는 것은 '국민'형성의 전망과 관련하여 중요하다. 아무리 전투자집단인 무사층이 지배하고 있었던 시대라고 하더라도, 초야의 일개

53) 앞의 책, 『秘本 玉くしげ』(『本居宣長全集』 제8권, 342쪽)

54) 위의 책, 340쪽.

학자가 토쿠가와 쇼군(將軍)가 직계번의 영주를 대상으로 정치의 근본에 대한 환기와 더불어 정치적 비판을 스스럼없이 낼 정도의 인식론적 수준을 결코 과소평가해서는 안된다[55]. 그의 정치관에는 유학적 왕도(王道)론의 색채가 강하게 스며들어 있는데, 유학이 토쿠가와사회에 본격적으로 수용되어 한 세기 반이 지나면서 지배층인 무사들에게도 일반인들에게도 '지배'에 대한 합리적 근거를 생각하게 하는 사상적 분위기가 조성되고 있었던 것이다.

이러한 측면이 노리나가에게 국학적 언설의 필요성을 절박하게 만든 하나의 중요한 요인이었다. 노리나가가 당대 일본 유학의 최고봉이라 받들어졌던 오규 소라이와 그 학파를 표면적으로는 가장 강력한 비판대상으로 상정하면서도, 실질적으로는 그의 사상적 성과의 많은 부분을 영양소로 하여 자신의 국학적 언설을 형성하고 있는 것은 소라이의 다음과 같은 위기위식과 맞닿아 있기 때문일 것이다. 소라이는 "윗사람이 어리석고 그저 그런 가운데 아래에 호걸이 등장하게 되면 세상은 반드시 어지러워지게 된다"고[56], 노리나가와는 다른 입장이기는 하지만, 지배의 위기에 대한 강력한 환기가 필요했던 것이다.

또한, 거기서 제기되어 나온 과제가 노리나가의 '위임(委任)론'이라 할 수 있는 정치사상적 도전이다. 그가 제시하는 위임론은 아마테라스오오미카미가 일본 역사의 시원이 되고 그를 잇는 황통이 초역사적 명령이 되면서 무가 지배의 현실과 당대의 정치권력을 상대화해가는 것이었다. 물론 거의 동시기에 커다란 정치사회적 파문을 일으켰던 야마가타 다이니(山縣大貳) 등이 처형된 '메이와(明和)사건'(1767년)의 사례에서

55) 노리나가가 영주에게 상기의 정치자문서를 제출한 기슈(紀州)번은 토쿠가와 막부정권의 중흥을 달성한 쇼군(將軍)으로 일반인들에게도 널리 알려진 제8대 쇼군 토쿠가와 요시무네(德川吉宗)의 출신번이기도 하다.

56) 앞의 책, 『太平策』(『荻生徂徠』, 453쪽)

도 알 수 있듯이, '조정(朝廷)'이 무가정권에 실질적으로 압도되어 그 구속 하에 있다는 정치적 현실과 직접 이어지는 것은 아니었다. 그렇기는 해도 그의 위임론이 비록 천황 친정(親政)을 직접적인 목적으로 하고 있는 것은 아니었지만, 천황을 정치적 최종권위로서 부각시키고 있다는 점에서 잠재적으로는 반체제적 성격이 것이었음은 막말(幕末)기의 역사적 전개를 고려하면 자명한 것이었다. 노리나가가 앞서 언급한 정치론서에서, "아마테라스 오오미카미의 황통인 조정(朝廷)을 업신여기고 간사한 짓을 마음대로 하면서 무위(武威)를 휘두룬 호조(北條), 아시카가(足利)와 같은 역신(逆臣)"의 멸망을 예로 들어가면서, "무릇 무장(武將)에 의한 정치는 저 호조, 아시카가 등과 같이 그 근본인 조정을 중하게 여기지 않고서는 비록 아무리 인덕(仁德)을 베풀고 여러 선비들을 잘 끌어안고 만민을 잘 위무(慰撫)한다고 하더라도 이것 모두 사적 욕심을 위한 지술(智術)에 지나지 않아 도(道)에 부합할 수 없다"[57]고 주장하는 것은 일종의 위협적 언사일 수도 있었다. 그가 '황실·귀족의 아름답고 우아한 풍습'을 부각시켜 그 '지속'을 가능하게 한 왕조문화의 전통에 대한 관심을 표명하는 것과 동시에 그 반면으로써 무가 지배의 정치사회에 만연한 무능과 무책임과 함께 '무사풍·중국풍의 남자다움'만을 추구하는 '비속하고 야만적인 것'[58]이라는 표상이 덧씌워지는 토쿠가와 통치에 대한 비난도 그런 맥락에서 이루어진 것이었다.

그럼에도 불구하고 여기서 중요한 것은 그의 전략이 무가 정권에 대한 비난과 위협에 있었던 것이 아니라, 동시대의 막번(幕藩)체제를 뛰어넘는 '국가' 및 '국민'의 이념을 합리화하려고 하였다는 점일 것이다. 그것은 "오늘날 천하의 백성은 모두 아마테라스 오오미카미(天照大御神)가 토쿠가와 이에야스(東照神御祖命)를 비롯한 대대로의 쇼군가(將軍家)

57) 앞의 책, 『玉くしげ』(『本居宣長全集』 제8권, 317쪽)
58) 앞의 책, 『葬庵隨筆』(『本居宣長全集』 제13권, 739쪽)

에 위임한 백성들이고 이 나라 또한 아마테라스 오오미카미가 위임한 나라다"[59]라고 하여, 동시대의 권력의 기반이 어디까지나 '위임(委任)'된 것이라는 규정을 걸치는 것에만 있는 것이 아니라, 체제의 특성상 막부와 번, 그리고 각각의 번이 제각각의 다른 정치적 이해관계를 가질 수밖에 없는 막번체제를 뛰어넘어 단일한 단위로서의 '국가'와 그 구성원으로서의 '국민'의 형성을 시사하는 것이기도 하였다[60].

그런 의미에서 만년의 저작에서 보이는 노리나가의 '정대공공(正大公共)의 도(道)'는 사상사적으로는 진사이가 대표하는 유학적인 '덕(德=仁義)'에 입각한 급진적 성격의 '천하공공(天下公共)의 도(道)'에 대한 대항의식의 산물이라는 측면이 강하다. 그리고 재해 및 기근의 빈발, 무능과 무책임의 정치현실, 그리고 유학의 대중화로 정치의 움직임에 민감해진 '아랫사람들'이 술렁이는 사회정치적 상황 속에서 그의 국학적 언설은 이러한 위기적 상황에 대한 근원적이고도 총체적인 반전을 시도하는 정치사상적 도전이었다.

4. 맺으며

노리나가에게 역사란 있는 그대로의 사실의 복원이 아니다. 물론『고사기전(古事記傳)』에 보이는 것처럼, '고전'에 기록된 사실의 '실증'에 전력이 기울여진 것도, 그리고 그 언어학적 성과도 종래의 연구에서 평가된 그대로다. 하지만 그는 그 '고전'이 누구에 의해, 어떤 의도로 기록

59) 앞의 책,『秘本 玉くしげ』(『本居宣長全集』 제8권, 319쪽)

60) 노리나가가 당상(堂上) 가학(歌學)의 엘리트적, 폐쇄적 성격을 문제 삼으면서, 보통사람들('地下')에까지 노래를 개방하고 있는 것은 '국민' 형성과 관련하여 중요하다. 前田勉「近世日本における天皇權威の浮上の理由」(『近世神道と國學』, ぺりかん社, 2002) 참조.

되었는지에 대해서는 묻지 않는다. 오직 '고전'에 기록된 사실 그 자체를 신앙하고, 신앙하게 하는 것에만 집착한다. 그 이유는 동시대적 위기를 기회로 전화시키려는 그의 이데올로기적 문제의식에 역사가 종속되었기 때문이다. 그런 의미에서 그의 '실증'은 그 자신이 실감한 언설의 정당성을 설득력있게 장식하는 도구에 지나지 않는다. 실증이 필요했던 것은 그렇게 하지 않으면 신뢰를 얻을 수 없을 정도로 일반인들이 접하는 정보, 지식은 이전과는 격을 달리하는 수준이었기 때문이다. 역사보다는 철학이나 신학에 가까운 인식론적 자세다.

그렇다고는 해도 노리나가의 국학적 언설은 단순히 자(自)문화에 대한 회귀만으로 설명될 수 있는 것은 아니다. 그 배경에는 앞서 언급한 진사이 및 소라이 등의 일본유학의 전개에 따른 가치상대주의적 경향에 배태된 아이덴티티 확립의 문제가 개재되어 있다. 더욱이 명청 교체를 비롯한 동아시아 국제사회의 변동에 대한 인지 및 서양과의 간접적 접촉은 그 경향을 더 가속시킨다. 18세기 중반 이후의 동아시아세계의 범위를 뛰어넘는 시야가 그의 언설화 작업을 촉진시키면서 다른 한편으로 그 전략적 방향성을 결정해간 측면 또한 간과할 수 없다.

서양 각국이 근대국민국가를 수립하고 근대적 국제시스템을 형성하여 본격적으로 '서세동점'하기 이전의 18세기 후반이라는 시기에 노리나가가 이미 자국의 역사, 자국어, 자국민에 의한 민족적 아이덴티티의 형성과 그것을 담보할 정치질서와 주체를 구상하고 있었다는 점은 깊이 생각해야만 할 일이다. 그렇지만 그 구상의 전략적 경로는 오늘날의 우리에게 쉽게 납득될 수 있는 것은 아니다.

그러나 그렇다고 해서 누구에게나 다 이해되지 않는다는 것은 아니었다. 문학작품을 통해 '우아한 품위'를 쌓아갈 사람들에게 던져진 길은 그의 구상에서는 '그때그때'의 질서에 순응하여 자신의 윗사람에 대해 정성을 다해 봉사하고 자신에게 맡겨진 일에 충실한 길이라는 '소박한 생활'의 권장이다. 그가 전 생애를 다 바쳐 구축한 국학적 언설이 겨우 이런 소박한 생활의 권장에 있다는 것이 다소 우습게 보일지 모른다. 그러나 재해·기근 등으로 동요하는 질서와 '똑똑해진''아랫사람들'이 술렁이는 시대를 연상한다면, 보수주의자인 그에게는 우스운 일일 수 없었다. 물론 그렇다고 해서 인간의 심리에 밝은 그에게 있어서 단순한 강제는 질서 안정에 효과적이지도 정당하지도 않다는 생각이 강하다. 강제의 의한 소극적 순종이 아니라, '이해하고 납득'하여 스스로 질서에 적극적으로 귀의할 수 있도록 하는 기제를 필요로 하고 있었던 것이다. 이런 상황에서 문학론에서 배양된 '우아한 품위'를 갖춘 주체를 형성한다는 전략이 그의 신도론과 결합하면서, 그의 언설은 '황국신민'이라는 이데올로기를 내면화하여 경애(敬愛)로써 '멸사봉공(滅私奉公)'하게 하는, 이른바 막스 베버가 말하는 '지배자의 의지를 자기의 행위원리로 삼는' 장치로서 기능하게 되지 않았을까. 동시에 그는 '자애(慈愛)로써 통치하고 통합하게 하는 정치적 주문을 연동시키고 있기는 하지만 말이다. 결국 그가 정치를 '윗사람의 뜻에 따른 아랫사람의 윗사람에 대한 봉사'라는 의미의 '마쯔리고토=政事'로 독해하는 것은 그러한 에토스의 표현이었던 것이다.

參考文獻

1차 문헌

本居宣長, 『あしわけをぶね(排蘆小船)』『紫文要領』『石上私淑言』『秘本 玉くしげ』『玉くしげ』『直毘靈』『古事記傳』『毎菴隨筆』『鈴屋答問錄』
伊藤仁齋, 『論語古義』『語孟字義』『童子問』
堀景山, 『不盡言』

荻生徂徠,『太平策』『徂徠先生答問書』
安藤昌益,『自然眞營道』

2차 문헌

高熙卓,「伊藤仁齋の「王道」論」(『倫理學年報』 No.47, 1998)
子安宣邦,『「宣長問題」とは何か』, 青土社, 1995.
野口武彦,「古道信仰と古代幻想」(『秋成幻戲』, 青土社, 1989)
日野達夫,「解說」(『仁齋日札·たはれ草·不盡言·無可有鄉』 新日本古典文學大系 99, 岩波書店, 2000)
前田勉,「近世日本における天皇權威の浮上の理由」(『近世神道と國學』ぺりかん社, 2002)
柳父章,『翻譯語成立事情』, 岩波新書, 1982.
渡辺浩,「「泰平」と「皇國」」(『東アジアの王權と思想』, 東京大學出版會, 1997)
高橋正和『三浦梅園の思想』, ぺりかん社, 1981.
大庭脩『德川吉宗と康熙帝-鎖國下における日中交流』, 大修館書店, 1999.

■ 집필자 소개 (집필순)

나 경 수	전남대학교 교수
야노 다카요시	세종대학교 교수
정 찬 학	연세대학교 인문학연구원 연구원
송 완 범	고려대학교 일본연구센터 HK교수
이 유 진	숭실대학교 강사
윤 영 수	경기대학교 교수
신 현 승	고려대학교 아세아문제연구소 HK연구교수
전 성 곤	고려대학교 일본연구센터 연구교수
고 희 탁	연세대학교 연구교수

동아시아 역사인식의 중층성 정가 : 15,000원

2009년 10월 24일 초판 인쇄
2009년 11월 01일 초판 발행

편 자 : 동아시아고대학회
발 행 인 : 한 정 희
편 집 : 안 상 준, 정 연 규
발 행 처 : 경인문화사
서울특별시 마포구 마포동 324-3
전화 : 718-4831~2, 팩스 : 703-9711
www.kyunginp.co.kr 한국학서적.kr
E-mail : kyunginp@chol.com
등록번호 : 제10-18호(1973. 11. 8)

ISBN : 978-89-499-0670-6 93910